新编货币银行学

Xinbian Huobi Yinhangxue

主编　刘学华

立信会计出版社

LIXIN KUAIJI CHUBANSHE

图书在版编目(CIP)数据

新编货币银行学/刘学华主编. —上海:立信会计出
版社,2004.3
ISBN 978 - 7 - 5429 - 1233 - 6

Ⅰ.新⋯ Ⅱ.刘⋯ Ⅲ.货币和银行经济学 Ⅳ.F820

中国版本图书馆 CIP 数据核字(2004)第 014853 号

责任编辑 洪梅春
封面设计 周崇文

新编货币银行学

出版发行	立信会计出版社	
地 址	上海市中山西路 2230 号	邮政编码 200235
电 话	(021)64411389	传 真 (021)64411325
网 址	www.lixinaph.com	电子邮箱 lxaph@sh163.net
网上书店	www.shlx.net	电 话 (021)64411071
经 销	各地新华书店	

印 刷	江苏凤凰数码印务有限公司	
开 本	850 毫米×1168 毫米	1/32
印 张	11.25	
字 数	274 千字	
版 次	2004 年 3 月第 1 版	
印 次	2018 年 4 月第 9 次	
书 号	ISBN 978 - 7 - 5429 - 1233 - 6/F	
定 价	20.00 元	

如有印订差错,请与本社联系调换

前　　言

　　跨入新世纪,中国经济进入了一个非常重要的发展时期。加入 WTO,对我国经济发展尤其是对我国金融业的发展,既提供了良好的机遇,又带来了严峻的挑战。显然,我国金融事业的发展需要一大批具有扎实的理论基础和勇于探索、敢于创新的专业人才。为了适应新形式,满足我国财经类学校货币银行学课程教学的需要,我们组织多年从事本课程教学的骨干教师,历经一年时间,编写出这本《货币银行学》教科书。

　　货币银行学是金融专业和其他经济、管理类专业学生必须掌握的一门基础理论课程。《货币银行学》在结构体系安排和内容取舍上,力求能适应现代金融发展对人才知识结构的要求。全书共计十章,各章之间相对独立又相互联系,构成比较完整的货币银行学学科体系。内容涵盖货币银行领域的各个方面,包括货币及其制度、信用与利率、金融市场与金融工具、商业银行及其他金融机构、中央银行及其货币政策、货币供求与均衡、通货膨胀与通货紧缩、国际收支与外汇等。

　　本书是为了满足财经院校、高职高专的经济、管理类专业学生学习金融基础理论的需要而编写的。其特色在于:清晰、准确、活泼地阐述了货币银行学的一般原理和基本知识;全面系统地反映了货币银行学的教学、科研成果;简明、客观地评价了当代西方经济学派的货币金融理论;对相关理论的最新发展也作了介绍,既有一定的广度,也有一定的深度,使读者能较好地把握货币金融理论发展的动态。

这部教材是参编院校及其教师相互合作、共同努力的结果。编写分工情况(根据章节顺序)如下:张霞编写第一章、第三章;赵文淼编写第二章;刘学华编写第四章、第五章、第十章;刘荣仙编写第六章、第七章;刘荣多编写第八章、第九章。全书由刘学华教授任主编,刘荣仙副教授任副主编。

在编写过程中,我们参阅了许多近年来出版的货币银行学专著及教材,在此,对这些作者谨致以诚挚的谢意!

由于作者水平有限,加之时间仓促,书中难免存在疏漏和错误之处,恳请广大读者指正。

作　者

目　　录

第一章　货币与货币制度

在人类历史上,货币已有 5 000 多年的历史。在人们的日常生活和经济活动中,货币无处不在。但是,并非每一个人都能正确认识货币,并对货币作出理性的解释。本章对货币的定义、本质、职能、货币的形式及其演进、货币层次的划分、货币制度,以及货币在经济生活中的作用进行了全面、具体的阐述。

第一节　货币的定义和本质

一、货币的定义

迄今为止,货币仍没有一个确切的定义。我们不难发现,大多数教科书中也都回避这一问题。长期以来,西方学者之所以在货币定义问题上争论不休,其主要原因是他们几乎都根据货币的职能来定义货币。然而,货币的职能是随着商品经济的发展而变化的,货币职能的变化又导致了西方学者研究货币方法的转变。因此,由于货币职能的发展变化和研究方法的改变,对货币的定义不尽一致,也在所难免。

概括来讲,货币有两种定义方法,即"归纳法"和"实证法"。由于交易媒介是货币的基本职能,所以,经济学家最先并且主要是从这方面来定义货币。这种侧重于货币的基本职能,根据货币的显著特征来给货币下定义的方法,称为"归纳法"。该方法根据货币与商品的本质区别,将货币定义为"货币是指一切在支付货款或偿还它种工商债务时为人们所广泛接受的任何东西"。

商品经济的发展，货币流通量的扩大，特别是西方国家在20世纪30年代经济大危机以后所面临的经济萧条，以及通货膨胀、严重失业等社会经济问题的出现，使人们对货币的认识发生了很大转变。经济学家不再认为货币仅仅是交易的媒介或记账的单位，他们开始从货币在整个国民经济中所起的作用去研究货币，并且认识到了货币的这种重要作用。英国的经济学家凯恩斯就是其中的代表人物。他认为："货币在货币经济中有它特有的任务，它并不是中性的，并不只是为了实物交换的一种手段。"为了建立产出与就业的理论，凯恩斯又提出："货币是联系现在与将来的一种微妙手段。"这样一来，大多数经济学家便由注重货币的交易媒介职能转移到价值储藏职能，认为货币的首要作用是作为一种资产而具有价值储藏职能。既然认为货币也是资产的一种，那么，究竟哪些资产可以视为货币呢？

为此，西方学者又通过实证方法来研究各种金融资产的流动性，从而规定不同层次的货币定义。所谓资产的流动性，就是资产在不损失名义价值的情况下转化为现金的程度。按照这个标准，很显然，包括辅币和纸币的通货无疑具有完全的流动性。所以，西方学者通常把现金货币定义为 M_0，称为最狭义的货币。即：

$$M_0 = 现金$$

由于活期存款可以随时变为现金，具有很大的流动性，所以，又将活期存款与现金合起来，定义为 M_1，称为狭义货币。即：

$$M_1 = 现金 + 活期存款$$

有许多经济学家不满足于上述狭义的货币概念。他们正是根据资产的流动性这一标准，认为"流动性"就是"货币性"，不管何种资产，只要具有转化为现金的能力便可以称为货币。因而主张把一些流动性不大的资产也定义为货币，这样一来，货币的定义范围就更加扩大，形成了广义的货币 M_2、M_3。即：

$M_2 =$现金＋活期存款＋定期存款＋储蓄存款

$M_3 = M_2 +$大额定期存款等

关于"归纳法"和"实证法",究竟哪一种好,目前仍是仁者见仁、智者见智。坚持归纳定义的学者认为,他们至少对属于货币的资产和不属于货币的资产提出了一个相当明确的区别,从而揭示了货币的内在特征。他们认为实证定义是模糊不清的,因为该定义忽视了货币的本质,并且随着金融资产的不断创新而不断变动。这样一来,到底哪种层次的货币定义与名义收入关系最大也存在分歧意见。主张实证定义的学者却认为,货币定义的不断改变没有什么不好,他们每个人都相信,自己有充分的根据使人们在 M_1 或 M_2 中进行选择。他们认为归纳定义太狭窄,无法分析现代金融经济的运行,也不利于货币当局对整个宏观经济的有效调控。幸运的是,关于归纳定义和实证定义的分歧并不重要,因为这实际上是关于如何使用货币这个名词的争论,并不是关于经济运行机制的争论。所以,西方各国并没有一成不变地使用某种定义的货币,政府当局往往根据经济和金融形势而相机地使用不同定义的货币。

二、货币的本质

(一)马克思关于货币本质的论述

马克思在对价值形态发展的历史长河的研究中揭示了货币的本质,把货币定义为:货币是从商品世界中分离出来的、固定的充当一般等价物的特殊商品,并能反映一定的生产关系。

1. 货币是商品

货币是商品,它与商品世界的其他商品一样,都是人类劳动的产物,是价值和使用价值的统一体。正因为货币和其他一切商品具有共同的特性,即都是用于交换的人类劳动产品,它才能在交换、发展的长期过程中被逐渐分离出来,成为不同于一般商品的特殊商品,即货币。

2. 货币是一般等价物

货币是商品,但却不是普通的、一般的商品,它是从商品世界中分离出来的、与其他一切商品相对立的特殊商品。货币商品不同于其他商品的特殊性,就在于它具有一般等价物的特性,发挥着一般等价物的作用。货币商品作为一般等价物的特性,具体表现在以下两个方面:

(1)它是表现和衡量一切商品价值的材料;

(2)它具有与其他一切商品直接相交换的能力,成为一般的交换手段。

货币商品不同于一般商品,还在于其使用价值的两重性特点。一方面,货币商品与其他商品一样,按其自然属性而具有特殊的使用价值,如金可以作为事物的材料等;另一方面,更重要的是,货币商品还具有其他商品所没有的一般使用价值,这就是发挥一般等价物的作用。

3. 货币是固定充当一般等价物的商品

人类社会价值形态自然发展的历史长河,包括从简单的、偶然的价值形态到总和的、扩大的价值形态,再到一般的价值形态。在一般价值形态中充当一般等价物的商品很多,但它们不是货币,因为它们只是在局部范围内临时性地发挥一般等价物的作用;货币则是固定充当一般等价物的商品,是在一个国家或民族市场范围内长期发挥一般等价物作用的商品。

4. 货币是生产关系的反映

固定充当一般等价物的货币是商品经济社会中生产关系的体现,即反映产品由不同所有者所生产、所占有,并通过等价交换实现人与人之间社会联系的生产关系。

马克思关于货币定义的主要启示如下:

(1)货币是一个历史的经济范畴,它必然会在历史发展的长河中趋于消亡;

（2）货币是不以人们意志为转移的自发产物，也不是任何人为的主观力量所能消除的，它只能自然消亡；

（3）货币是一个世界性的经济范畴，它不能在一国范围内人为地废除；

（4）货币是商品经济社会中社会劳动和私人劳动矛盾的产物，只要这一矛盾没有消除，货币就不会退出历史舞台。

（二）西方经济学中有关货币的观点

1. 货币金属论

货币金属论把货币等同于贵金属，认为货币是商品，它必须有实质价值，货币的价值是由金属的价值决定的，金银天然就是货币，只有金银才是一国的真正财富等。货币金属论兴起于16世纪、17世纪的重商主义时代，其主要代表早期有重商主义者斯塔德福、英国经济学家亚当·斯密等人。20世纪70年代，西方经济受到通货膨胀的冲击，于是就有人重新提出货币金属论。货币金属论虽然强调了货币是一种商品，但它忽视了货币商品和一般商品的本质区别；它只看到货币的价值尺度、储藏手段和世界货币职能，忽略了货币的流通手段和支付手段职能。

2. 货币名目论

货币名目论与货币金属论相反，它否认货币的商品性和货币的实质价值，认为货币只是一种便于交换的技术工具，是换取财富的价值符号，是一种观念的计算单位，是一个票券。货币名目论的早期代表人物主要有巴本、贝克泰等人。当代西方还有一批经济学者，如德国的克纳普，也认为货币本质上就是"票券的支付手段"。货币名目论否定货币的商品性显然缺乏科学根据，而它只依据流通手段和支付手段职能给货币下定义，明显是片面的。

3. 货币国定论

货币国定论又称货币法定论，是一种具体化了的货币名目论，即认为货币是由国家创造的。早期，英国经济学家巴本曾提出，货币的价值不是货币本身所具有的,而是由国家权威所规定的。后来,德国新历史学派经济学家克纳普著书《货币国定论》,再次从法律的角度去分析货币的本质,认为货币是法制的创造物;货币不过是一种支付手段,与创造货币的材料无关;只要有国家法律的权威,就可以自由选定货币支付手段;等等。货币国定论除了犯有货币名目论同样的错误外,还将货币这一经济范畴偷换成法律范畴;而各国通货膨胀或通货紧缩的实践,也证明了这一货币定义是站不住的。

4. 货币数量论

货币数量论是用货币数量来解释货币属性、货币价值与商品价格的学说。货币数量论否认货币本身所具有的商品属性和内在价值,认为货币价值是由货币供给的数量所决定的。现代货币数量论的代表人物弗里德曼就认为货币不过是"购买力的暂栖所",货币数量的变动可以使收入、就业、物价也变动,货币便成为一种重要的力量。现代货币数量论把货币视为国家调控和管理经济的重要工具,有着十分重要的意义,但其对货币本质的理解明显犯有与货币名目论同样的错误。

总之,西方经济学中关于货币起源和货币本质的学说五花八门、层出不穷,但大多或失偏颇,或缺乏科学依据。只有马克思以历史和逻辑相结合的严密论证,第一次科学地揭示了货币起源和货币本质,即货币是商品生产和商品交换发展的产物,是商品经济内在矛盾发展的必然结果,是价值形态发展的结晶,是固定充当一般等价物的商品。

第二节　货　币　的　职　能

货币的职能是货币本质的具体体现。马克思的货币理论认为,货币在与商品的交换发展过程中,逐渐形成了价值尺度、流通手段、储藏手段、支付手段和世界货币五种职能。其中价值尺度和流通手段是货币的最基本职能。

一、价值尺度

货币在表现商品的价值并衡量商品价值量的大小时,发挥价值尺度的职能。这是货币最基本的职能。作为价值尺度,货币把一切商品的价值表现为同名的量,使它们在质的方面相同,在量的方面可以比较。货币之所以能执行这种职能,是因为它本身也是商品,也具有价值。

货币执行价值尺度职能具有如下特点:

(1)是商品的内在价值尺度,即劳动时间的外在表现。商品价值的大小,是由凝结在该商品中的劳动时间来决定的。所以,劳动时间是商品的内在价值尺度。正如马克思指出的:"货币作为价值尺度,是商品内在价值尺度即劳动时间的表现形式。"但商品价值不可能由各单个商品生产者耗费的劳动时间来表现,只能借助于货币外化出来。

(2)它可以是观念上的货币,但必须具有十足的价值。因为货币执行价值尺度即商品生产者在给商品规定价格时,只要是观念上或想像上的货币就可以了,并不需要有现实的货币。但是在观念的或抽象的价值尺度背后,执行价值尺度的货币本身必须具有十足的价值,如果它没有价值,就不可能用来衡量价值,这就像本身没有重量的东西不可能用于称重一样。

(3)它具有完全的排他性、独占性。因为充当价值尺度的只能是一种商品,只有这样,商品价值才能得到真正统一的表现。

(4)用货币表现出来的商品价值就是价格。货币在执行价值尺度的职能时,必须把商品的价值表现为价格才能实现。

马克思经济学中的货币价值尺度理论是建立在劳动价值论的基础上的。货币之所以作为衡量其他商品价值的尺度是因为货币与其他一切商品一样,是劳动的产物,本身凝结着价值。货币发挥价值尺度的职能不过是在货币与商品价值对等的基础上,把商品的价值表现为货币的若干量。

二、流通手段

货币充当商品流通的媒介,就执行流通手段职能。货币执行流通手段的职能,是在物物交换的低效率和高成本的基础上发展起来的。货币作为交换媒介,使商品交易与流通能以高效率、低成本的方式进行,其重要原因在于货币能普遍地被人们所接受。同时,在货币发挥流通手段职能的条件下,交换过程分裂为两个内部相互联系而外部又相互独立的行为:买和卖。买卖行为又被分隔为两个环节,即 W—G 和 G—W,这就将物物交换的种种阻碍冲破,因此促进了商品交换与商品流通的发展。

货币执行流通手段职能,具有以下特点:

(1)必须是现实的货币。因为商品生产者出卖商品所得到的货币是现实的货币,才证明他的私人劳动获得了社会承认,成为社会劳动的一部分。这里,货币充当交换的媒介不能是观念上的,必须是现实的货币。

(2)可以是没有十足价值的货币符号。因为在这里,货币不是交换的目的,而只是交换的手段,货币在商品生产者手中只是转瞬即逝的媒介,它马上又会被别的商品所代替。所以,货币本身有无十足价值并不重要,单有货币的象征存在就够了。

马克思的货币流通手段职能,着重于说明货币作为商品流通的媒介。而媒介商品流通必须有三个当事人出现,其中两个商品所有者,一个货币所有者。商品流通不过是两种商品的物物交换,即从一种使用价值变为另一种使用价值。

三、储藏手段

货币在退出流通领域,被人们当作社会财富的一般替代品和独立的价值形态保存和收藏的时候,发挥储藏手段职能。

货币在执行储藏手段职能时有两个显著特点:

（1）必须是现实的、足值的货币。储藏金银是货币储藏的典型形态。因为金银本身有价值，这种储藏不论对储藏者个人来说，还是对社会来说，都是价值在货币形态上的实际积累。

（2）作为储藏手段的货币必须退出流通领域，处于静止状态。

随着商品经济的发展，货币储藏除了作为社会财富的绝对化身外，其作用进一步加强。具体表现在：

（1）作为流通手段准备金的储藏。即商品生产经营者为了保持再生产的连续性，能够在不卖的时候也能买，就必须在平时只卖不买，并储藏货币。

（2）作为支付手段准备金的储藏。即为了履行在某一时期支付货币的义务，必须在事前积累货币。

（3）作为世界货币准备金的储藏。即作为平衡国际贸易和其他收支差额而用。

货币作为储藏价值，具有自发调节货币流通的作用。在足值的金属货币流通的情况下，当流通中的货币量大于商品流通所需要的货币量时，多余的货币会自动退出流通而进入储藏；反之，当流通中所需要的货币量不足时，储藏的货币又会自动重新进入流通领域。这就是在足值的金属货币流通条件下，不会出现流通中货币量过多或不足的原因。

四、支付手段

当货币作为价值运动的独立形态进行单方面转移时，就执行着支付手段的职能。如货币用于清偿债务、缴纳赋税、支付工资和租金等所执行的职能。

由于商品经济的不断发展，商品生产和商品交换在时空上出现了差异，这就产生了商品使用价值的让渡与商品价值的实现在时间上分离开来的客观必然性。某些商品生产者在需要购买时没有货币，只有到将来某一时间才有支付能力。同时，某些商品生产者又急需出售其商品，于是就产生了赊购赊销。这种赊账买卖的商业信用就是货币支付手段产生的起源。

与流通手段相比较，货币执行支付手段职能有以下特点：

（1）作为流通手段的货币，是商品交换的媒介；作为支付手段的货币，则不是商品交换的媒介，而是补足交换的一个环节。

（2）流通手段只服务于商品流通，支付手段除此之外，还服务于其他经济行为。

（3）就媒介商品流通而言，两者虽都是一般的购买手段，但流通手段职能是即期购买，支付手段职能是跨期购买。

（4）流通手段是在不存在债权债务关系的条件下发挥作用，支付手段是在存在债权债务关系的条件下发挥作用。

（5）商品赊销的发展，使商品生产者之间形成了一个很长的支付链条，一旦某个商品生产者不能按期还债，就会引起连锁反应，严重时会引起大批企业破产。所以，支付手段职能的出现与扩展为经济危机的可能性变为现实性创造了客观条件。

五、世界货币

随着国际贸易及国际交往的发展，货币超出国界，在世界市场上发挥一般等价物作用时，执行着世界货币的职能。

以上货币的五种职能有机地联系在一起，它们都体现货币作为一般等价物的本质。因为一般等价物区别于普通商品的两个基本特点是：货币能表现一切商品的价值；具有和一切商品直接交换的能力。正是因为货币能表现一切商品的价值，它才具有价值尺度职能；正因为货币能与一切商品相交换，它才具有流通手段职能。因此价值尺度和流通手段是货币最先出现的两个基本职能。当货币的这两个基本职能进一步发展以后，才会出现储藏手段职能。支付手段职能既与货币两个基本职能有密切的关系，又是以储藏手段职能为前提的。世界货币职能是货币前四个职能的继续和延伸。总之，五大职能是货币本质的具体体现，是随着商品流通及其内在矛盾的发展而逐渐发展起来的。货币五大职能也决非孤立存在,而是有内在联系的。

第三节　货币形式及其演变

在商品经济中,货币作为一般等价物的本质是不变的,但货币的形式却随着生产和交换的发展不断地演变。货币形式的演变集中在货币材料的变化上。所谓货币材料,即币材,是指充当货币的材料。从货币发展的历史来看,货币可以分为实物货币、金属货币、代用货币、信用货币、电子货币等不同类型。

一、实物货币

实物货币又叫商品货币,是指作为交易媒介的价值与作为商品的价值基本一致的货币。实物货币是人类最早的货币形态。在人类经济发展史上,各种商品,如米、布、木材、贝壳、家畜等,都曾在不同时期内扮演过货币的角色。在我国古代,海贝、皮革、猎器、农具等均曾充当过货币。但这些实物货币,都有其缺点。例如,许多实物体积笨重,不能分割为较小单位,故值小量大,携带运输均极为不便,无法充当理想的交换媒介。而且各种实物素质不一,容易腐烂磨损,也不适合作为价值标准和价值储藏。实物货币是与原始的、落后的生产方式相适应的。随着商品生产和商品流通规模扩大,商品交换的发展,货币材料逐渐转移到那些适合充当一般等价物的金属身上,出现了金属货币。

二、金属货币

一般而论,担任货币的实体,必须具备以下条件或特征:普遍承受性;价值稳定性;轻便性;耐久性;价值统一性和可分性。和其他商品相比,金、银、铜等主要金属都具备了这些条件和特征,能更有效地发挥货币的性能。所以,随着商品交换的发展和扩大,实物形态的商品货币就逐渐由内在价值稳定、质地均匀、便于携带的金属货币所替代。铸币的产生,是人类货币史上一次重大的变革,它不仅显著地扩大了金属作为货币的用途,而且朝着把货币同它的构成材料区分开的方向迈开了一大步;不是一般金属,而是铸成铸币,打上官方烙印的金属才能成为货币。而当货币固定在金、银等贵金属身上时,由于金银所具有的天然属性最适宜于充当货币商品,贵金属便垄断了货币的地位。贵金属质地均匀,其表现价值的尺度很容易统一;贵金属可按不同比例任意分割,分割后还可冶炼还原,最适合充当交换媒介;贵金属体积小、价值高、耐腐蚀、便于携带,也符合越来越发展的商品、劳务交易的需要;而且在足值货币时代,贵金属还不是生产过程所必需的原材料,充当货币商品也不影响经济的发展。因此,贵金属在相当长的一段历史时期、在世界大部分范围内固定地充当货币商品,成为一种独立发展的货币形态阶段,是货币史上的一次新的、本质的变化。

虽然贵金属具有质地均匀,便于分割,便于携带等优点,但随着商品流通的进一步扩大,金属货币也日益暴露出许多缺点。主要有:

(1)由于流通造成的磨损和人为削刮使铸币的名义价值和实际价值经常背离;

(2)人类拥有的作为货币用途的贵金属数量有限,供应缺乏弹性,不能满足商品流通对货币量的需要。

三、代用货币

代用货币是在贵金属货币流通的制度下,代替金属货币流通的货币符号。代用货币的本身价值,低于其货币价值。代用货币通常是政府或银行发行的纸币。这种纸币代表金属货币作为交换媒介,在市场上流通,都有十足的金属准备,以满足代用货币随时兑换金属货币。与金属货币相比较,代用货币的主要优点是:

(1)代用货币的印刷成本远低于铸造金属货币的成本;

(2)代用货币便于携带和运输,节省了流通费用。

四、信用货币

信用货币是以信用为保证、通过一定信用程序发行、充当流通手段和支付手段的货币形态，是货币发展中的现代形态。信用货币本身的价值低于货币价值，且不代表任何金属货币，其作为一种信用凭证，完全依靠政府信用和银行信用而流通，是目前世界上几乎所有国家都采用的货币形态。

从历史观点而论，信用货币是金属货币制崩溃的直接后果。在金、银铸币流通的后期，金、银的开采量难以满足商品流通的需要，同时由于信用制度的不断发展，导致对货币作为支付手段的要求不断提高，这就使得各种形式的信用货币得以出现并获得发展机会。20世纪20年代末30年代初的经济、金融危机使资本主义各国相继放弃金本位制和银本位制度，纸币不再能兑换金属货币，信用货币由此得到长足发展。

在现代经济中，信用货币的存在形式主要有现金、存款、商业票据和支票等若干种。

（1）现金货币是指流通中的现钞通货，一般用于日用消费品、零星商品及劳务交易，主要流转于银行体系之外。现金形式的货币能立即形成购买力，用于支付清算，流通性极强，因此，对市场的冲击力也很大。现金形式的货币本身没有收益性，还会因物价上涨而贬值，所以，经济主体对持有现金的数量、时间、运用都十分慎重。

（2）存款货币是信用货币的另一种主要形式，它体现为各单位、个人在银行账户上的存款。存款货币中的活期存款可以直接用于转账结算，发挥货币流通手段和支付手段的职能，因此，活期存款和现金一样，都是社会经济中的现实购买力，其流动性略次于现金。存款货币中的定期存款是一种潜在购买力，流动性小于活期存款。除流动性外，存款货币不同于现金货币的另一个特点是存款货币具有收益性，可依据数量、时间的不同获得不同的利息收入。

（3）商业票据是商业信用的工具，是企业之间在商品交易基础上发生债权债务关系的书面凭证。商业票据经过背书可以转让流通。经过背书的票据可以充当流通手段和支付手段，用来购买商品、劳务或偿还债务，发挥货币的作用。但其流通范围有限，通常只在彼此有经常往来、而且相互了解信任的企业之间流通。随着商品经济日益社会化、复杂化，商业票据直接流通的情况比较少了，大多数商业票据的持有人用未到期的票据向银行办理贴现，将其作为获取短期放款的工具。

（4）支票是银行的活期存款客户向银行签发的，要求从其账户上无条件支付确定的金额给收款人或者持票人的一种票据。当它被存款人用来从银行提取现金时，它只是作为一种普通的信用凭证发挥作用；但当它被存款人用来向第三者履行支付义务（支付货款，偿还债务等）的时候，其性质发生了变化，从一般的信用凭证变成了信用流通工具发挥作用，代替货币发挥流通手段和支付手段职能。当然，支票本身只是一种票据，活期存款才是真正的交换媒介或支付手段，所以，这种可签发支票的存款通常又叫做支票货币。

五、电子货币

电子货币是信用货币与电脑、现代通讯技术相结合的一种最新货币形态。它通过电子计算机运用电磁信号对信用货币实施储存、转账、购买和支付，明显比纸币和支票更快速、方便、安全、节约。由于在当代经济中，尤其是信用制度发达的国家，信用货币的构成比例发生了显著的变化，具体表现为现钞货币所占的比例越来越小，而存款货币在全部货币供应量中所占的比例越来越大。这就为银行通过电子计算机划拨系统来记录与转移存款货币提供了极大的空间与可能。

电子货币与传统货币不同，电子货币是一种"无形"货币，它从根本上改变了传统的支付方式，改变了人们头脑中货币的概念。

货币成为一串串以比特形式存在的数据流,成为一个符号。资金的转移只是一些电信符号的传送、转移,只是电子账户上的一个数额变动。自 20 世纪 90 年代以来,我国银行引进并大力推广信用卡。在商品、劳务的货币收付中,作为电子货币的信用卡替代现金、支票充当流通手段和支付手段的范围正日益扩大。电子货币的出现,必将大大方便顾客,节约流通费用,加速资金周转。

第四节 货币层次的划分

货币层次是指根据不同的货币定义和各种信用工具与流动资产不同程度的货币性对货币所做的层次分析。

一、货币层次划分的目的、依据和原则

货币层次划分的目的是为了把握流通中各类货币的特定性质、运动规律以及它们在整个货币体系中的地位,进而探索货币流通和商品流通在结构上的依存关系和适应程度,以便中央银行拟定有效的货币政策。

关于货币层次划分的依据或原则,学术界说法不一:有同意以货币周转速度划分的;有同意以货币变现率高低划分的;也有主张按货币购买力即它的流动性来划分的。根据各种金融工具的流动性来划分不同层次的货币供应量指标,已为大多数经济学家和各国政府所接受。所谓流动性是指一种资产具有可以及时变为现实的购买力的性质。流动性不同,所形成的购买力也不一样,从而对社会商品流通的影响程度也就不同。按流动性划分:一是能准确把握流通中货币的各种具体形态在运动特性或活跃程度上的区别,为中央银行制定宏观金融政策提供一个清晰的货币流通结构图;二是流动性是相对于货币与商品换位来说的,这有利于掌握不同货币构成和大体相对应的商品构成之间的对应关系;三是货币的流动性本身也包含有中央银行在分析经济动态变化基础上对某

一层次货币的控制能力。因此,按照货币的流动性来划分货币层次的方法基本符合研究目的,从而为各国中央银行所采用。

二、货币层次的划分

(一)西方主要国家货币层次的划分

西方各国中央银行现在都是用多层次的划分来计算和定期公布货币供应量,并根据本国经济和金融发展变化的实际情况不断加以修正。

1. 美国货币层次的划分

M_1 = 通货 + 旅行支票 + 活期存款 + 其他支票存款

$M_2 = M_1 + \dfrac{小额定}{期存款} + \dfrac{货币市场}{存款账户} + \dfrac{储蓄}{存款} + \dfrac{货币市场}{互助账户} + \dfrac{隔夜欧洲}{美\ 元}$ 等

$M_3 = M_2 + $ 大额定期存款 + 定期欧洲美元 + 定期回购协议等

2. 英国货币层次的划分

M_1 = 通货 + 私人部门持有的英镑活期存款

$M_2 = M_1 + \dfrac{私人部门的}{小额英镑存款} + \dfrac{私人部门在住房协会}{的小额股票和存款} + \dfrac{国民储蓄银}{行普通账户}$

英镑 M_3 = 现金 + 英国居民(私人部门及政府部门)持有的英镑存款

M_3 = 英镑 M_3 + 居民外币存款

3. 日本货币层次的划分

M_1 = 现金 + 活期存款

M_1' = M_1 + 法人企业定期存款

$M_2 = M_1' + $ 个人及公共团体定期存款

$M_3 = M_2 + $ 邮局、农渔协、信用组合、劳动金库存款、信托存款

各国公布的货币层次虽各不相同,但有一些规律性的东西:

第一,各国都是根据货币的流动性强弱作为划分货币层次的依据。从 M_1 依次排下去,货币的流动性逐渐减弱。按流动性强弱原则划分若干层次,分别计算和预测,有利于对货币流通状况进行考察和控制。

第二，对货币供应量普遍采用多层次的货币存量计算法，以适应社会流通中信用工具多元化发展需要。

第三，M层次的划分一般是根据各时期经济金融发展状况及新型信用工具的应用等总体情况几经调整后大致固定下来的。

第四，如果不按国别而论，可以归纳出一个一般的层次，即 $M_1=$ 通货＋活期存款；$M_2=M_1+$ 定期存款（包括储蓄定期存款）；$M_3=M_2+$ 非银行金融机构存款。

（二）我国货币层次的划分

我国从1994年第三季度起，中国人民银行正式推出货币供应量统计监测指标，并按季向社会公布。我国在2000年第二季度调整 M_2 统计口径，把股民保证金存款计入广义货币。我国的货币供应层次划分为：

$M_0=$ 流通中现金

$M_1=M_0+$ 企业活期存款＋机关团体部队存款＋农村存款＋个人持有的信用卡类存款

$M_2=M_1+$ 城乡居民储蓄存款＋企业存款中具有定期性质的存款＋外币存款＋信托类存款＋证券公司客户保证金

$M_3=M_2+$ 金融债券＋商业票据＋大额可转让定期存单

M_1 即通常所说的狭义货币，M_2 是广义货币，M_2 与 M_1 之差是准货币，M_3 是考虑到金融不断创新而增设的，目前不公布。

我国的货币层次划分与西方国家主要存在以下两方面的差别：

第一，在货币层次的划分上，我们单独设置了 M_0，西方国家没有这个指标。这是因为我国的金融业处在发展中，信用制度不发达，现金在 M_1 中所占的比重接近30％，远远高于西方国家，对消费品市场和零售物价的作用很大。

第二，在各层次货币供应量的统计上，虽然原理一样，但统计的内容不完全一样。这可从所列指标中看出，如在 M_2 的统计上。从总体看，西方国家货币层次的划分比我国要细得多。

第五节 货币制度

一、货币制度的概念及内容

货币制度简称"币制",是一个国家或地区以法律形式确定的货币流通结构及其组织形式。它主要包括货币金属、货币单位、货币的铸造、发行和流通程序,以及准备制度等。

货币制度是历史的产物,是伴随着商品经济的发展逐步形成和完善的。货币制度最早是伴随着国家统一铸造铸币开始的。但是,在前资本主义社会,由于生产力水平低下,自然经济占统治地位,铸币币材主要是铜、银等价值较贱的金属;由于封建统治和经济的割据,使铸币的铸造和流通又具有分散性和地方性的特点;由于当时的铸造技术较差,导致铸币的轻重不一和成色差异等。尤其是在没落王朝的非常时期,封建统治者为了解决财政困难,通过操纵货币制度,大规模铸造劣质铸币,导致铸币不断变质,使前资本主义社会的铸币流通长期处于分散和混乱的状态。

随着资本主义生产的发展和商品流通的扩大,铸币流通的这种分散性和混乱状态,越来越成为资本主义经济和信用发展的障碍。因此,当资产阶级取得政权并建立国家以后,就着手清理货币流通中的分散和混乱情况,先后颁布了许多有关货币制度改革的法令、条例,通过这些法规的实施,最终形成了统一的、定型的资本主义货币制度。

货币制度的内容(又可称作货币制度的构成要素),一般包括以下五个方面:

(一)确定货币金属

确定货币金属,即规定哪一种金属作货币材料,这是货币制度最基本的内容。在金属货币流通的条件下,货币金属是整个货币制度的基础,确定不同的金属作货币材料,就构成不同的货币本位制度。例如,确定以白银作币材,就是银本位制;确定以黄金作币材,就是金本位制,等等。选择和确定货币材料虽然是由国家决定的,但国家不能随心所欲地任意指定某种金属为货币材料,它是由客观经济发展的进程所决定的,主要取决于经济发展水平以及币材的生产情况等客观因素,国家规定只是对流通中已经形成的客观现实进行法律上的肯定。在不兑现的信用货币流通的条件下,国家不规定单位货币的金属含量,纸币成为流通中商品价值的符号,纸币币值以流通中商品的价值为基础,这就是目前世界各国普遍实行的纸币本位制。

（二）确定货币单位

货币币材确定之后,就需要确定货币单位。货币单位的确定包括以下几个方面的内容:

（1）规定本位币的名称。货币名称通常是以习惯形成的,例如,英国的货币名称是"英镑",印度是"卢比"等。

（2）明确货币的单位及其划分。例如,英国的本位币单位为"镑","镑"以下为"便士"、"先令"等。

（3）确定每一个货币单位所包含的货币金属重量。在金属货币货币流通条件下,价格标准是铸造单位货币的法定含金量。例如,根据美国 1934 年 1 月的法令,1 美元的含金量为 0.888671 克;按照 1870 年英国的铸币条例,1 英镑的含金量合 7.97 克;旧中国 1914 年的《国币条例》规定,每一枚银元含纯银 23.977 克。但是,在当代纸币本位制下,货币不再规定含金量。

（三）各种通货的铸造、发行和流通程序

一个国家的通货,通常分为本位币和辅币。本位币,又称主币,是一国的基本通货,是一国计价、结算的唯一合法的货币。辅币,全称为"辅助货币",是指主币以下小面额的通货,用于日常找零及供零星交易。

1. 本位币

在金属货币流通的条件下,本位币是指用货币金属按照国家规定的货币单位所铸成的铸币。其特点如下:

(1)自由铸造、自由熔化。所谓自由铸造有两方面的含义:一方面,每个公民都有权把货币金属送到国家造币厂请求铸成本位币;另一方面,造币厂代表公民铸造本位币,不收费用或只收很低的造币费。本位币的自由铸造具有十分重要的经济意义。首先,自由铸造可以使铸币的名目价值和实际价值保持一致。其次,本位币的自由铸造可以自发地调节货币流通量,使流通中的货币量与货币需要量保持一致。

(2)金属本位币具有无限法偿能力。所谓无限法偿是指法律规定在货币收付中无论每次支付的金额如何巨大,用本位币支付时,任何人不得拒绝接受的一种无限的法定支付能力。在金属铸币流通制度下,铸币流通会有自然磨损。为了保证本位币的名义价值和实际价值保持一致,从而保证本位币的无限法偿能力,各国货币制度中通常都规定有每枚铸币的实际重量低于法定重量的最大限度,即铸币的磨损公差。

2. 辅币

在金属货币流通的条件下,它具有以下特点:

(1)辅币用较贱的金属铸造。因为辅币的面额较小,因此使用贱金属铸造辅币,可以节省流通费用。

(2)辅币是不足值的铸币,即辅币的名义价值大于实际价值。

(3)辅币可以与本位币自由兑换。辅币的实际价值虽然低于名目价值,但法律规定,辅币可以按固定比例与本位币自由兑换,这样,就保证了辅币可以按名目价值流通。

(4)辅币实行限制铸造。所谓限制铸造,即只能由国家来铸造。由于辅币的实际价值低于名目价值,铸造辅币就会得到一部分铸造收入,所以铸造权由国家垄断,其收入归国家所有。同时,因为辅币是不足值的,限制铸造也可以防止辅币排挤本位币。如果辅币可以自由铸造,人人都将请求政府代铸。那么,不足值的辅币必将充斥流通领域,而足值的本位币就会被排挤于流通领域之外。

(5)辅币的有限法偿能力。所谓有限法偿能力是指国家对辅币规定的一种有限的法定支付能力。即在一次支付行为中,不超过法定最高限额可以用辅币支付,如果超过最高限额,任何人可以拒绝接受。如美国规定,10分以上的银辅币每次支付限额为10元;铜镍所铸造的分币,每次支付限额为25分。但向国家纳税或向银行兑换时不受数量限制。

(四)信用货币与纸币的发行与流通

在金属货币制度下,流通中的货币除了铸币形式的主币及其辅币外,还有在信用基础上产生的各种信用流通工具(如银行券等)和政府直接发行的不兑现的纸币。

银行券是在商业信用的基础上通过贴现商业票据而发行的、可以与金属货币兑换的信用货币。因而,银行券可以代表金属货币在流通中发挥作用,同时受金属货币流通规律的制约。早期的银行券形成于17世纪,最初,银行券是分散由商业银行发行的,到了19世纪中期,西方各国银行券的发行权相继为各中央银行所垄断,此后,又由于各国先后放弃了金本位制,尤其在经历了1929~1933年世界性经济危机的打击后,银行券不仅被迫停止了兑换黄金,失去了黄金保证,而且失去了信用保证,形成了银行券的纸币化。

纸币指由国家发行并强制流通的一种价值符号。纸币本身没有价值,也不能兑换成金属货币。纸币产生于货币的流通手段职能。货币在发挥流通手段职能时,只是交换的媒介,而不是交换的目的,这就意味着货币符号可以代替货币进行流通。后来政府根据流通手段的这一特性,有意识铸造和发行不足值铸币,直至发行本身几乎没有价值的纸币,并通过国家法律强制其流通。可见纸币产生的前提不是发达的信用制度,而是中央集权的国家政权和统一的国内市场。纸币由于本身没有价值,是依靠国家强制力量发行与流通的,故在纸币流通条件下,会出现通货膨胀、货币贬值现象。

(五)确定金准备制度

金准备制度,是指作为金准备的黄金必须集中于中央银行或国库。金准备制度是货币制度的重要内容之一,也是一国货币稳定的必要条件。在金本位制度的条件下,金准备的主要作用表现为:

(1)作为国际支付的准备金;

(2)作为国内金属货币流通的准备金;

(3)作为支付存款和兑换银行券的准备金。

当今世界各国均实行不兑现信用货币流通制度,金银已退出货币流通领域,金准备制度的后两个作用已失去存在的意义。黄金作为国际支付准备金的作用依然存在,形式却发生了变化,已不再是像金本位制时期那样,按货币含金量用黄金作为最后弥补国际收支逆差的手段,而是当一个国家出现国际收支逆差时,可以在国际市场上抛售黄金,换取自由外汇,以平衡国际收支。

目前,各国中央银行发行的信用货币虽然不能再兑换黄金,但仍然保留着发行准备制度。各国准备制度不一致,但归纳起来,作为发行准备金的有黄金、国家债券、商业票据、外汇等几种。

二、货币制度的演变类型

货币制度自产生以来,从其存在形态看,经历了银本位制、金银复本位制、金本位制、不兑现的信用货币制度四大类型。

(一)银本位制

银本位制就是以白银作为本位货币的一种金属货币制度。银本位制又分为银两本位和银币本位。银两本位是以白银的重量单位——两作为价格标准,实行银块流通的货币制度。银币本位则是以一定重量和成色的白银铸成一定形状的本位币,实行银币流通的货币制度。银本位制的基本特征是:白银作为本位币的价值与其所含的白银的实际价值相等;银币可以自由铸造,自由熔化;银行券可自由兑现银币;银币具有无限法偿能力;白银和银币可以自由输出与输入。

白银在前资本主义社会是主要的币材。这与前资本主义社会的经济发展水平是相适应的。因为当时经济不发达,商品贸易主要是小额交易,因此对货币的需求量不大,而白银价值较低,适合这种交易的需要。银本位制在历史上出现很早,在货币制度萌芽的中世纪,许多国家就已实行银本位制。银本位制是与封建社会经济发展相适应的货币制度。随着封建社会向资本主义过渡,商品交易不断扩大,大额交易越来越多,而白银的价值则随着劳动生产率的提高不断下降,银本位制已不能适应经济发展的需要,黄金开始加入流通,金银复本位制也因此而产生。

(二)金银复本位制

复本位制,又称"金银复本位制",是指以金、银两种金属同时作为本位货币的一种货币制度。复本位制是资本主义发展初期最典型的货币制度。复本位制的基本特征是:金、银作为本位币的价值与其所含的金、银实际价值相等;金币、银币都可以自由铸造,自由熔化,自由兑换,并且都具有无限法偿能力;金、银可以自由输出与输入。

金银复本位制先后经历了平行本位制、双本位制和跛行本位制三种类型。

1. 平行本位制

它是指金、银两种货币各按自己的实际价值流通的本位制度。这种制度的缺点在于:商品具有金币和银币表示的双重价格,比例随金、银市场价格的波动而经常变动,不利于商品交换和经济发展。

2. 双本位制

它是指金、银两种货币按国家法定比价流通的本位制度。在双本位制下，国家以法律形式规定金、银铸币之间的法定比价，两者的交换比率不再受市场上金、银价格波动的影响，从而克服了平行本位制下"双重价格"表现的弊病。然而，当金、银铸币的法定比价与其市场比价背离时，市场上又产生"劣币驱逐良币规律"，即在复本位制下，当两种名义价值相同而实际价值不同的金、银铸币同时流通时，其中实际价值较高的货币(称良币)必然会被熔化、收藏或输出，因而退出流通领域；实际价值较低的货币(称劣币)必然独占市场，充斥于流通领域。这就造成在同一时期的市场上只有一种铸币在流通，而且是银贱则银币充斥流通市场、金贱则金币充斥流通市场。这种规律又被称为"格雷欣法则"。

3. 跛行本位制

它是指国家法律承认金、银两种货币都是本位币，同时承认两种货币都具有无限法偿能力，但规定金币能自由铸造，而银币不能自由铸造，并限制每次支付银币的最高额度，金币和银币按法定比价交换。这种货币制度中的银币实际上已成了辅币，确切地说，这是一种不完整的金银复本位制度，所以被形象地称为跛行本位制，它是复本位制向金本位制的过渡形式。

金银复本位制是一种不稳定的货币制度，因为它与货币作为一般等价物而具有的排他性、独占性的本质特性相冲突，所以，随着资本主义经济的进一步发展，金银复本位制让位于金本位制，乃是历史的必然。

(三) 金本位制

金本位制，又称金单本位制，是指以黄金作为本位货币的一种货币制度。金本位制包括金币本位制、金块本位制和金汇兑本位制三种类型。

1. 本位制

金币本位制是指以黄金为币材,铸造金币流通的货币制度。金币本位制是典型的金本位制。其主要特征有:

(1)铸造金币,有金币流通,金铸币具有无限法偿能力;

(2)金币可以自由铸造、自由熔化;

(3)价值符号包括辅币和银行券可以自由无限地兑换黄金或金币;

(4)黄金可以自由地输出入国境。

金币本位制是一种相对稳定的货币制度,对资本主义经济的发展曾起过积极的作用。首先,由于金币能自由铸造、自由熔化,货币数量能自发地满足流通中的货币需求,即货币流通量有自发的调节机制,币值和物价相对稳定。这就便于企业能较精确地核算成本、价格和利润,从而为促进商品生产的发展和商品流通的扩大提供了良好条件。其次,在稳定的货币制度下,信用关系不受币值波动的影响,因而促进了信用事业的发展。再次,在金币本位制下,由于各国都以黄金作为币材,各国货币含金量的比率相对稳定,所以促进了国际贸易的发展,同时,对外贷款和投资的安全性也有了保障。

自1816年英国最早宣布实行金币本位制开始,到1914年各国金币本位制崩溃,这种货币制度盛行了将近100年的时间。第一次世界大战开始后,由于各参战国纷纷把黄金集中于国库,用于向国外购买军火,签发大量的不兑换黄金的纸币以弥补军费开支,使银行券失去了兑换黄金的可能性,各参战国便陆续停止银行券兑换制度,宣告了金币本位制的崩溃。

2. 金块本位制

金块本位制,又叫"生金本位制",是指银行券只能兑换金块的一种金本位制。其主要特点是:

(1)不铸造金币,没有金币流通,实际流通是银行券;

(2)银行券规定含金量,但不能自由兑换黄金,只能在规定的

数额以上兑换金块;

（3）黄金集中由政府保管,作为银行券流通的保证金。1924～1928年是第一次世界大战后的相对稳定时期,英国、法国、荷兰、比利时等国家先后实行了金块本位制。

3. 金汇兑本位制

金汇兑本位制,又称"虚金本位制",是指银行券在国内不能直接兑换金块,只能兑换外汇的一种金本位制。其主要特点是:

（1）不铸造金币,没有金币流通,实际流通是银行券;

（2）银行券规定含金量,但不能直接兑换黄金,只能兑换外汇;

（3）中央银行将黄金和外汇存入另一实行金本位制国家的中央银行,并规定本国货币与该国货币之间的兑换比率;

（4）政府或中央银行通过按固定比价买卖外汇的办法来稳定本国币值和汇率。

金块本位制与金汇兑本位制都是残缺不全的金本位制,实行后不久就暴露出其不稳定性。终于在1929～1933年的世界性经济危机的冲击下崩溃了。从此,各国纷纷放弃金本位制,实行不兑现的信用货币制度。

（四）不兑现的信用货币制度

不兑现的信用货币制度,又称管理纸币本位制,是以不兑现的纸币为本位货币的货币制度。它是20世纪30年代以来,世界各国普遍实行的一种货币制度。其基本特点是:

（1）它以纸币为本位币,一般是由国家授权中央银行发行的,并依靠国家法律强制流通的无限法偿货币。

（2）不与任何金属保持等价关系,也不能兑换黄金,货币发行一般不以金银为保证,也不受金银数量的限制。

（3）货币通过信用程序投入流通领域,货币流通是通过银行的信用活动进行调节,而不像金属货币制度那样,由铸币自身进行自发的调节。

（4）这种货币制度是一种管理货币制度，国家通过调节和控制货币量，来保持货币流通稳定。

（5）纸币进入流通，有着自身特殊的规律。纸币作为价值符号，无实际的内在价值，不论纸币发行数量有多少，纸币所代表的价值量只能是流通中货币需要量所代表的价值量。当纸币的发行量超过流通对货币需要的数量时，就会导致物价上涨、纸币贬值，从而出现通货膨胀。

（6）在这种制度下，流通中的货币不仅指现钞，银行存款也是通货。随着银行转账结算制度的发展，存款通货的数量越来越大，现钞流通数量越来越少。

不兑现的信用货币制度的广泛实施，反映了金本位货币制度全面崩溃以后的一个新的历史阶段。这种货币制度一方面克服了金本位制使货币数量严格受到黄金数量限制的缺陷，从而使货币供给具有较大弹性，以根据经济发展的需要调整货币供应量；另一方面又为国家干预经济，控制纸币的发行量，以保持货币流通的正常稳定提出了新的要求。

以上关于货币制度的演进及其类型的发展，可用图 1-1 加以概括。

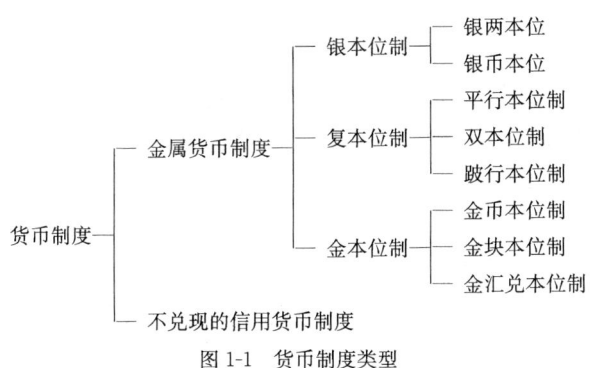

图 1-1　货币制度类型

三、我国现行的货币制度

（一）我国货币制度的确立

1948 年 12 月 1 日，中国人民银行成立。同时，华北人民政府发布（金字）第四号布告，决定从 1948 年 12 月 1 日起发行中国人民银行钞票——人民币。中国人民银行的成立和人民币的发行，标志着我国独立、统一、自主的货币制度的出现。

人民币刚开始发行时，国内货币制度非常混乱，通货膨胀非常严重。为了保证人民币顺利发行和流通，党和政府采取了一系列措施。一是彻底肃清国民党政府发行的货币；二是禁止金银计价流通和私下买卖；三是禁止外国货币流通，统一管理和经营外汇；四是逐步收回各解放区发行的货币。到 1950 年，除东北、内蒙古、新疆、西藏、台湾等地区外，人民币已成为全国大部分地区的本位货币。至此，除台湾和港澳地区外，人民币已成为全国大部分地区的本位货币。至此，除台湾和港澳地区外，人民币成为全国唯一合法的货币。共和国独立、统一的货币制度基本形成。

人民币制度的确立，结束了近百年来中国货币制度混乱的历史，真正实现了货币主权的完整和货币制度的统一，告别了国民党政府遗留的恶性通货膨胀时代，开创了货币稳定、经济振兴的新时期。

（二）货币制度的完善

1950 年 3 月，中央人民政府统一全国财经工作后，金融、物价随即实现了稳定，结束了旧中国长期通货膨胀的历史；国民经济得到了恢复和发展，财政实现了收支平衡并略有结余；钞票印制工业从分散走向集中统一，技术有了提高。印制、发行新人民币的条件已基本成熟。

1955 年 2 月 21 日，周恩来总理签发《关于发行新的人民币和收回现行的人民币的命令》，中国人民银行从 1955 年 3 月 1 日起发行了第二套人民币。

1962 年 4 月 17 日,中国人民银行发布《关于发行棕色伍元券和枣红色壹角券的通告》标志着第三套人民币发行的开始。

为适应国民经济发展的需要,进一步健全我国货币制度,方便流通和交易核算,1987 年 4 月 25 日,国务院发布《关于发行新版人民币的命令》,中国人民银行从 1987 年 4 月 27 日起陆续发行了第四套人民币。

为满足社会对现金需求和经济发展的客观形势对人民币的数量和质量、总量与结构的新要求,同时也为弥补第四套人民币本身存在的一些不足之处,如防伪措施简单、缺少机读性能等等,根据国务院第 268 号令,中国人民银行决定自 1999 年 10 月 1 日起,发行第五套人民币。

人民币发行至今,已走过了 50 余年的历程,我国的货币制度也经历了 50 余年的不断发展和完善。50 年来,我国努力抑制通货膨胀,防止通货紧缩,保持了人民币币值的稳定;努力保持了国际收支平衡,保持人民币汇率的稳定。1993 年开始,为适应改革开放的新形势,人民币由禁止出入境改为限额管理。我国货币制度的不断发展和完善,在我国社会主义经济建设和人民生活中发挥了重要作用。

第六节　货币在经济中的作用

货币的作用是货币职能实现所产生的社会经济后果。在商品经济条件下,货币始终贯穿于社会再生产的各个环节。货币不仅对经济发生重大影响,甚至可以改变经济的运行过程,同时货币还与经济中的其他变量互相影响,紧密相关,从而成为经济中最重要的内在变量,对经济发挥重要作用。

一、货币是市场交换的工具

市场经济活动的实质就是交换。交换是分配和消费之间的媒介要素,如果没有交换,生产和消费活动就无法进行,经济运行就会中断。初始的交换是直接物物交换。直接物物交换要求交换双方都要同时需要对方的商品,并在交换数量或比例上达成协议,交换才能成功,这就是"需求的双重巧合"、"时间的双重巧合"。否则双方都需要经过一系列复杂的交换才能换到双方所需的商品,如果换不到,交换就不能成功。直接物物交换会耗费巨大的人力和物力,延长交易的时间,从而增大交易成本,阻碍商品经济的发展。由于货币是在产品和要素的交易中被普遍接受的交易媒介,因此,货币作为市场交换的工具,就能克服物物交换条件下的缺陷,从而使要素供给者、消费者以及生产者之间的交易活动得以顺利进行,这就大大降低了市场交易成本,提高了市场交易活动的效率,促进了经济的发展。

二、货币是生产的第一推动力

马克思曾指出,资本主义的商品生产——无论是社会的考察还是个别的考察——要求货币形式的资本或货币资本作为每一个新开办的企业的第一推动力和持续的动力。这里说的"第一推动力",即指生产资料和劳动力两大生产要素相结合,必须以预付一部分货币资本为前提条件。在商品经济中,人们从事商品生产,必须持有货币才能取得生产资料和劳动力,并且要用货币一再购买,才能使生产过程不间断地继续下去。如果没有货币的有效投入和运行,企业根本无法开始现实的生产过程,生产也就无从谈起了。因此,货币作为生产的第一推动力,使生产得以顺利进行,并推动经济不断向前发展。

三、货币是主要的经济核算工具

由于货币具有价值尺度职能,可以用作比较、衡量各种商品和劳务价值量的统一外在尺度,因而国民经济统计指标和经济杠杆,都直接或间接地与货币有关。如价格、成本、利润等重要的微观经济指标,国民生产总值、国际收支、进出口额、总供给和总需求、投资、消费、储蓄等宏观经济指标,以及税率、利率、汇率等重要经济杠杆,都是以货币来表现与计算的。

微观经济指标是微观核算的工具,微观经济核算是宏观经济核算的基础。微观经济核算以单位货币为计量基础,从投入与产出等方面反映企业的生产效果和经济效益,有利于经营者对生产过程进行监督和对经营方向及时做出正确的决策。货币在建立宏观经济指标及其核算中的作用更是不容忽视,货币把千千万万不同质的商品和劳务转化为可以总括和比较的经济指标,用来表明经济发展的总规模、发展水平和速度,从而预测经济发展趋势,有利于宏观决策者及时发现经济中存在的问题,采取各种政策措施进行宏观调节,使国民经济的发展尽量避免大的经济波动。

四、货币积累是扩大再生产的条件

积累是社会扩大再生产的主要源泉。就一个社会来讲,扩大再生产包含着外延扩大再生产和内涵扩大再生产两种。货币作为企业生产活动的第一推动力,不仅外延扩大再生产要增加预付的货币资本,即使是内涵扩大再生产,要提高企业生产技术,改善生产要素质量,提高劳动生产率,一般也要增加预付货币资本。而货币只有积累到一定数量,才能进行扩大再生产。

在国民经济中,各生产部门的产值、国家财政的收支、社会商品销售、职工工资总额的确定等,都是利用货币进行计价核算的。一定时期的净资产值或新增加的价值,都是以货币来表示和计量的,它是该时期中的政府、企业、个人的净货币收入。这部分收入可以用于当期消费,也可以用于投资,用于投资则表示积累增加,社会再生产过程扩大。所以,货币虽然不是现实再生产的要素,只是使劳动力与生产资料两大生产要素相结合的媒介,但由于任何新的生产过程都以预付货币资本为起点,因此,货币积累是扩大再生产的条件。

五、货币的存在是发挥市场功能的条件

在商品经济条件下,市场这只"无形的手"具有两个方面的功能:一方面,从宏观层面上看,它可以优化资源配置,促进经济均衡发展;另一方面,从微观层面上看,它可以促进企业提高劳动生产率和经济效益。要使市场具备这两个方面的功能,必须以存在货币为条件。

社会平均生产耗费决定商品的价值量,商品要求等价交换,这是价值规律的核心内容。价值规律是商品经济的基本规律,只有价格经常背离价值,围绕价值上下波动,价值规律才能发生作用。而价格是商品价值的货币表现,没有货币就没有价格,就不能发挥价值规律的作用。

有社会分工就要求经济均衡发展,并要求资源分配到有利于经济发展的部门即优化资源配置。在商品经济条件下,是靠市场机制和价值规律的作用来发挥这一功能的。由于商品价值不是由个别生产单位的生产耗费决定,而是由生产这种商品的整个部门的平均生产耗费所决定,因此,单位生产耗费就可能高于、低于或者等于部门的平均生产耗费。当单位生产耗费高于部门平均生产耗费时,这个企业生产这种产品就会无利可图,以至于亏损。当单位生产耗费低于部门平均生产耗费时,这个企业就有利可图。企业为了追逐利润最大化,它必须不断提高劳动生产率,改善经营管理,提高经济效益,力求向社会提供价廉物美的商品。

在商品经济条件下,商品供应与需求不均衡是经常出现的。一种商品供过于求,其价格就会下跌,这就意味着此时社会实际分配给该部门的生产要素多于应该分配给这个部门的生产要素;另一种商品求过于供,其价格就会上涨,这就意味着此时社会实际分配给该部门的生产要素少于应该分配给这个部门的生产要素,这时,人们可以利用利润、收入等指标反映市场供应状况,并利用价

格、利率、信贷等和货币直接有关的经济杠杆调剂资金余缺,引导资源重新配置,把生产要素由利润低甚至亏损的部门转向利润高的部门,从而优化资源配置,促进经济均衡发展。

六、货币是实现宏观调控的工具

在一国国民经济活动中,政府主要利用财政政策和货币政策等经济手段来间接地调控经济,以实现宏观经济的均衡。无论是财政政策还是货币政策,都是以货币为基本工具的。财政政策中的收入和支出工具要以货币数量来表示,货币政策的任何一种工具使用也都离不开货币计量。另外,考核宏观经济政策的效果所使用的各种指标也是利用货币来进行的。所以,当今世界各国政府无不试图通过调控货币去间接地影响经济活动,实现经济的稳定发展。

复习思考题

1. 什么是货币? 货币是怎样产生的?

2. 简述马克思主义货币定义与西方经济学有关货币定义的区别。

3. 货币的基本职能是什么? 货币在发挥各种职能时各有什么特点?

4. 货币制度的构成要素是什么?

5. 如何划分货币层次?

6. 你认为我国人民币是否有储藏手段职能?

7. 为什么说金本位制是相对稳定的货币制度,金银复本位制是不稳定的货币制度?

8. 什么是纸币本位制? 它有何特点?

9. 货币在经济中的作用有哪些?

第二章　信用、利息和利息率

信用是在商品货币经济发展到一定阶段后产生的。它是一种以偿还和付息为条件的借贷行为。利息伴随着信用而产生，但在现代经济中，利率比利息有着更重要的意义。本章主要介绍信用的基本形式、利率基本内涵以及信用和利率在市场经济运行中所起的特殊作用。

第一节　信用与利息

在商品货币经济中，资金的借贷行为即信用是经常发生的。利息来源于资金的借贷行为，随之，利息的计算与转移成为资金市场中的一项重要内容。

一、什么是信用

在西方，"信用"一词源于拉丁文 Credo，包含着相信、信任、信誉等含义。改革开放之后，信用意识逐渐在我国人民头脑中建立。人们普遍认为，在商品社会中，企业要讲信用，政府要讲信用，个人要讲信用。信用在这里的意思一般可理解为对诺言的兑现，与信用的原意相当。而本章中所谈到的信用是一个经济范畴。

（一）信用的概念

从经济范畴来看，信用与我国的"借贷"、"债"等传统概念相当，是商品或货币的所有者以偿还和付息为条件、将商品和货币在未来一定期间的使用权让渡给需要者的一种经济行为。综合分析，信用具有如下特点：

（1）信用的基本特征是偿还和付息，其实质是债权债务关系。信用行为是由授信人和受信人双方当事人参与形成的。其中，授信人是商品或货币的所有者，即债权人，它贷放出商品或货币，以收回为条件，并有权利取得利息；受信人是商品或货币的使用者，即债务人，它取得商品或货币，以归还为义务，并可能需要支付利息。受信人和授信人之间的债权债务关系显而易见。不可否认，现实生活中有时也有无息借贷，但往往事出有因，可能是出于政治目的或某种经济目的而给受信人以优惠。另外，西方有些国家的银行对某些存款也往往不付利息，但存款者可以享受银行的有关服务或取得某些权利，因此实质上是有利息的，是变相的利息。

（2）信用的标的物一般有两种：一种是商品；一种是货币。以商品做标的物称为实物信用；以货币做标的物称为货币信用。商品经济初期，实物信用较普遍。随着商品经济的发展，货币信用逐渐取代了实物信用，成为主流。无论是哪种形式，借贷的实体是价值，是价值的运动或转移。

（3）信用关系中让渡的是商品或货币的使用权，不是所有权，不同于一般的商品交换。授信人将商品或货币以口头、账面或书面文件等方式贷放给受信人，受信人可以在一定时间内使用这些商品或货币，但到期必须偿还，并支付一定利息，受信人只拥有商品或货币一定期间的使用权。

（二）信用的产生和发展

从逻辑上推论，商品交换的发展、私有财产的出现是信用产生的客观基础。没有私有权的观念，就无从谈起借贷，也就没有信用行为的发生。

追溯历史，早在原始社会瓦解时期，信用就已产生。原始社会末期，人类社会两次大分工，极大地提高了劳动生产率，整个社会开始有了剩余产品，交换随之发展。商品交换开始只发生在部落内部,继而发展到部落间。部落首领们为了个人利益,侵占公有财富,促成了社会的两极分化,产生了贫富差别,贫困家庭为了生计或为了生产,被迫告贷,这就是最初的信用。

人类社会的第三次分工,出现了专门从事商品经营的商人。商人阶层的形成,使商品生产和交换得以迅速发展。商品交换中,为解决由于生产周期不一致、销售市场远近、商品销售季节等带来的产销矛盾,保证社会生产正常进行,赊购赊销、延期收付款等交易方式应运而生。当购销双方达成协议,实现商品价值转移时,便确立了债权债务关系,这种债权债务关系即为信用关系。可见,商品经济的发展是信用产生的基础。

从借贷的性质来看,早期的信用属于高利贷,它以收取高额利息为特征,是前资本主义社会中广泛存在的一种古老的信用关系。高利贷信用对社会的发展有正反两方面的作用:一方面,高利贷信用促进了商品货币经济的发展。高利贷以货币借贷为主,主要对象是小生产者。小生产者为了还清本金和支付利息,不得不多生产商品以换取货币。这对商品货币经济的发展,起了积极的推动作用。另一方面,高利贷信用破坏了社会生产力。在高利贷的剥削下,小生产者的全部剩余劳动,甚至是一部分必要劳动都转移到高利贷手中,在加上奴隶主和封建主阶级对小生产者的剥削,小生产者的生产条件日益恶化,致使社会生产力萎缩。

在资本主义生产关系确立后的资本主义经济开始发展阶段,资本家需要货币支持其发展,而高利贷信用严重阻碍了资产阶级获取平均利润的企图,于是急需打破高利贷对信用的垄断。由此激发了新型资产阶级反对高利贷的斗争。斗争的焦点是让高利贷资本从属于产业资本的需要。经过激烈、反复较量,资本主义信用制度随现代银行的出现而建立,并逐渐发展成高度发达的资本主义信用关系。

综合来看,信用的作用机制可概括如下:在商品货币经济中,各经济主体的经济活动皆伴随了货币的收支,无论是从事生产经营的企业、个人还是各级政府,他们在经济活动中,货币的收支结果不外乎三种情况:收大于支、收支平衡、收不抵支。比较多见的是收大于支和收不抵支两种情况。收大于支者形成盈余单位,收不抵支者形成赤字单位。盈余单位和赤字单位同时存在,说明在同一时点上货币分布不均衡,客观上需要相互调剂,即将盈余单位的剩余资金转移给赤字单位。而这种调剂不可能是无偿的,因为经济主体间存在着独立的经济利益,所以必须采用有偿的借贷方式,这就是信用方式——赤字单位到期将借入的资金归还盈余单位并付一定利息。这是唯一一种双方都能接受的调剂方式。因为通过信用关系,盈余单位的剩余资金得到了增值,赤字单位得到了经营的资金,双方互惠互利。信用形式促进了经济的发展。

二、信用的形式

信用作为一种借贷行为,有多种形式。按照信用主体的不同,现代信用主要可分为商业信用、银行信用、国家信用、消费信用等几种。

(一)商业信用

商业信用是指以工商业企业为主体、以商品的购销为存在形式的借贷行为。一般包括赊销和预付款两种方式。

商业信用的产生是商品经济发展过程中的必然。企业间的商品交易一般应伴随货币的转移,即采用现购现销方式,购买方获得商品的同时,销售方获得货币。但是欲购买商品的企业可能由于货币收支在时间上的不一致而无法支付足够的现款,此时,如若必须采用现款交易,则买方将买不到商品,无法继续经营;卖方卖不出商品,也无法组织再生产。为了双方的利益,销售方自然会将商品交付购买方,并允许其延期付款,这就是商业信用中的赊销方式。同样出于急需购买商品或商品本身供给不足等原因,购买方会先向销售方预付现款,等销售方生产出商品后购买方再得到商品,这种方式即是商业信用中的预付款。正是由于商业信用方便和及时的优点再生产活动才得以不断进行。

商业信用具有以下特点:

(1)商业信用发生于商品的购销业务中,债权人和债务人都是商品的经营者。在赊销业务中,销售方为债权人,购买方为债务人;在预付款业务中,销售方为债务人,购买方为债权人。

(2)商业信用的标的物表面看是商品,实质上是货币。以赊销方式的商业信用为例,赊销中包括了买卖和借贷两个经济行为。一方面,销售方将商品卖给了购买方,商品的所有权发生了转移,双方完成了买卖行为;另一方面,购买方欠了销售方一定金额的货款,双方建立起债权债务关系。商业信用发生于买卖行为完成之后,并用一定金额的货币表示。债权人贷出的是货币,债务人借入和归还的也是货币,因此商业信用的标的物是货币,而不是商品。

(3)商业信用的工具是商业票据。商业票据是一种记载债务金额、期限等约定条件,并受法律保护的债务文书。

(4)商业信用的供求受经济状况的好坏影响。在经济繁荣时期,企业的生产扩大,商品增加,企业间业务往来频繁,商业信用的供求相应增加;而在经济衰退时期,企业的生产下降,商品滞销,企业间业务往来减少,商业信用的供求随之减少。

商业信用的上述特点,决定了它的存在和发展有一定的局限性。这一定的局限性表现在:

(1)商业信用的规模和数量受到限制。由于商业信用发生于商品的购销业务中,因此,其规模和数量依赖于产业资本的多少,其最大作用是产业资本的充分利用。而且从个别企业来看,只限于企业暂时不用投入生产过程的那部分资本量。同时,商业信用仅发生于经常有业务往来且相互信誉较好的企业间。

（2）商业信用具有的方向性影响着其作用的发挥。商业信用的供求者必然是商品的供求者，采用赊销方式的，购买方是商业信用的需求者，销售方是供给者；采用预付款方式的，商业信用的供给者是购买方，需求者是销售方。因此，商业信用的作用仅发挥在"原材料—产品—商品"链条上，不可能有其他延伸。如粮食的生产者和粮食的加工者之间可能发生商业信用，粮食加工者和粮食制品的销售者之间也可能发生商业信用，但是粮食生产者和服装厂则很少发生。一般地，商业信用多是由上游产品企业提供给下游产品企业，工业提供给商业。因而有些企业很难从这种形式取得必要的信用支持。

（3）商业信用在管理和调节上有一定的局限性。商业信用是在众多企业间自发发生的，并形成一条债务链，如A是B的债务人，B是C的债务人，C是D的债务人，等等。若该链条中任何一环出现问题，不能按期偿债，整个债务体系都将面临危机。

商业信用的局限性决定了它不能完全满足经济发展的需要。经济发展到一定阶段时，银行信用作为一种供给更广泛的信用形式自然将产生并发展起来。

（二）银行信用

银行信用是指银行及其他金融机构以货币形式，通过存款、贷款等业务活动提供的信用。

银行信用是在商业信用发展到一定水平时产生的，它的产生对资本主义商品经济的发展起着巨大的推动作用，标志着信用制度的发展和完善。

银行信用具有以下特点：

（1）银行信用是一种中介信用。银行信用的主体是银行等金融机构，作为资金的贷放方，其贷放的资金并非其本身所有，绝大多数是通过吸收存款、储蓄或借贷方式从其他社会各部门、各阶层取得的；另一方面，银行只是资金的集中者，并非最终使用者,它通过贷款或投资运用到社会再生产的需要方面。因此,银行仅是资金所有者和使用者之间的中介,起联系、沟通的作用。

（2）银行信用是以货币形式提供的。银行从社会各阶层吸收的闲置资金和贷放到社会中去的资金都是货币形态。

（3）银行信用的主要工具是银行券。由于银行的资金雄厚,其信用远大于工商企业,因此银行券在很大程度上取代了商业票据,用于各种贷款业务中。

（4）银行信用不受产业资本的限制,可以把社会各阶层的闲置资金集中起来,规模巨大。

（5）银行信用不依赖于商品交换,无方向性,可以为社会上任何一个需要信用的企业和部门使用。

正是由于银行信用具有上述特点,它才成为现代经济生活中主要的信用形式。在我国,资金融通的基本形式就是银行信用。

（三）国家信用

国家信用是指国家作为主体进行借贷活动的信用形式。国家在借贷活动中常常充当债务人的身份。而债权人则既可能是国内的经济主体,如银行、企业和个人,也可能是国外的经济主体。因此,国家信用又分为国内信用和国际信用。

国家信用是一种古老的信用形式,也许伴随着国家机器的产生就已产生。在古代,国家也往往向臣民借贷或放贷,如我国历史资料中记载了东周、东汉等时期国家借贷的事例。

国家信用具有以下特点:

（1）国家信用的借贷双方,一方是政府,另一方是国内外的其他信用主体。政府既可以从其他信用主体手中取得信用,成为债务人;也可以向其他信用主体,尤其是国外政府或团体,提供信用,成为债权人。从国内居民、企业或团体取得借款,称为"内债";从国外居民、企业、团体或政府取得信用,称为"外债";向国外政府或团体提供信用,形成政府的储备资产。

（2）国家信用的具体形式多种多样,如在国内发行政府国库券和债券,在国际资金市场上发行国际债券、举借贷款或利用国际金融组织贷款。国库券是指对内发行的、期限在 1 年以下的政府债券。发行国库券主要用于平衡年度内先支后收等临时性财政困难。期限在 1 年以上的称为中长期债券,是政府的一项重要的债务收入,其目的在于弥补财政赤字、供基础设施和公共事业建设等非生产性支出、军费支出、福利支出以及国家重点建设项目的长期投资等。对外发行国际债券或借款的目的一般说来有两个:一是补充国内建设所需资金,在这点上发展中国家尤为明显;二是平衡国际收支逆差。

国家债务已成为现代经济中的重要因素,且规模越来越大。如美国 1950 年为 2 196 亿美元,1960 年为 2 349 亿美元,1970 年为 2 912 亿美元,1980 年为 7 377 亿美元,1990 年为 25 481 亿美元。对如此增长的国家债务应持何种态度,说法不一。传统观点对此是加以否定的。而在现代经济社会中,如此认识则嫌简单。一般认为在适当规模内对经济的发展是有利的。国际上有以下三个指标可用于适当规模的衡量:

一是公债负债率,即当年公债余额占 GNP 的比重,反映公债总规模对经济的影响和国民经济对公债的负担能力及偿还能力。目前发达国家的该比率在 10％～50％ 之间。

二是当年公债的发行额占 GNP 的比重,反映当年公债发行量对经济的影响,一般认为该比率应小于 3。

三是公债依存度,即当年公债发行额占当年财政支出的比重,反映当年财政支出对公债的依赖程度和财政的健全状况,一般认为该比率在 20％ 以内。

（四）消费信用

消费信用是指对消费者提供的,用以满足其消费方面的货币需求的信用。

提供消费信用的主体可以是厂商、银行或其他金融机构。消费信用的方式主要有三种:赊销、消费贷款、信用卡。

(1) 赊销是厂商提供消费信用的方式。具体来看,又可分为两种:一种是赊账,多用于日常零星的购买,属于短期信用;另一种是分期付款,多用于耐用消费品,如住房、汽车等,属中长期信用。采用分期付款方式,消费者需先付一部分货款,然后签订合同,规定合同期限、利息、每次付款的金额及其他费用。在款项未付清前,商品的所有权归厂商所有,消费者只有使用权。

(2) 消费贷款是银行或其他金融机构以抵押贷款和信用贷款方式向消费者提供信用的形式,主要用于耐用消费品的购买。抵押贷款是在消费者取得贷款的同时需提供相当数量的抵押品,以防范贷款风险;信用贷款是不需提供抵押品的贷款。

(3) 银行等金融机构还可以以信用卡的形式向消费者提供信用。信用卡是由银行或其他专门机构提供给消费者的赊购凭证,它规定有一定的使用限额和期限,持卡人可凭卡在任何接受信用卡支付的单位购买商品或作其他支付,有的还可向发卡银行或其代理行透支小额现金。接受信用卡的单位每天营业终了向发卡机构索偿款项,发卡机构与持卡人定期结算。

(五) 信用诸形式间的关系

从历史起源来看,商业信用是最早产生的,为弥补商业信用的不足和满足经济发展的要求,继而出现了银行信用和国家信用以及消费信用。因此,商业信用是基础。

四种信用形式中所突出的信用主体的作用是不同的。商业信用中强调信用的供需双方都必须是企业,商业信用是企业之间相互提供的信用;银行信用强调银行作为信用提供方;国家信用主要强调国家作为信用的接受方;消费信用则强调信用的接受方为消费者。四种信用的构成及相互关系如图 2-1 所示。

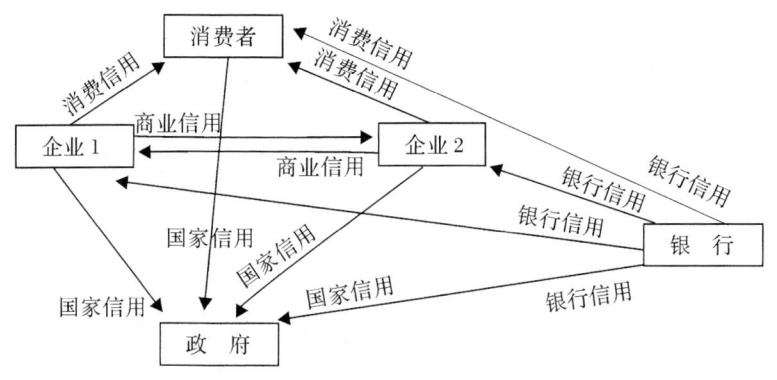

图 2-1　四种信用的构成及相互关系

注：图中箭头表示信用提供方向。

从图 2-1 可以看出，四种信用形式之间具有一定联系。

首先，商业信用与银行信用同样能为企业发展提供信用，两者各具特点，不可相互替代。与商业信用比较，银行信用在借贷数量、范围、期限等方面都具有优势，但是商业信用使用简单、方便、灵活。因此，尽管商业信用具有很多缺陷，但在商业信用能够解决的情况下，企业之间一般首先想到用商业信用来满足它们对资金的需要，只有在商业信用无法解决的情况下，才会利用银行信用。商业信用和银行信用一起成为了再生产过程中与工商业企业的经营活动直接联系的两种最基本形式，构成信用制度的基石。另外，实际生活中，两者相辅相成，共同发展。随着商品货币经济的发展，商业信用的发展日益依赖于银行信用。假如没有银行信用，一个企业能否提供商业信用，必然决定于企业自身资金周转状况；有了银行信用，企业就能够在赊销商品后，通过商业票据的贴现、抵押等形式向银行融资而提前收回未到期货款。可见，银行信用帮助商业信用克服信用能力上的困难的同时，银行信用自身也因此得到发展和壮大。

其次，商业信用和消费信用具有相同的提供者——企业。企业以赊销的形式向企业提供信用称为商业信用,向消费者提供信用称为消费信用。商业信用和消费信用都可以促进生产和消费,对经济发展起着积极的作用。

再次,当银行等金融机构以多种方式贷放资金给消费者用于消费需求时,从银行角度来看提供的是银行信用,从消费者角度来看接受的是消费信用。从这一点来看,银行信用与消费信用是信用提供方和接受方的不同理解。同样当银行等金融机构向政府提供信用时,从银行角度看是银行信用;从政府角度看是国家信用。

另外,银行信用与国家信用有较大的相似性,它们具有相同的资金来源,都是利用信用形式集中社会闲散资金,在可利用的资金总量一定的情况下,两者动员的数量呈此消彼长的关系。据此推论,国家似乎可以授权银行,通过银行来取代国家信用。然而国家信用与银行信用既有联系又有区别,具有银行信用无法替代的独到之处:一是,国家信用可以依仗政府的权力动员出银行信用无法达到的社会剩余资金;二是,政府债券在一级市场上发行结束后即增加了社会资本总量,不受二级市场买卖行为的影响,具有相对的稳定性;三是,政府债券的利息支出是国家财政预算中的一个项目,政府债券的偿还是以国家的整个财力作基础的,债权人几乎不可能发生债权折损,为广大债权人所认可。总之,国家信用可以起到银行信用无法起到的作用,两者互为补充,不可相互替代。

三、信用在商品经济中的作用

不管是信用产生之初,还是信用制度已极其完备的今天,信用对经济发展的影响都是相当大的。具体表现在以下几个方面:

(一)信用与生产的关系

四种信用形式都对商品的生产起着重要的推动作用。

1. 商业信用与生产

回顾历史,商业信用的产生源于现购现销不能满足生产发展的需要。通过商业信用,构成信用关系的两方当事人的生产才得以继续进行。具体来讲,作为受信人的企业,往往资金缺乏,通过信用关系,得到了其组织再生产之所需;作为授信人的企业,往往商品积压,通过信用关系,实现了商品的销售,也促进了生产的发展。商业信用是最直接推动生产发展的信用形式。

2. 银行信用与生产

银行信用与商业信用比较,有着更广阔的资金来源,是商品货币经济中最基本的信用形式,更是企业融通资金的重要渠道。当企业有较大的资金需求且无法采用商业信用时,银行信用成为其解决问题的重要途径。银行信用为企业的发展积聚了充足的资金,对社会生产起着重要的作用。

3. 国家信用与生产

政府通过国家信用筹集的资金很大一部分用于政府购买及国家重点建设项目的投资,用于重点项目的资金直接促进了相关企业的发展;根据消费与生产的关系,政府购买则促进了相应生产部门的生产,与此同时,通过现代社会生产的链条作用,也极大地促进了其他产业的生产规模的扩张。一般地,国家重点建设项目和政府购买所需资金数额巨大,因此国家信用对经济的促进作用十分显著。

4. 消费信用与生产

市场经济条件下,商品的生产取决于人们对商品的需求。构成需求有两个条件:一是消费者有购买欲望;二是消费者有购买能力。消费信用的提供恰好使消费者增强了购买能力,刺激了消费需求。可见消费信用促进了生产的发展。据估计,若不采用分期付款这一典型的消费信用的典型支付方式,西方汽车的销售量将会减少1/3。此外,消费信用对于促进新技术的应用、新产品的推销以及产品的更新换代,也具有不可低估的作用。当然,消费信用在一定情况下也会对经济发展产生消极作用:如果消费需求过高,生产扩张能力有限,消费信用则会加剧市场供求紧张状态,促使物价上涨,形成虚假繁荣,等等。

（二）信用与流通的关系

在商品经济中,生产是为了销售,生产又要以购买其他企业的商品为前提,现代社会的商品生产过程由很长且错综复杂的链条构成,企业之间通过链条紧密地联系在一起。现代生产的特点决定了信用对商品的流通起着积极的推动和放大作用。

首先,消费信用的提供使消费者获得了更大的购买力,它们将更多地购买价值较高的耐用消费品,直接促进了最终商品的流通。如商品经济高度发达的美国,其商品零售额中有一半以上都是通过信用交易进行的。最终商品生产者实现销售后,也必然会增加对原材料等的购买,于是激发了更多企业的商品销售。

其次,其他三种信用形式通过受信企业的原材料等生产物资的购买也刺激着商品的流通。商业信用、银行信用、乃至国家信用的受信者得到资金后,为了组织生产,必然增加对上游企业商品的购买,上游企业销售商品后,也要购买再生产之所需……如此不断扩展下去。

总之,一个经济主体接受信用,将带动社会大生产链条上的很多企业的商品更快地流通起来。信用对商品流通的推动作用重大。

（三）信用与经济危机

信用在促进经济增长的同时,也会产生一些副作用,在一定程度上会导致和助长经济危机的爆发。尤以国家信用为甚。国家信用在现代经济中的作用非常重要,可以调节财政收支的短期不平衡,可以调节经济与货币供给,可以弥补财政赤字等。一般来说,弥补财政赤字、平衡财政收支的方法很多,比如增加税收、向银行借款或透支、发行政府债券等。增加税收多受到限制,因为税收过多会影响企业生产积极性。采用发行政府债券的方式,是将企业和居民的购买力转移给国家,是一种财力的再分配,不会影响企业的生产积极性,也不会导致通货膨胀。若采用向银行借款的方式且银行资金来源不足,则为弥补财政赤字,只有财政发行货币,从而必然导致通货膨胀,物价上涨。因此,各国政府一般都尽量采用发行国债的方法。其次是银行信用。银行信用的提供是以广大储户拥有的剩余资金为基础的。在经济繁荣时,银行信用基础比较雄厚,可贷资金充足,贷放资金的利息率较低,有利于经济的再度增长;反之,在经济衰退过程中,银行信用基础薄弱,利息率偏高,必将加快经济危机的产生和发展。

另外,正如前面所述,商业信用具有一定的局限性,如在商业信用提供过程中会形成债务链。债务链条上的任何一环如若出现问题,债务人不能到期偿还,将导致整个信用体系面临危机,造成经济恐慌。因此,商业信用的副作用也不容忽视。

四、利息

利息是授信人将商品或货币的一定时间的使用权让与受信人的前提条件。利息伴随信用的产生而产生。没有利息,就没有信用关系。

西方经济学家认为,利息和地租一样公道合理,是债权人放弃货币等资本一段时间的报酬;或认为利息是债权人贷出货币后,失去了对该货币的其他投资机会,按照机会成本而获得的补偿,等等。因此可以简单地说,利息是债权人的报酬,也是债务人的成本。如甲年初向银行借款 10 000 元,按照借款合同,年末需要归还 11 000 元。年初的 10 000 元称为本金,年末的 11 000 元称为本利和。本金和本利和之间相差的 1 000 元即为利息。1 000 元的利息是银行的收益,是某甲使用本金一年的代价。

在现代社会中,贷出款项收取利息已经成为很自然的事情,货币因贷放而会增值的概念已深深植入人们的经济观念中。利息被人们看作收益的一般形态,无论贷出与否,利息都被看作资金所有者理所当然的收入。应当指出的是,利息不是一个反映价格水平的概念,其大小不仅取决于借款数量的多少,借款期限的长短,而且还取决于利息率的高低和计算方法。真正反映货币价格水平的是利息率。准确地说,利息率才是货币资本的价格。

第二节 利率的涵义与种类

一、利率的涵义

利息率简称利率,是指借贷期内所形成的利息数额与所贷资金数额的比率。它是计量借贷资本增值程度的数量指标,通常用百分数表示。用公式表示如下:

$$利息率＝利息额÷所贷资金额$$

如,东方公司从银行贷款 100 万元,1 年后需偿还 110 万元。那么这笔借款的利息率计算如下:

$$利息额＝110－100＝10(万元)$$
$$利息率＝10÷100＝10％$$

现实生活中的利率都是以某种形式存在的。如 3 个月期贷款利率、6 个月期存款利率,5 年期国库券利率等。随着金融活动的日益发展,金融活动方式日益多样化,利率的种类也日益繁多。各种利率通过内在的联系构成了利率体系。

二、利率种类

在利率体系中,按照不同的标准可划分出多种多样的利率种类。

（一）基准利率和套算利率

按利率之间的变动关系及在利率体系中的地位,可把利率分成基准利率和套算利率两种。

1. 基准利率

基准利率,又称基本利率,是在多种利率并存条件下在利率体系中起决定作用的利率。所谓起决定作用是指这种利率变动会带动其他利率作相应变动。因而，了解了这种关键性利率水平的变化趋势，就可以了解利率体系的变化趋势。基准利率，在西方通常是中央银行的再贴现率，在我国是中国人民银行对商业银行贷款的利率。

2. 套算利率

套算利率是指在基准利率确定之后，各金融机构根据基准利率和借贷款项的特点而换算出的利率。如，某金融机构规定，贷款给 AAA 级、AA 级、A 级企业的利率，应分别在基准利率基础上加 0.5%、1% 和 1.5%。若基准利率为 5%，则贷放给 AAA 级企业、AA 级企业、A 级企业的贷款利率分别是 5.5%、6% 和 6.5%。

（二）固定利率和浮动利率

根据在借贷期内是否调整，可把利率分成固定利率和浮动利率两种。

1. 固定利率

固定利率是指在借贷期内不做调整的利率。其最大特点是利率不随市场变化而变化，对借贷双方确定成本和收益十分方便，是传统的利率方式。在借款期间较短或资金市场变化不大时，一般采用固定利率。否则，资金市场变化很大，采用固定利率，会使债权人或债务人遭受损失。近几十年来，世界各国都存在不同程度的通货膨胀，长期放款的债权人损失颇多。

2. 浮动利率

浮动利率，又称可变利率，是在借贷期内可以调整的利率。借款时，由借贷双方协定，由一方在规定的时间依据某种市场利率进行调整。如英国政府自 1977 年 5 月起发行期限为 4～5 年的变动利率债券，利率按半年期国库券利率加 0.5% 计算；欧洲货币市场实行的浮动利率调整期为 3 个月或半年，调整的依据是伦敦银行同业拆借市场的同期利率。浮动利率可以为债权人减少损失，但因手续繁琐、工作量大而增加费用开支,因此多用于3年以上的中长期借贷及国际金融市场。在国际金融市场上,浮动利率债券的发行额近年来增长很快。1980年,全球浮动利率债券发行额为47.1亿美元,1997年则达到了2 131亿美元。

(三)长期利率和短期利率

根据信用期限的长短,利率可分为长期利率和短期利率两种。

1. 短期利率

短期利率是指在1年以下的信用行为中的利率。如半年期贷款的利率。

2. 长期利率

长期利率是指信用期长于1年的信用行为的利率。如2年期的储蓄存款利率。

短期利率与长期利率之中各有长短不同期限之分。一般地讲,较短期利率低于较长期利率。这主要是因为时间越长,不确定因素越多,债权人风险越大,再加上通货膨胀的持续发生,所以债权人在借贷过程中要求的报酬要高,利息率要大。但在不同种类的信用行为之间,由于有种种不同信用条件,也不能简单对比。而在同一类之间,较短期的利率则总是低于较长期的利率。

(四)年率、月率和日率

按照计算利息的期限单位划分,利率分为年率、月率和日率三种。

1. 年率

年率是以年为单位计算利息,以本金的百分之几表示。

2. 月率

月率是以月为单位计算利息,以本金的千分之几表示。

3. 日率

日率习惯叫"拆息",是以日为单位计算利息,以本金的万分之几表示。

我国不论年息、月息、日息,都用"厘"作单位。虽然都叫厘,但差别很大。如年息 5 厘是指年利率为 5%,月息 5 厘是指月利率为 5‰,日息 5 厘是指日利率为 5‰。年率、月率和日率之间的换算公式如下:

$$月率=年率÷12$$
$$日率=年率÷360=月率÷30$$

(五)市场利率和官定利率

根据利率是否按市场规律自由变动划分,利率可分为市场利率和官定利率两种。

1. 市场利率

市场利率是指随市场供求而自由变动的利率。它是在金融市场上由借贷双方通过竞争而形成的,是借贷资金供求状况变化的指示器。当资金供过于求时,利率下跌;反之,当资金供不应求时,利率上升。由于影响资金供求状况的因素十分复杂,因而市场利率变动非常频繁、灵敏。

2. 官定利率

官定利率,又叫法定利率,是指由政府金融管理部门或者中央银行确定的利率,是国家为了实现宏观调节目标而采用的一种政策手段。利率水平不完全随资金市场供求变化而变化,反而是当国家通过中央银行确定官定利率后能对资金市场的供求进行影响,继而调节市场利率水平。因此,官定利率在整个利率体系中处于主导地位。

官定利率与市场利率有着密切的联系。官定利率的变化反映政府货币政策的走向,对市场利率会产生重要影响。但市场利率又受借贷货币资金供求状况等一系列复杂因素的影响,它并不一定与官定利率相一致。反过来,由于市场利率反映着资金市场的供求变化,因此官定利率的制定一般也要以市场利率为依据。我国目前以官定利率为主。如商业银行的存贷款利率等都是由中国人民银行指定、报经国务院批准后执行的官定利率。市场利率范围有限,主要是在同业拆借等领域起作用。

（六）名义利率和实际利率

在借贷过程中,债权人不仅要承担债务人到期无法归还本金的信用风险,而且还要承担货币贬值的通货膨胀风险。根据债权人取得的报酬中是否包含通货膨胀补偿,可以把利率分成实际利率和名义利率两种。

1. 实际利率

实际利率是指在物价不变从而货币购买力不变情况下的利率,或是指在物价有变化时,扣除通货膨胀补偿以后的利率。

2. 名义利率

名义利率是指包含对通货膨胀补偿的利率。由于物价上涨是一种普遍的趋势,因此,名义利率一般都高于实际利率。两者的关系简单可以下式表示:

$$名义利率＝实际利率＋通货膨胀率$$

在通货膨胀条件下,市场上各种利率都是名义利率,而实际利率却不易直接观察到。通常是利用上述公式,根据名义利率和通货膨胀率推出实际利率。如某年的名义利率是 10%,通货膨胀率为 3%,则实际利率为 7%。上述公式并不十分确切,因为通货膨胀对于利息部分也有影响。因此,名义利率与实际利率的差应更大些。具体可表示如下:

$$名义利率＝(1＋实际利率)(1＋通货膨胀率)－1$$

其推导过程如下:

设名义利率为 R、实际利率为 i、通货膨胀率为 P、S_n 为按名义利率计息的本利和、S_r 为按实际利率计息的本利和。则 S_n 和 S_r

之间的关系可以表述如下：

$$S_n = S_r(1+P)$$
$$\therefore (1+R) = (1+i)(1+P)$$
$$\therefore R = (1+i)(1+P) - 1$$
$$i = \frac{R-P}{1+P}$$

这是目前国际上通用的计算实际利率和名义利率的公式。

（七）一般利率和优惠利率

根据利率是否带有优惠政策划分，可分为一般利率和优惠利率两种。

1. 一般利率

一般利率不具有优惠性质的利率，也就是市场利率。

2. 优惠利率

优惠利率是指略低于一般贷款利率的利率。实际上，优惠利率是差别利率的一种。差别利率是针对不同的贷款种类和借款对象实行的不同利息率，通常可按期限、行业、项目、地区设置不同的利率。由于利率的高低直接决定着利润在借贷双方的分配比例，直接制约着借款者收入的多少，因此实行优惠利率将使得借款者降低成本、增加利润。一般地说，优惠利率只提供给信誉好、经营状况良好且有良好发展前景的借款者。在我国，优惠利率实施与产业政策有关。如 20 世纪 80 年代中期以后在国家认为有必要重点扶植的行业、部门和企业中实行的贴息贷款即属优惠利率范畴。所谓贴息贷款是指接受贷款的单位支付低于一般利率水平的利息，而发放贷款的单位对于少收的利息由批准贴息的部门、地方支付。

在国际金融领域，外汇贷款利率的优惠与否以伦敦同业拆借市场的利率为衡量标准，低于该利率者可称为优惠利率。我国外汇优惠利率贷款主要由中国银行发放。

尽管优惠利率能在一定程度上推动国家产业政策的实现和经济的发展，但是滥用优惠利率却往往达不到预期的目标，反而会造成消极的后果，主要表现在将影响资金市场上供求的平衡，出现类似限制价格政策的社会不良反映。

第三节　利率的决定

利率在资金市场上具有其他因素无法比拟的重要指导作用，因此探究利率背后的决定问题，成为金融理论中的一个重要的课题。

一、马克思的利率理论

马克思指出："利息是由利润调节的，确切地说，是由一般利润率调节的。"马克思对利息决定问题的这一解释源于马克思的剩余价值理论。根据剩余价值理论，不同类型的资本家将共同拥有其因剥削而获得的剩余价值。产业资本家（资金的借入者）和货币资本家（资金的贷出者）根据利息率进行分配。利息率高，货币资本家多获得一部分，产业资本家少获得一部分；反之，利息率低，则货币资本家少获得一部分，产业资本家多获得一部分。因此利息一般决定于利润，利息率决定于平均利润率。利息率最高不超过平均利润率。当然，利息率也不可能为 0，否则，货币资本家就不会把资本贷出。利息率的变化在零与平均利润率之间。但是也不排除利息率超出平均利润率或事实成为负数的特殊情况。这就是马克思的利率决定理论的基本内容。

在马克思的利率理论中，决定和影响利率水平的因素主要有：

（1）平均利润率。利息来源于利润，平均利润率是产生利息的起因。

（2）产业资本家和货币资本家的斗争。作为资金的供给者，货币资本家希望利息率保持较高的水平，以期获得利润中的较大部分;作为资金的需求者,产业资本家希望利息率保持较低的水平,以期在利润分配时留给自己更多。于是资金市场上供求双方矛盾作用,决定了利率的高低。

（3）社会再生产状况。马克思曾指出:"在物质资本的供给和货币资本的供给之间,有一种看不见的联系;同样毫无疑问,产业资本家对货币资本家的需求,是由实际生产情况决定的。"这段话含义深刻,说明社会再生产状况决定着借贷资本的供求,是影响利息的决定因素。

马克思揭示的决定和影响利率变化的上述三个基本因素在现代经济中依然适用。

二、西方利率决定理论

西方经济学家关于利率的决定理论全都着眼于利率变化取决于怎样的供求对比,只不过由于不同的观察角度以及对决定因素的观察不断加细才产生了多种西方利率决定理论。本节主要介绍以下三种:

（一）古典利率理论

19世纪80年代以前,古典经济学家对利率决定问题进行了大量的阐述,普遍认可资本供求决定利率的观点,但是未说明影响、支配资本供给和需求的因素,即未真正解决利率决定问题。后来,英国经济学家马歇尔等对该问题进行了深入的探讨,提出资本的供给来自储蓄,资本的需求来自投资,建立了储蓄与投资决定利率的理论。由于这些理论严格遵循古典经济学重视实物因素的传统,主要从生产消费等实际经济生活中去探讨影响资本供求的因素,因而被西方经济学者称为古典利率理论。

在古典利率理论中,马歇尔的利率理论具有代表性。他认为任何生产要素的价格都是由供给和需求在均衡条件下决定的。资本是一种生产要素,利率是资本的价格。资本的供求关系决定着利率的高低。具体来讲,在商品市场上,储蓄构成资本的供给,投资构成资本的需求。利息则是储蓄的报酬,投资的代价。利率水平由储蓄与投资间的均衡决定,且随储蓄与投资间的比例变动而涨跌。如图 2-2 所示。

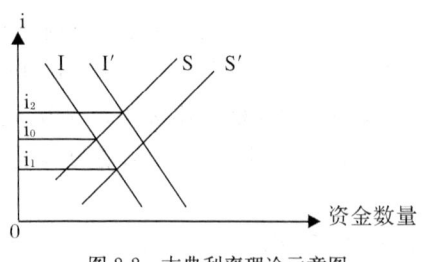

图 2-2　古典利率理论示意图

图 2-2 中:

I:投资曲线。利率越高,投资越少,曲线向下倾斜。

S:储蓄曲线。利率越高,储蓄越多,曲线向上倾斜。

　　I 曲线与 S 曲线相交时的利率 i_0 为均衡利率。如果某些因素引起边际储蓄倾向提高,则 S 曲线向右平移,形成 S' 曲线。在投资不变的情况下,S' 曲线与 I 曲线相交,利率 i_1 为新的均衡利率,利率较前有所下降;若某些因素引起边际投资倾向提高,则 I 曲线向右平移,形成 I' 曲线。在储蓄不变的情况下,I' 曲线与 S 曲线相交,利率 i_2 为新的均衡利率,利率较前有所上升。

　　可见,古典利率理论的主要思想是,利率由投资需求与储蓄意愿的均衡所决定;在投资与储蓄发生短期失衡时,变动利率即通过利率升降的自发调节,又能使储蓄与投资趋于均衡,储蓄最终会全部转化为投资,从而使社会生产达到"充分就业"均衡状态。在新古典学家看来,货币变化只影响一般价格水平,而不影响利率;利率是与实物部门有关的现象,表示货币现象。

　　(二)流动性偏好利率理论

　　古典利率理论忽视货币因素,只强调实际经济因素对利率的决定作用,因此有一定的缺憾。凯恩斯在批判古典利率理论的基础上,完全抛弃实际因素的影响,只强调货币因素的作用,创立了独树一帜的利率理论——流动性偏好利率理论。

所谓流动性偏好是指人们对于持有货币,保持资金较高的流动性,以满足人们交易的需要、预防的需要、投资的需要等存在普遍的心理倾向。其原因是未来的不确定性。

凯恩斯认为,人们的储蓄如果采用非货币的形式,等于将货币暂时借给了别人,由此放弃了手持货币的流动性,丧失了周转灵活的便利,当然应获得一定的报酬以补偿,这种报酬即为利息。利息率则决定于货币供求的数量,而货币需求数量又基本取决于人们的流动性偏好。如果人们具有较强的流动性偏好,愿意持有的货币数量增加,货币供给不变时,货币需求大于供给,利率上升;反之,人们的流动性偏好较弱,对货币的需求减少,利率下降。因此,利率是由流动性偏好曲线(或货币需求曲线)和货币供给曲线共同决定的。利率与流动性偏好反向变动。如图 2-3 所示。

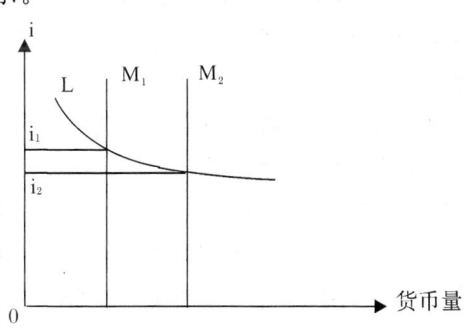

图 2-3　流动性偏好利率理论示意图

图 2-3 中,L 表示货币需求曲线。L 曲线向右下方倾斜,且越向右,越与横轴平行。

当货币供给曲线与货币需求曲线的平行部分相交时,利率将不再变动,即无论怎样增加货币供给,货币均会被储存起来,不会对利率产生任何影响。这便是凯恩斯利率理论中著名的"流动性陷阱"说。

流动性偏好理论强调货币因素,对古典利率理论忽视货币的影响提出批评都是合理的、准确的。但是流动性偏好理论在强调货币因素对利率的决定作用时,忽视实际经济因素的作用也是不可取的,应将两者结合起来。

（三）可贷资金利率理论

可贷资金利率理论,又称借贷资金论,是由英国的罗伯逊和瑞典的俄林等人于 20 世纪 30～40 年代,在古典利率理论基础上提出来的。可贷资金利率理论一方面反对古典利率理论对货币因素的忽视,开始注意货币因素的短期作用,认为将利率的决定局限于商品市场上的储蓄和投资两个因素过于片面,同时又继承了古典利率理论基于长期实际经济因素分析的理论传统,反对凯恩斯忽视非货币因素在利率决定中作用的观点。由于可贷资金利率理论既考虑了实物市场中的因素也考虑了货币市场的因素,因此与前面两个理论相比,可贷资金利率理论突破了局部均衡分析,是一种一般均衡分析。

可贷资金利率理论认为利率决定于可贷资金的供给与需求。其中可贷资金的供给主要包括四部分:

（1）各经济主体未用于消费支出的部分,即当前储蓄;

（2）固定资产的出售收入,本部分相当于过去储蓄的转化;

（3）窖藏现金的启用,是能直接增加可贷资金供给量的形式;

（4）银行体系新创造的货币。

可贷资金的需求主要包括以下三部分:

（1）当前投资;

（2）固定资产的重置与更新,相当于对过去投资的补充;

（3）新增加的窖藏现金,虽然未用于社会生产,但是作为财富的积累,也占用一定的可贷资金,是可贷资金需求的构成因素。

可贷资金需求和供给对利率的决定过程如图 2-4 所示。

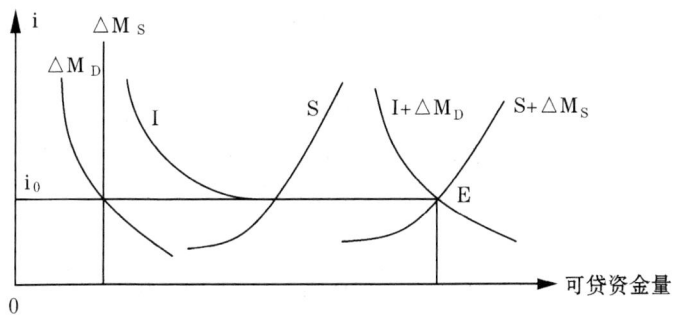

图 2-4　可贷资金利率理论示意图

图 2-4 中：

S：表示当前储蓄与固定资产出售收入（过去储蓄）的总和。利率 i 越高，储蓄 S 越大。S 与 i 同方向变化。

ΔM_S：表示货币当局新创造的货币量，是外生变量。与 i 的变化无关。

$S + \Delta M_S$：可贷资金的总供给。

I：表示当前投资与固定资产重置与补偿的总和。利率越高，投资越少。I 与 i 反方向变化。

ΔM_D：表示货币储藏与反储藏相减的净储藏增量。利率越高，储藏越少。ΔM_D 与 i 反方向变化。

$I + \Delta M_D$：可贷资金的总需求。

可贷资金的总需求曲线与可贷资金的总供给曲线交于 E 点，E 点对应的利率水平为均衡利率 i_0。

上述利率决定过程还可用模型表示如下：

首先可贷资金需求和可贷资金供给用公式描述如下：

$$Q_D = I + \Delta M_D$$

$$Q_S = S + \Delta M_S$$

那么，根据可贷资金利率理论，当可贷资金供求平衡的利率为均衡利率。

∴ 有下式成立：

$$I + \Delta M_D = S + \Delta M_S$$

从上式中可解得均衡利率的大小。上式为均衡利率的决定条件。

可贷资金利率理论已成为当代很流行的利率理论。

除了以上三种利率理论外,还有其他种类的利率理论,如ISLM理论等。在此不再赘述。

第四节　利率风险结构和期限结构

前面第三节介绍的利率理论仅仅分析了一种利率的决定问题,但是,实际生活中存在着多种利率。那么,同时并存多种利率的原因何在以及多种利率之间的关系如何呢? 本节将从风险和期限两方面对利率进行完整的分析,以利于相关经济主体确定对策。

一、利率的风险结构

利率是借贷资金的价格,但是不同形式的借贷资金的实际价格却不同。其原因之一是借贷资金的违约性、流动性、税收情况等不同。在借贷期限等其他条件相同的情况下,由于违约性、流动性、税收情况等的不同所造成的不同种类利率之间的关系,称为利率的风险结构。

(一)违约风险

所谓违约风险是指由于借款人无法按期支付利息或归还本金而给投资人带来的风险。违约风险反映着借款人按期支付本金和利息的信用程度。其大小影响着利率的高低和投资者回报率的大小。

债券是一种标明债权债务关系的重要凭证,若由公司发行,称为公司债券;由国家发行,称为政府债券或国债;由金融机构发行,称为金融债券。比较而言,公司债券违约风险大,尤其是遭受重大损失的公司的债券违约风险最大,因此,债券的需求小,交易价格低,投资者要求的利率高,投资回报率具有较大的不确定性。相反,国家债券的发行者——政府可以通过增加税收或印刷钞票来偿还债务,因此,违约风险几乎为零。相应地,国债的需求大,交易价格高,而利率却比较低,投资者的回报率较稳定。这类债券被称为无违约风险债券。有违约风险债券和无违约风险债券利率之间的差额,称为风险升水,是人们为持有某种风险债券所要获得的额外利息。通常,具有违约风险的债券具有正值的风险升水,投资者的收益回报率也较低。风险升水随着违约风险的增大而增大。既然违约风险对风险升水的大小有着如此重要的影响,债券投资者在购买债券时,应该了解该公司的违约可能性。但是一般的投资者很难获得市场上各种交易债券的具体情况,因此需要一些专门机构进行调查,并对投资者给予指导。这些专门的、独立的机构就是评级机构。评级机构对债券的级别划分是投资者防范违约风险的重要参考。

（二）流动性

所谓流动性是指债券等借贷关系载体的持有者(即债权人),必要时将债权迅速转化为现金并不遭受损失的能力。流动性越大,越受到人们的欢迎。流动性是影响利率大小的一个重要因素。

不同的债券有着不同的流动性。国债交易广泛,最易出售而且交易费用很低,而在紧急的情况下,公司债券的持有者难于找到买主,出售公司债券的费用较高。因此在债券市场上,国债的流动性大,公司债券的流动性小。流动性大,则需求量大,交易价格高,利率要求低。一方流动性大的同时,势必造成另一方的流动性小,进而需求量小,交易价格低,利率要求高。假设在刚进入债券市场时国债与公司债券的利率相同,则因流动性的不同,最终造成国债利率低,公司债券利率高。两者之间的差额称为流动性升水。公司债券的流动性越小,流动性升水越大。流动性升水是对公司债券流动性较低的补偿。

可见,期限相同的债券利率之间的差额,不仅反映了债券的违约风险,而且反映了债券之间的流动性区别,可分解为风险升水和流动性升水两部分。

(三)税收因素

人们在进行投资时,往往进行债券利率大小的比较。在有税收因素影响的情况下,更重视对税后利率大小的比较,因为税后利率才是投资者的真实回报率。因此,税收因素也是一项重要的利率影响因素。

不同债券利息收入的纳税税率不同,其税前利率也会不同,因为人们寻求的是实际利息收入的高低。假设一种债券为零税率(如我国的国债),则需纳税债券的税前利率一定要高于免税债券的利率水平。假设要使两者税后利率相等,则两者税前利息率之间关系,可用公式表示如下:

设需纳税债券的税率为 R,则:

该债券的税前利息率＝免税债券的利息率÷(1－R)

可见,税率越高,债券的税前利息率应该越大。更一般地可以说,征税或提高税率降低了免税债券的利率,提高了纳税债券的利率,导致免税债券和纳税债券的利率之间出现反向差别。美国的政府国债利率长期高于某些州和地方政府债券的利率,其原因就是国债是纳税的,而地方债券是免税的。

违约风险、流动性及向债券利息收入征税或提高税率,解释了利率的风险结构,债券的风险升水随该债券的违约风险的增加而增加,债券的流动性升水随债券的流动性的相对降低而升高,享受税收优惠待遇的债券的利率将会低于无税收优惠的债券利率。

二、利率的期限结构

影响利率的另一重要因素是债券的期限。在违约风险、流动性及税收因素相同的情况下,利率的大小与其到期日的时间长短之间的关系,称为利率的期限结构。利率的期限结构较利率的风险结构更为复杂,更加重要。这是因为在债券的存续期内,利率的期限结构在不断地变化;而且其研究的是无风险的国债利率和期限的关系,即基准利率的期限结构,从而是构造其他结构的基础,是利率结构理论中最重要的组成部分。利率期限结构可以用收益率曲线表示。

（一）收益率曲线

收益率曲线是在假定证券市场上证券价格、证券面值及各期收益等已知的条件下,反映证券的收益率随证券期限的变化而变化规律的曲线。

若以 P 代表证券价格、以 V_n 表示证券面值、以 R 代表收益、以 r 代表收益率、n 代表证券期限,则收益率曲线可用以下函数表示：

$$P=\frac{R_1}{1+r}+\frac{R_2}{(1+r)^2}+\cdots+\frac{R_n}{(1+r)^n}+\frac{V_n}{(1+r)^n}$$

根据上述函数不难得出一个结论：在 P、R、V_n 确定的条件下,r 和 n 呈同向变动关系。因此,收益率曲线一般具有向右上方倾斜的特征。如图 2-5（a）所示。向右上方倾斜的形状表明期限越长,利率越高。这种形状的曲线被称为"正常的"或"正的"收益曲线。除此之外,还有三种其他类型的曲线：呈水平线状、向右下方倾斜、驼峰状等。如图 2-5（b）所示。

水平形状的曲线表明利率与期限无关系,长期利率与短期利率相等。此种情况下将造成长期证券的需求减少,继而长期利率将逐渐小于短期利率。向右下方倾斜的曲线,表明期限越长,利率越低。而呈驼峰形状的曲线,则表明收益率与期限无单调的函数关系,随着期限的增长,收益率可以先增加后减少。利率的期限结构理论将对此进行解释。

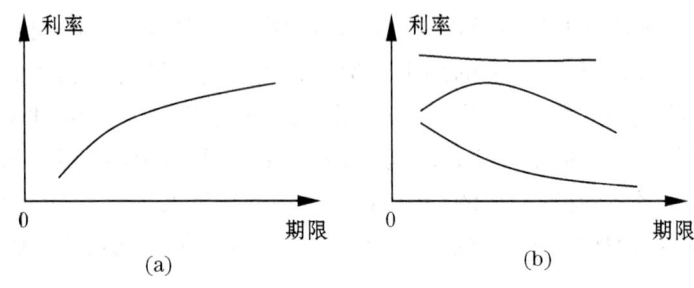

图 2-5　收益率曲线图

（二）利率的期限结构理论

利率的期限结构理论主要可以解释三个事实：一是利率的大小与期限有关系；二是利率与期限之间的四种关系或收益曲线的四种形状的原因；三是向右上方倾斜的收益率曲线是最常见的。利率期限结构理论包括预期理论、偏好理论等。

1. 预期理论

预期理论是利率期限结构理论中最主要的一种，也是最古老和最易应用的。其主要代表人物是 J·希克斯。该理论认为，金融市场上实际存在的利率取决于人们对未来利率的预期，长期证券的利率同预期的短期证券利率有关，长期利率是该期间内预期短期利率的几何加权平均数。

预期理论建立在以下假设之上：

（1）持有债券和从事债券交易时没有税收和成本的影响，因而从债券上获得的收入仅包括利息收入、资本收益和赎回债券时的面值偿还金额。

（2）没有违约风险。

（3）具有完善的货币市场，资金的借贷双方能正确合理地预期短期利率的未来值，且预期是确定的。

（4）投资者追求利润最大化。他们购入具有较高预期收益率的债券，卖出预期收益率较低的债券，不论期限多长。因此，不同期限债券的预期收益率必须相等。

（5）不同期限的债券可以完全替代。

按照以上假设，任何证券的利率都同短期利率的预期有关，即长期利率等于长期债券到期前人们对短期利率预期的平均值。如，1年期债券的利率为6％，预期第二年的1年期利率为8％，则两年期债券的利率应为：

$$(6\% + 8\%) \div 2 = 7\%$$

否则，若实际两年期债券的利率低于7％，则长期债券的需求减少；反之，长期债券利率高于7％，则短期债券的需求减少。长期债券和短期债券不可完全替代，与假设不符。

既然长期债券利率的高低取决于短期利率预期的大小，那么短期利率预期一定的情况下，长期利率与债券期限长短直接相关，期限越长，利率越大。这是预期理论说明的第一个问题：利率与期限长短有关。

另外，根据预期理论，短期利率预期减少，则其平均值随期限的延长而降低，收益率曲线呈现向右下方倾斜的变动趋势；短期利率预期不变，则其平均值不随期限的延长而变化，收益率曲线呈现水平状态；短期利率预期增加，则其平均值随期限的延长而增长，收益率曲线呈现向右上方倾斜的变动趋势；短期利率预期先增后减，则其平均值随期限的延长而先增后减，收益率曲线呈现驼峰状态。可见，预期理论可以完整地解释利率与期限之间四种关系的成因。

但是由于预期理论完全不考虑风险因素，因此对第三个问题无法给出合理的理由。这是预期理论的缺点所在。

2. 偏好理论

偏好理论在接受预期理论关于未来收益的预期对收益率有很大影响的观点的同时，还认为不同期限的债券收益和风险程度也是影响收益率的一个重要因素。对预期理论进行了补充。

偏好理论认为,人们在投资时出于回避流动性风险等的考虑,会产生对短期债券的偏好。一方面,是投资者偏好短期债券;另一方面,债券的发行方为了减少浮动成本的变动偏好发行长期债券,为此,发行方必须多付出一定的代价,即只有长期债券的利率比短期债券的利率高方可。债券的期限越长,风险越大,补偿越多,收益率曲线向右上方倾斜。由于偏好问题是一个普遍的问题,因此,向右上方倾斜的收益率曲线最常见。偏好理论对上述第三个问题进行了合理的解释。

(三)市场分割理论

市场分割理论不同于前面所述的两种理论。它认为:在金融市场中存在有许多分段市场,不同的货币市场和资本市场决定不同的利率水平,不同期限的利率,不论短期或长期都只由各自的供求情况决定,彼此之间无交叉影响,因此不能把长期利率简单看作短期利率的平均值,长期利率是否应当高于短期利率,只决定于金融市场上的资金供求情况,不同期限的证券很难相互替代。

市场分割理论认为,之所以有以上结论源于:

(1)资金的需求方一般根据需要资金的期限到相应的资金市场上寻找资金,而不会发行较之更长期限的证券,否则会产生更多的风险贴水。

(2)资金的供给方亦在自己资金的适当期限内买入相应期限的证券,而不会买入较之更长期限的证券,否则会增加投资风险。因此,资金的借贷双方都会在运用或需要资金的期限内借贷,不同资金市场由供求确定各自利率的高低,不同期限的证券间无交叉关系和联系。

市场分割理论认为市场分割的原因有:

(1)法律上的限制。政府限制某种资金进入特定的市场,如我国限制信贷资金进入股市。

（2）缺少易于在国内市场上销售的统一的债务工具。

（3）缺少足够的能够提供给未来购买者和出售者的连续的现期价格的自由市场。

（4）风险的不确定性。

（5）不同的证券投资者往往只偏好某种期限的证券，且缺乏足够的证券信息。

该理论承认筹资者具有受其负债性质决定的偏好和投资者对其贷出资金的期限限制，并假定投资者和借款人都不愿意从一种期限转向另一种期限，因此，收益率曲线的形状是由每种期限内证券的供求关系决定的。该理论考虑了借贷双方的偏好，一定程度上弥补了预期理论的不足，但是却忽略了长期证券与短期证券的联系。

第五节　利率管理体制

利率管理体制是利率政策的一项重要内容，利率作用能否发挥以及作用的大小，与利率管理体制有很大关系。

一、利率管理体制的类型

利率管理体制是各国政府经济管理体制的组成部分，它规定了管理当局或中央银行的利率管理权限、范围和程度。

利率管理体制一般可以分为三种类型：

（1）国家严格管制，市场机制几乎不发挥作用。如，我国建国初期，即采用此种利率管理体制，很好地解决了物价飞涨等社会问题。

（2）市场自由确定，国家不进行直接干预，即利率管理完全市场化。此种利率管理体制下，能充分发挥市场机制的调节作用，使资源得到合理配置。利率自由化是金融自由化的重要组成部分，是各国利率管理体制的发展趋势。如美国、英国、日本等国都已先后实行了利率的完全市场化。

（3）国家管制与市场调节相结合。大多数国家在相当长的时间内都采取了这种利率管理体制，只是各国国家管制的程度和方式各不相同。

从 20 世纪 70 年代开始，西方大多数国家逐步放松了利率管制，金融市场的利率更多地由市场决定，呈现出利率自由化的趋势。

二、中国的利率管理体制及其变革

在计划经济体制下，我国一直采用的是国家高度管制型的利率管理体制，利率由国务院统一制定，由中国人民银行统一管理。在实行市场经济体制后，我国的利率管理体制发生了一定的变化，突出表现在 1995 年我国颁布了《中国人民银行法》，其中规定利率由中国人民银行决定，报国务院批准后执行。

我国利率体制的形成与发展紧紧伴随着我国的经济变革过程。新中国成立初期，我国经济状况十分恶劣，通货膨胀严重、投机倒把和高利贷活动猖獗，因此，我国政府采取了一系列严格管制措施，其中包括利率管制。通过利率管制的实施，迅速制止了金融物价领域的混乱局面，并配合完成了私营工商业的所有制改造，在当时的诸多方面均收到了理想的效果。

随着生产资料所有制社会主义改造的基本完成和高度集中的中央计划经济管理体制的建立，高度管制型利率管理体制的缺点，如利率水平低、利差小、管理权限过于集中等，日渐暴露出来，直至 20 世纪 70 年代末实行改革开放政策之后才发生改变。

自从 1978 年改革开放政策实施以后，我国的经济形势发生了很大变化。一方面，企业企求借助利率这一杠杆提高资金的使用效益及经济利益；另一方面，各金融机构出于扩大资金来源和提高贷款效率考虑，也希望无论是利率水平还是利率种类都有所改变。因此，我国日益提高了利率水平，并不断细化了利率种类，尤其是名义利率逐年增长,如银行 1 年期企业存款利率 1978 年为 3.24%,1996 年却增至 10.98%。如果估计到在这一过程中的通货膨胀率,实际利率水平也并不高,有时还是负利率。1996 年以后通货膨胀率逐渐回落,实际利率明显高了。于是出现了七次降息。尽管名义利息下降了,但由于物价水平偏低,通货膨胀率为负,其实际利率并不低。

近年来,随着我国市场经济的不断发展,高度集中的利率管理体制与频繁变化的物价水平及其他不断变动的经济变量之间,出现了越来越多的不协调,因此,我国理论界不断探讨,希望能建立一个灵活的利率决定机制,以适应今非昔比的经济形势。其内容包括:国家管理利率的体制是否应保留?若保留,保留到何种程度?市场供求的利率形成机制能否完全取代管理利率?若不能,开放到何种程度?等等。就目前来看,问题已有了明确的答案,那就是在我国要逐步实现利率市场化。2003 年 2 月 21 日,中国人民银行发布了《2002 年中国货币政策执行报告》。报告中明确指出了中国利率市场化的改革目标,即:逐步建立由市场供求决定金融机构存、贷款利率水平的利率形成机制,中央银行通过运用货币政策工具调控和引导市场利率,使市场机制在金融资源配置中发挥主导作用。另外,报告中还确立了"先外币、后本币;先贷款、后存款;先长期、大额,后短期、小额"的我国利率市场化的总体思路。为实现利率市场化的目标,近年来我国采取的改革措施主要有:

(1)金融机构拥有对贷款利率进行一定幅度内浮动的权力。如实行浮动利率制度之初,允许各金融机构流动资金贷款利率在 20% 的幅度内浮动。后来利率水平进行了多次调整,利率浮动的幅度也随之调整多次。尤其是 1998 年 10 月以后,为配合扩大内需,加强对中小企业的支持力度,各金融机构对中小企业的贷款利率上浮幅度都作了上调。从 1999 年 9 月 1 日开始,农村信用社的该浮动幅度已高达 50%,其余金融机构也都达到了 30%。

（2）放开同业拆借利率。经过一段时期放开同业拆借利率的试点后，1996年1月，同业拆借利率全部放开，通过市场机制形成。

（3）2000年9月21日，放开了外币贷款利率和大额外币存款利率，并将小额外币存款利率的制定权交由银行业协会统一制定。

（4）2002年初，我国开始在八个县的农村信用社进行了利率市场化的改革试点，贷款利率浮动幅度由50％扩大到100％，存款利率最高可上浮50％。同年9月，农村信用社利率浮动试点范围进一步扩大。

以上措施表明我国利率市场化进程正在逐步推进中。

复习思考题

1. 什么是信用？信用有什么作用？

2. 信用有哪些表现形式？各有何特点？

3. 简述现代西方利率理论发展的内在逻辑。

4. 银行信用为什么会取代商业信用，成为现代信用的主要形式？

5. 运用可贷资金理论和流动性偏好理论，说明债券风险增加将对利率产生什么影响，两种理论得出的结果是否相同。

6. 如果债券市场价格波动很大，则利率会发生什么变化？

7. 简述利率期限结构理论的主要内容。

8. 简述可贷资金利率理论的主要内容。

9. 为什么美国国库券利率低于大面额可转让银行存单的利率，而我国的国库券利率却高于同期银行存款利率？

10. 假定"预期理论"是正确的期报结构理论，试计算1年至5年期的期限结构中的利率，并根据今后5年内对下列1年期利率画出收益率曲线。

(a) 5% 7% 7% 7% 7%

(b) 5% 4% 4% 4% 4%

如果人们对短期债券的偏好大于长期债券,收益率曲线将怎样变化?

11. 为什么说,IS—LM分析的利率理论是一种一般均衡的利率理论?

12. 我国目前实行的利率制度有何缺陷?我国利率制度改革应当如何进行?

第三章　金融市场与金融工具

经济社会的日常生产和资本形成需要大量的资金,但这些资金一般不为生产者所拥有,而在那些不会把资金用于生产性用途的个人和家庭手中,这些个人和家庭往往把资金储蓄起来。为了把储蓄者和投资者结合起来,就需要一种精巧的安排,这就是金融市场。在现代市场经济体系中,金融市场作为其中的一个不可或缺的组成部分,不仅充当了经济运行的润滑剂,而且还成为了控制、调节和促进经济发展的有效机制,在整个经济生活中起着举足轻重的作用。

第一节　金融市场概述

一、金融市场的涵义

所谓金融市场,简单地说,就是指资金融通的场所。在这个市场中,实现资金的集中与配置。

金融市场有广义与狭义之分。广义的金融市场是指能够从事资金集中与分配的一切场所,其中包括银行对资金的集中与贷放,它包括了银行信用与狭义的金融市场两个部分;狭义的金融市场是指通过金融工具的买卖而实现资金的集中与配置的场所,它不包括银行通过存款和放款所形成的那部分交易。

金融市场一般有以下三个特征:

(1)它是以货币和资本为交易对象,通过短期和长期金融工具的买卖形成。这一特征区别于商品市场、技术市场等市场经济中其他的市场种类。

（2）金融市场并不一定是具体的市场。交易市场的无形化是现代金融市场的一个明显的特征。互联网技术的发展，拓展了金融交易的时间与空间，网上交易已越来越普及，因此，金融市场的无形化特征也将越来越强。

（3）金融市场是以直接融通资金为主要特征的。随着金融市场的发展，银行信用这种间接融资方式的相对地位会越来越弱，而直接融资的地位将越来越重要。

二、市场的构成要素

同任何市场一样，金融市场也具备市场四要素，即交易对象、交易主体、交易工具和交易价格。

1. 交易对象

金融市场的交易对象是货币资金。无论哪种金融交易，其最终的行为结果都是实现货币资金的转移。但与商品交易的最大区别在于商品交易表现为所有权与使用权的同时转移，而金融交易大多是不改变所有权的货币资金使用权的转移。

2. 交易主体

金融市场的交易主体就是金融市场的参与者，它可以分为资金的供应者、需求者、中介者和管理者。具体讲，又可以分为企业、金融机构、政府和个人。

推动各交易主体在金融市场上积极参与并发挥作用的力量，从根本上说，是利益的驱动。资金的供给者是为了获得利息、股息等投资回报；资金的需求者是为了筹集资金并加以运用，从而取得更大的效益；交易的中介者，是为了获得中介费；至于管理者，除收取一定的管理费之外，还体现国家或行业的监管职能。各交易主体之间的双向竞争，推动着资金在交易主体间的流动，也促进着各主体运行效益的提高。

如果按是否从事金融活动来划分，金融市场的交易主体包括专门从事金融活动的主体和不专门从事金融活动的主体。前者主要是各类金融机构,包括各类银行、保险公司、财务公司、信托投资公司和经纪人等,通过这些金融机构所完成的金融交易被称为直接融资;后者主要是由个人、企业和政府组成,这些部门参与金融活动的目的是为了满足资金供求方面的需要,其融资行为属于直接融资,即通过金融工具的买卖来完成。

3. 交易工具

只有交易对象和交易主体,还形不成资金在市场的有效运动,因为货币资金具有一定的价值,不能无偿转让,也不能空口无凭地出借。这就需要有一种契据、凭证,以其为载体,才能推动资金安全运转。所以,以书面形式发行和流通的、借以保证债权债务双方权利和责任的信用凭证,称为信用工具或金融工具。它是证明金融交易金额、期限、价格的书面文件,它对债权债务双方的权利和义务具有法律约束意义。

金融工具主要包括:票据(支票、汇票、本票)、可转让定期存单、债券、国库券、基金、证券及各种衍生金融工具等。

4. 交易价格

在金融市场上,交易对象的价格就是货币资金的价格。在借贷市场上,借贷资金的价格就是借贷利率。各类金融市场都有与之特性相适应的利率,如银行同业拆借市场利率、贴现市场利率、国库券市场利率等等。它们在数量上往往不相等,说明利率具有个性。另外,各种利率由于市场机制的作用具有联动效应,各种利率在一般情况下,具有同方向变化的趋势,说明利率也具有共性。而在证券市场上,资金的价格较为隐蔽,直接表现出的是有价证券的价格,从这种价格反映出货币资金的价格。至于外汇市场,汇率反映了货币的价格。直接标价法反映了外币的价格,而间接标价法反映了本币的价格。

三、金融市场的分类

金融市场是一个大系统,包括许许多多相互独立又相互关联的市场。按不同的标准,可将金融市场划分为不同的类型。

(一)货币市场和资本市场

按金融工具的成熟期限来划分,可以划分为货币市场和资本市场两种。

1. 货币市场

货币市场是交易期限在1年以内的短期金融工具的市场,其作用是满足交易者对资金的流动性需求,包括短期借贷市场、银行同业拆借市场、短期债券市场、贴现市场、外汇市场等。

2. 资本市场

资本市场是指金融工具成熟期在1年以上的长期金融市场,其作用是满足中长期的投资需求和政府弥补长期财政赤字的资金需求,包括银行长期借贷市场和证券市场。

(二)初级市场和次级市场

按金融工具交易顺序,可划分为初级市场和次级市场两种。

1. 初级市场

初级市场是指需要资金的单位发行新的金融工具的市场,这是金融工具发行者与原始购买者之间的交易市场。

2. 次级市场

次级市场是指已发行的金融工具的流通与转让的市场。所以,初级市场也称为一级市场和发行市场;次级市场也称为二级市场和交易市场。

(三)国内金融市场和国际金融市场

按交易的区域,可将金融市场划分为国内金融市场和国际金融市场两种。

1. 国内金融市场

国内金融市场的活动范围限于本国领土之内,双方当事人都为本国的自然人和法人。

2. 国际金融市场

国际金融市场的活动范围则超出了国界,其范围可以是某一区域性的,如中东、欧洲等,也可以是全世界性的。国际金融市场的交易主体可以是不同国家和地区的自然人和法人。

（四）有形市场和无形市场

按交易场所的性质,可划分为有形市场和无形市场两种。

1. 有形市场

有形市场有固定的交易场所,交易活动要遵循交易所制定的管理制度。

2. 无形市场

无形市场没有固定的交易场所,由计算机通讯网络等先进技术来保证市场信息的运行。

（五）现货市场和期货市场

按金融工具的交割期,可划分为现货市场和期货市场两种。

1. 现货市场

现货市场一般是指在成交后 1～3 日内立即付款交割的市场。

2. 期货市场

期货市场的交割期则是按成交时所规定的日期如几周、几月之后来交割。金融工具采用期货交易的种类越来越多,如债券期货、股票期货、黄金期货等。

此外,按具体的交易内容,可以将金融市场划分为多个具体市场,如贴现市场、短期债券市场、外汇市场、黄金市场、股票市场等。

四、金融市场的功能

1. 聚集和分配资金功能

在经济运行中,由于各经济主体面临的环境不同,它们分化为资金盈余单位和资金赤字单位两类。如何将资金盈余单位手中的资金转移到资金赤字单位的手中,用于经济发展是一国金融领域中最重要的问题,即所谓储蓄投资转化机制问题。金融市场在这一转化机制问题中起了重要作用。在金融市场中,资金供给方用资金购买金融工具,既保持了较高的流动性,又能为其带来收益;而资金需求方则可以根据自身经营状况有选择地在金融市场上筹措各种资金,降低筹资成本,提高筹资效益。各类金融主体以金融市场为媒介,使资金流向最需要的地方,从而实现资金的合理配置,达到社会储蓄向社会投资转化的目的。

2. 资源配置功能

在金融市场上,随着金融工具的流动,相应地发生了价值和财富的再分配。金融是财富的先导,随着金融资产的流动,带动了社会物质资源的流动和再分配,将社会资源由低效益部门向高效益部门转移。市场信息的变化,金融工具价格的起落,都给人以启示,引导人们放弃一些金融资产而追求另一些金融资产,使资源通过金融市场不断进行新的配置。随着资源的配置,金融市场上的风险也在发生新的配置,风险和收益并存。有的人在转让风险追求安全的同时,也就转让了收益;而另一些人在承受风险的同时,也就获得了收益。由于金融市场上有各种在收益、风险以及流动性方面存在差异的金融工具可供选择,投资者很容易采用各种证券组合的方式来分散风险,从而提高资金的安全性和盈利性。

3. 信息聚集功能

金融市场是一个经济信息聚集中心,是一国金融形式的"晴雨表"。金融市场的各种活动和态势可以为个人、企业和国家提供大量信息资料。首先,金融市场能够为资金供求双方提供信息。证券投资者和筹资者通过发行、转让证券等行为来了解各种证券的行情和投资机会,并通过上市企业公布的财务报表来了解企业的经营状况,从而为投资决策提供充分的依据。其次,金融市场为企业提供信息。每个企业可以根据证券行市变动情况以及预测信息及时调整本企业的经营战略。再次,金融市场交易能直接或间接地反映出国际货币供应量的变动趋势。中央银行可以根据金融市场的信息反馈,通过公开市场业务、调整贴现率等手段来调节资金的供求关系,从而保持社会总需求与总供给的平衡。

4. 调节经济功能

在经济结构方面,人们对金融工具的选择,实际上是对投融资方向的选择,由此对运用资金的部门加以划分。这种选择的结果,必然发生优胜劣汰的效应,从而达到调节经济的目的。在宏观调控方面,政府实施货币政策和财政政策也离不开金融市场。存款准备金、利率的调节要通过金融市场来进行;公开市场业务更是离不开金融市场。以增减国债方式实施的财政政策,同样要通过金融市场来实现。

第二节　金　融　工　具

一、金融工具的概念和特征

金融工具是在信用活动中产生,能够证明金融交易金额、期限、价格的书面文件。它对于债权债务双方所应承担的义务与享有的权利均有法律约束意义。

金融工具一般具有偿还期限、流动性、风险性和收益率这几个基本特征。

(一)偿还期限

这是指债务人必须全部归还本金之前所经历的时间。但对于当事人来说,更有现实意义的是从持有金融工具的日期起到该金融工具到期日止所经历的时间,当事人也正是考察这个时间段来衡量其收益率。例如,一张1985年发行要到2000年到期的长期国家公债债券,当事人于1990年购入,则对于他来说,偿还期限是10年而非15年,他将用这个时间来衡量收益率。金融工具的偿还期限可以有零和无限期两个极端。如活期存款的偿还期限可以看作是零,而股票的偿还期限则是无限的。

（二）流动性

这是指金融工具迅速变为货币而不致遭受损失的能力。流动性强的金融工具相当于货币，在一些国家，这类金融工具甚至被列入不同层次的货币供应量的范围之内，并成为中央银行监控的目标。一般来讲，变现期限短、成本低的金融工具流动性强；反之，则流动性差。另外，发行者资信程度的高低，对金融工具的流动性也有重要意义。如国家发行的债券，流动性就较强。

（三）风险性

这是指购买金融工具所用的本金是否遭受损失的可能性。使本金受损的风险有信用风险和市场风险两种。信用风险是指债务人不履行和约、到期不能偿还本金的可能性。这类风险与债务人的信誉、经营状况有关。如很多面临破产的公司都存在这种可能性。信用风险也与金融工具的种类有关。如股票中的优先股就比普通股风险低。信用风险对于任何一个金融投资者都存在，因此，认真审查投资对象，充分掌握信息是至关重要的。市场风险是指市场情况的变化导致金融工具的持有人面临本金受损的可能性。这种风险是市场上所有金融工具都要面对的，而不仅限于个别金融工具。如在国债市场上，如果利率发生波动，则市场上所有国债的价格都会发生波动；如果市价下跌，就意味着投资者的金融资产贬值。因此，在金融投资中，审时度势，采取必要的保值措施非常重要。

（四）收益率

这是指持有金融工具所取得的收益与本金的比率。一般有以下几种不同的表现形式：

1. 票面收益率（票面利率）

这是指票面上规定的每期应付利息与证券面值的比率，这是证券发行时就规定了的。如，某债券面值为 1 200 元，票面利息为 60 元，则票面利率为 $60 \div 1\,200 \times 100\%$，即为 5%。

2. 平均收益率即实际收益率

这是指证券在整个有效期内,每年净收益(票面利息与年平均资本损益之和)同市场价格的比率。用公式表示如下:

平均收益率＝净收益÷市场价格×100%

＝(年票面利息＋年均资本损益)÷市场价格×100%

其中,年均资本损益＝(面值－行市)÷偿还期,它是指投资者从面值与买价的差额(即资本升值或贬值)中每年得到的收益或亏损。除每年获得利息收入外,证券到期时,投资者还应得到相当于面值金额的本金。若买价小于面值,则获得资本升值;反之,则资本贬值。

例如,假设某10年期债券面值为1 200元,当前市价是1 000元,票面年利息为60元。投资者如果从第一年就持有该债券并到期满,则他每年除得到票面收益60元外,还可从资本升值(1 200元－1 000元)中平均每年得到20元的资本利得。因此,他每年的实际收益是80元,则整个期限内平均收益率为80÷1 000×100%＝8%。

3. 当期收益率

这是指票面利息与证券当期市场价格的比率。用公式表示如下:

当期收益率＝票面利息÷证券市场价格×100%

如上例,则当期年利率为:60÷1 000×100%＝6%。

金融工具的种类很多,随着金融创新的推进,越来越多的金融工具品种涌入经济生活中。以下主要从原生金融工具和金融衍生工具两个方面展开来介绍。

二、基础性(原生性)金融工具

这是指传统的金融工具。按照到期的时间可分为短期和长期两种。短期金融工具的到期时间一般短于1年。长期金融工具的到期时间要长于1年。

（一）短期金融工具

短期金融工具主要有商业票据、银行票据、大额可转让定期存单、信用证、信用卡、支票、短期债券等。

1. 商业票据

商业票据是起源于商业信用的一种传统金融工具，是工商企业之间由于信用关系而形成的短期无担保债务凭证的总称。具体而言，商业票据是随着商品和劳务交易而签发的一种借债凭证。它以商品和劳务的买方为债务人，签发许诺在一定时间后，由买方向卖方支付一定的金额。商业票据有以下三个特征：

（1）虽然商业票据产生于商品交易中，即它有商品交易的背景，但商业票据只反映由此而产生的货币债权与债务关系，而不反映交易的内容，因为交易行为已经完结，商品已经过户。这一特性被称为商业票据的抽象性。

（2）只要商业票据不是伪造的，应该根据票据所载条件付款的人就无权以任何理由拒绝履行义务。这一特性被称为商业票据的不可争辩性。

（3）商业票据的签发不需要提供其他保证，只靠签发人的信用。这一特征被称为商业票据的无担保性。

传统的商业票据有本票和汇票两种。本票是由债务人向债权人发出的支付承诺书，承诺在约定期限内支付一定款项给债权人；汇票是由债权人向债务人发出的支付命令书，命令他在约定的期限内支付一定款项给第三者或持票人。汇票必须经过债务人承认才有效。债务人承认付款的手续叫承兑。无论本票还是汇票，期限均不超过1年。

商业票据的产生和发展有利于按期结算款项，防止无休止拖欠款项；有利于银行信用参与商业信用，从而提高了商业信用的信用度；有利于企业疏通商品渠道，扩大销售；允许背书或票据转让，简化了交易手续，也减少了企业对资金的占用；有利于确立企业双方的权利和义务,使双方的权责受到法律保护。

2. 银行票据

银行票据是指由银行直接签发或由银行承诺由其承担付款义务的票据,包括本票和银行汇票两种。由于银行票据建立在银行信用的基础上,信用关系牢靠,所以在市场上银行票据较商业票据更易于流通。特别是大银行的银行票据,流通范围极广。在我国票据流通中,银行票据也占有重要地位。

银行本票是由银行签发的,承诺自己在见票时无条件支付确定金额给收款人或者持票人的票据。银行本票可以分为定额银行本票和不定额银行本票。前者的票面金额是固定的,后者的票面金额则是不固定的。银行本票也可以分为记名式本票和不记名式本票。根据申请人的需要,可以记载单位名称,也可以记载个人的姓名。银行本票又可分为现金本票和转账本票。个体经营者和个人需要支取现金时可以使用现金本票;企业单位只能使用转账本票。

银行本票能适应各种商品和劳务的交易以及各种债权债务的结算,又可以背书转让,所以是一种十分有用的金融工具。银行本票的付款期最长为 2 个月。它需在付款期内提出付款要求,超过付款期的,兑付银行不予受理。

银行汇票是由企业单位或个人将款项交存开户银行,由银行签发给其持往异地采购商品时办理结算或支取现金的票据。单位、个体经济户和个人需要支付各种款项,均可使用银行汇票。银行汇票有如下一些特点:第一,银行汇票一律记名,汇款金额起点为 500 元;第二,银行汇票的付款期为 1 个月,逾期的汇票,兑付银行不予受理,等等。由于《中华人民共和国票据法》中的汇票包括了银行汇票和商业汇票,因此,我国商业汇票的规范与银行汇票的规范是一致的。

3. 大额可转让定期存单

大额可转让定期存单是指银行发行的不记名的、金额固定且较大，并且到期前可以在二级市场上流通转让的证券化存款凭证。大额可转让定期存单与一般的银行定期存款不同。

第一，它有规定的面额，而且面额一般很大，在美国为10万美元以上；而普通的定期存款金额由存款人决定。

第二，它可以在二级市场上转让，具有较强的流动性；而普通的定期存款只能在到期后提款，提前赎回要支付一定的罚息。

第三，大额可转让定期存单的利率通常高于同期的银行定期存款利率，还有的大额可转让定期存单按照浮动利率计息。

第四，只有规模较大的货币中心银行才能发行大额可转让定期存单。

大额可转让定期存单是金融创新的产物。20世纪50年代末和60年代初，由于美国对银行采用"Q条例"进行限制，市场利率高于银行利率，银行信用受到冲击，其原因是企业把资金投向证券市场和其他金融市场之中。银行为了把资金重新吸引过来，又必须遵守"Q条例"，为此大额可转让定期存单应运而生。1961年由美国花旗银行首先发行，其后许多银行纷纷效仿。由于大额可转让定期存单的利率较同期银行定期存款高，而且可以流通转让，受到投资者的欢迎。

大额可转让定期存单的发行一般是通过银行柜台方式进行，也可以通过承销商代理发行。其认购者绝大多数是非金融性公司，还包括政府机构、外国政府和外国企业，也有部分金融机构和富裕的个人投资者。我国过去曾规定，只有银行才可以发行大额可转让定期存单，非银行金融机构不得发行；发行对象为城乡个人，企事业单位；用记名和不记名两种形式发行。经中国人民银行批准经营证券交易业务的金融机构，可以办理大额可转让定期存单的转让业务。存单记名的，也可以办理过户、转让手续。存单可以办理挂失，但不能提前支取，可在短期资金市场上办理转让。但由于过去一段时间我国金融秩序比较混乱,大额可转让定期存单的发行出现恶性竞争,有些银行以很大的折扣发行大额可转让定期存单,致使其利率过高。后来给银行带来很大损失。为了制止大额可转让定期存单的无序发行,中国人民银行后来对此加以取消。到2001年底,大额可转让定期存单也没有解禁。

4. 信用证

信用证是开证银行根据申请人(付款方)的要求向受款人开立的一定金额、一定期限,并根据一定条件进行付款的一种保证书。信用证的本质是银行保证替客户付款,这是一种严肃而庄重的承诺。如果是不可撤销的信用证,那么这种保证付款的承诺是必须履行的。

信用证一般有两种:货币信用证和商业信用证。

货币信用证,又称旅游信用证,是银行发给客户据以支取现金的一种凭证。由于这种信用证是专门为方便旅行者出国旅行时支付款项所发行的,因此,国际上一般称其为旅行信用证。在开证时,旅行者必须在信用证上留下自己的印鉴或签字,当旅途中发生支付需求时,旅行者可凭信用证向指定的所在地银行取款。旅行者取款时所出具的收据上的印鉴和签字,必须与信用证上留下的一致。

商业信用证是商品交易中货款结算的一种凭证,它广泛应用于国内和国际贸易中。国际贸易中的信用证是根据买卖合同中的要求开立的,其种类、金额、开证日期和有效期等内容都在买卖合同中规定。在进口商和出口商签订了买卖合同后,首先由进口商向其开户银行开出商业信用证。开证时,应预缴一部分或全部货款作为保证金。然后由开证行将信用证寄给外国的出口商或它的代理银行,出口商接到信用证后立即发货。

5. 信用卡

信用卡是消费信用的一种形式。它是银行或信用卡公司对个人提供的,可以凭其向指定商店或其他服务性企业购买商品或享受其他服务的凭证。这种结算方法具有先消费后付款,避免携带大量现金,方便灵活的特点。

最早的信用卡于 1951 年诞生于美国。现在世界上主要有两大信用卡公司,一个是维萨(VISA)集团,另一个是万事达公司。两大公司的办事处或会员遍布全球,前者总部在美国加州三藩市,后者总部设在美国纽约。

信用卡向消费者提供服务的运作过程一般是,信用卡公司从银行等渠道融资,并寻找合适的服务对象(持有人),信用卡持有人用信用卡购买商品或享受服务,信用卡公司立即或很快替消费者支付其购买商品或享受服务的费用,消费者定期向信用卡公司支付所提供的贷款的本息。如图 3-1 所示。

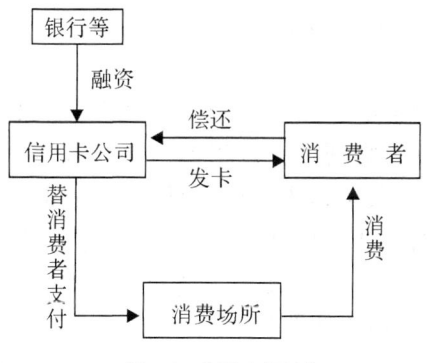

图 3-1 信用卡的运作

我国信用卡业务发展很快。目前,全国各类银行卡品牌超过几十种,发卡量超过 1.1 亿张,交易额超过约 2 万亿元。但我国信用卡业务仍存在以下问题:

第一,信用卡的授信功能较差。

第二,信用卡业务缺乏统一规划,发卡行各自为政,给消费者消费带来不便。

第三,信用卡单卡消费量过小,信用卡业务的效益较差。

6. 支票

支票是发票人委托银行见票时向收款人(持票人)支付一定款额的票据。它涉及出票人、付款人和收款人三方,并且经背书后可以自由流通。1988年以后,我国扩大了支票的使用范围,规定单位、个体户和个人在同城或票据交换地区,在商品和劳务交易的结算时可以使用支票。1996年1月1日起执行的《票据法》,规定个人也可以使用支票。但由于我国信用状况不理想,个人信用很难保证,因此个人支票还很难流通。

支票是许多国家普遍采用的一种票据,具有多种形式,如现金支票、转账支票等。它以存款人在银行有足够的存款额或透支额为基础,是一种支付凭证。支票虽有银行信用为基础,但不是信用工具,而是支付工具。它经背书可以流通转让,具有通货作用,因此称支票为典型的信用货币。

7. 短期债券

债券是发行者承诺按一定利率定期支付利息,并到期偿还本金的债务凭证。短期债券是指期限不超过1年的债券,一般是由政府发行的,其中最重要的短期债券是国库券。国库券是中央政府债券的一种,期限在1年以内,通常包括3个月、6个月和12个月3个品种。国库券与其他投资工具或信用工具相比,收益率并不算高,但流动性非常强,持券人可以在货币市场上随时出售其所持有的国库券,而且基本上不受任何价值方面的损失。

发行短期债券对政府来讲,主要有以下几个作用:

第一,满足政府对短期资金的需要。

第二,在长期金融工具的收益率不稳定时,国库券可以起到弥补财政赤字,等待发行长期金融工具——国债的合适时机的作用。

第三,国库券是中央银行进行公开市场活动的主要工具。

第四,短期国债的收益率可以成为金融市场的基准利率,从而成为其他短期金融工具的定价标准。

(二)长期金融工具

1. 股票

股票是股份有限公司签发的证明股东权利的所有权凭证。股票的持有者是公司的股东。股票表明了股东与公司之间风险共担、收益共享的关系,也阐明了股东参与企业经营的义务和权利。股票是长期金融工具,因此,它也具有一般金融工具的性质,即具有收益性、风险性、流动性等特点。股票在理论上的偿还性是无穷大的。

股票根据不同的划分标准,可以划分为许多种。如图 3-2 所示。

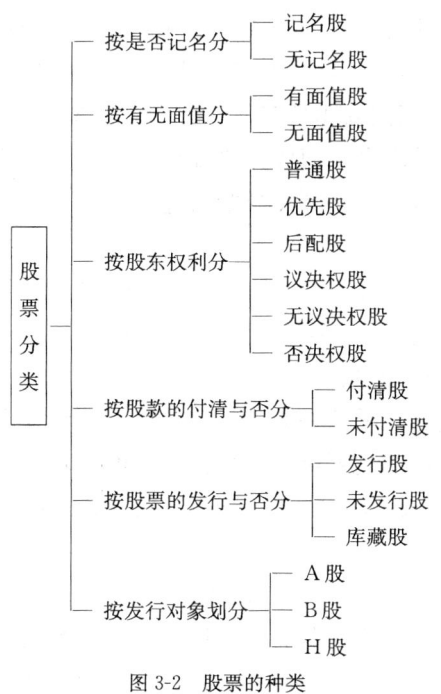

图 3-2　股票的种类

这里主要来介绍普通股和优先股。

(1)普通股:普通股是指在公司的经营管理和盈利财产的分配上享有普通权利的股票,即股息随公司利润的大小而增减的股票,代表在满足所有债权偿付要求及优先股股东的收益权及求偿权之后,对企业盈利和剩余财产的索取权。它构成公司资本的基础,是股票的一种基本形式,也是发行量最大、最为重要的股票。

股份公司初次发行的股票一般均为普通股。持有普通股的股东,在召开股东大会时,投票选出董事,组成董事会,作为一个常设机构,代表全体股东决定公司的经营方针,并监督公司的业务情况。日常事务则由董事会选派的经理和其他职员处理。普通股股东享有以下权利:盈余分配权、资产分配权、表决权、优先认股权、股份转让权、对董事的诉讼权等。

(2)优先股:优先股是相对于普通股而言的"优先",是指公司在筹集资本时,给予认购者某种优惠条件的股票。这种优惠条件包括:优先于普通股获得股息;公司解散时,有相对于普通股优先分得剩余财产的权利。但优先股没有选举权、被选举权和投票权。优先的具体内容也就是利益分配的优先。

2. 债券

债券是政府、金融机构、工商企业等机构直接向社会筹措资金时,向投资者发行,承诺按一定利率支付利息并按约定条件偿还本金的债权债务凭证,具有偿还性、流通性、安全性、收益性等基本特征。在长期金融工具这一部分主要是指中长期债券。

债券从不同的角度可以划分为很多种。大致如图 3-3 所示。

以下主要介绍按发行主体分类与按计息方式不同分类的债券类型:

(1)政府债券:政府债券是政府为筹集资金而向投资者出具的承诺在一定时期支付利息和偿还本金的债务凭证。它又可分为国家债券即中央政府债券、地方政府债券和政府担保债券三种。

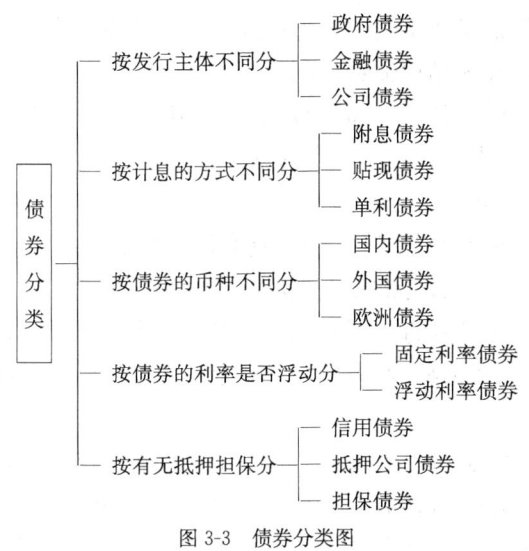

图 3-3　债券分类图

（2）公司债券：公司债券是企业发行的在一定时期支付利息和偿还本金的债务凭证。它是企业筹措长期资金的重要方式，期限较长，大多为 10～30 年。公司债券的风险相对较大，因此，其利率高于一般政府债券和金融债券。由于公司债券的风险较高，为保证投资者的安全，很多国家的法律都对公司债券的发行进行一定的限制，如对拟发行债券的公司进行信用评级，对公司拟发行额进行限制，规定禁止发行公司债券的情况等。

（3）金融债券：金融债券是指银行及其他金融机构所发行的债券。发行金融债券的金融机构一般资金实力雄厚，资信度高，所以金融债券多为信用债券，即无担保债券。金融债券的期限一般为 1～5 年，其利率略高于同期定期存款利率，发行额一般可以达到其资产净值的 30 倍，发行目的是为了筹措长期资金。

（4）附息债券：附息债券是指债券的购买者按规定的间隔日期获取利息的债券。

（5）贴现债券：贴现债券是指发行时以低于票面价格出售，到期按票面价值偿还本金的一种债券。贴现债券的发行价格与票面价值的差价即为贴现债券的利息。

(6) 单利债券：单利债券是指债券利息的计算采用单利计算的方式，即按本金只计算一次利息。

3. 股票与债券的区别

股票与债券都是筹资工具，具有流动性、收益性、风险性等共性。但由于两者自身的特点，也存在重大差别。

(1) 发行主体的范围不同。债券的发行主体范围非常广，包括政府、社会团体机构、一般的公司和企业，而股票则只能由股份制企业发行。

(2) 所反映的关系不同。债券表示的是持有人与发行人之间的债权、债务关系，债券人无权参与公司经营管理，唯一的权利就是按期索回本息。而股票持有人即股东是公司的主人，与公司管理层是委托—代理关系。

(3) 偿还期限不同。债券一般都有明确的偿还期限，而股票则没有偿还期限。

(4) 收益风险程度不同。债券一般在票面上标明固定的利率，收益率稳定。而股票对收益率没有任何的承诺，收益率会随时间的不同而时高时低。

(5) 会计处理不同。债券的利息可以计入公司的成本，但股票的红利不能计入成本，而是看作利润的一部分，应计入企业的所得税项目。

三、金融衍生工具

金融衍生工具是指在货币、股票、债券等原生性金融工具基础上派生出来的新型投资和风险管理工具。它是在 20 世纪 70～80 年代席卷全球的金融创新浪潮中，从原生金融工具派生出来的金融创新工具。这些相关的原生金融工具一般是货币、存单、股票、债券。

（一）金融衍生工具的起源

金融衍生工具是在一定客观背景中，在一系列因素的促动下产生的。

1. 国际货币体系的转型

20 世纪 70 年代固定汇率制——布雷顿森林体系的崩溃是刺激金融衍生工具产生的直接动因。布雷顿森林体系是一个以美元为中心，以"美元、黄金双挂钩"为运行机制，实行固定汇率制的国际货币体系。它在维护国际金融市场秩序方面功不可没。自布雷顿森林体系瓦解，实施浮动汇率制以后，汇率变动不定，1973 年以后，平均变动率每年为 9％。这一世界金融史上前所未有的大动荡使得任何一个金融机构、企业或个人随时随地面临着因各种汇率变动引起的风险，使得防范汇率风险成为必要。

2. 金融管制的放松以及金融自由化的趋势

在 20 世纪 70 年代，金融领域还出现了新的趋势，那就是金融管制的放松以及金融自由化的趋势。当时，货币主义学说和新古典主义学说相继被西方主要国家奉为主流学说，以自由竞争和金融自由化为基调的新浪潮席卷了整个西方世界。发达国家纷纷放宽或取消了对利率的管制，放松了对金融机构及其业务的限制。这些措施直接导致利率和汇率的经常波动，加大了金融环境的风险。面对这样的金融环境，投资者迫切需要规避市场风险，对企业金融产品的需求不断多样化，要求不断有新的金融产品设计出来以对冲各种市场风险。

3. 银行的积极推动

这也是金融衍生工具发展的一个重要因素。随着金融自由化浪潮的兴起，非银行金融机构利用其新颖的富有吸引力的金融工具与银行展开资金来源和信贷供给的争夺战，再加上大客户利用信息技术通过直接融资去筹资，导致银行客户流失，效益下降，迫切需要设计新的金融衍生工具来收复失地。另外，银行国际监管的外在压力也迫使银行积极开拓新的利润增长点。巴塞尔协议要求银行的资本充足率达到 8%,核心资本的充足率达到 4%,银行采用的最佳策略就是将表内资产表外化,减少传统的资产负债业务。衍生交易作为表外业务,一方面不增加银行负债;另一方面可收到丰厚的费用收入,从而补充资本。

4. 科学技术的发展

电子计算机的应用和推广为金融衍生工具的繁荣奠定了物质基础。计算机,特别是计算机网络的广泛使用使得金融衍生工具的价格能够精确地计算出来,促进了金融衍生工具的进一步发展和繁荣。

(二)金融衍生工具的种类

金融衍生工具按照不同的标准可以有不同的分类。目前较为流行的是按和约类型分类,按这一标准将金融衍生工具分为远期、期货、期权和互换四种类型。其他任何复杂的和约都是以此为基础演化而来的。

1. 远期交易(远期合约)

远期交易是 20 世纪 80 年代兴起的一种保值工具,是交易双方约定在未来某一日期,按预先签订的协议买卖某一特定资产的合约。它通常是在两个金融机构之间或金融机构与客户之间签署的。从技术上讲,该合约是其他各种金融衍生品的基础。目前,远期合约主要有以下两类:

(1)远期外汇合约,它是指外汇交易双方成交时,双方约定将来交割的币种、金额、适用汇率以及日期、地点等,并于将来某个时间进行实际交割的远期合同。

(2)远期利率合约,是一种利率的远期合同,买卖双方商定将来一定时间的协议利率并规定以何种利率为参照利率,在将来清算日,按规定的期限和本金额,由一方或另一方交付协议利率与参照利率的利息差额的贴现金额。其参照利率一般是金融市场上不易受人为操纵影响的权威利率,如美国的基准利率、英国伦敦银行同业拆借利率等。

远期交易的主要功能是:第一,可以使交易者进行准确的资产核算,可以有把握地调度资金;第二,给银行提供了一种管理利率风险而无需改变银行资产负债结构的有效工具。

2. 金融期货

金融期货是指买卖双方事先就某种金融工具的数量、交割日期、交易价格、交割地点等达成协议,而在约定的未来某一时日进行实际交割的交易。它与远期合约十分相似。区别在于:远期交易一般规模较小,较为灵活,交易双方易于按各自的愿望对合约条件进行磋商;而金融期货合约的交易是在有组织的交易所内完成的,合约的内容如相关资产的种类、数量、价格等都有标准化的特点,一旦交易达成,就会固定下来,这使得期货交易更规范化,也更易于管理。

金融期货按照交易的内容可以分为三类:

(1)外汇期货。它是指在集中性的交易市场以公开竞价的方式进行的外汇期货合约的交易。外汇期货合约是由交易双方订立的、约定在未来某日期以成交时所确定的汇率交收一定数量某种外汇的标准化契约。

(2)利率期货。它是以与利率有关的各种债券为交易对象的期货。

(3)股票指数期货。简称期指,它是以股票市场的股票价格指数为商品的期货。

金融期货是金融市场发展到一定阶段的产物,主要功能如下:

(1)风险转移。金融期货可将市场变化的风险通过套期保值由一部分人身上转到另一部分人身上。

(2)价格发现。期货交易所集中市场的买家和卖家,由其公开竞价达成市场均衡价格,这也给现货市场的经营提供了权威的指导价格。

3. 金融期权

金融期权是指期权的买方有权在约定的时间或时期内,按照约定的价格买进或卖出一定数量的相关资产,也可以根据需要放弃行使这一权利。为了取得这一权利,期权合约的买方必须向卖方支付一定数额的费用,即期权费。金融期权可有多种不同的分类。如按相关资产的不同,可分为外汇期权、利率期权、股票期权、股票价格指数期权等若干种;金融期权还可分为看跌期权与看涨期权、美式期权与欧式期权、买入期权与卖出期权等若干种。其中,买入期权是指期权买方按照履约价格在一个特定时间内买进某种特定标的物的权利,卖出期权则指按照履约价格在一个特定时间内卖出某种特定标的物的权利。

金融期权是一种有助于规避风险的理想工具,它可以使期权买方将风险锁定在一定范围之内。正由于期权买方有权决定履约,也有权决定"违约",这样一种不对称的风险收益机制,使得在期权的设计上,买方获利的概率要比卖方大得多。与期货相似,期权同样有套期保值和价格未来发现的功能。

4. 互换

互换是将不同的债务、不同利率的债务或交割期不同的同种货币的债务,由交易双方按照市场行情签订和约,在约定期限内相互交换,并进行一系列支付的金融交易行为。

互换交易主要分两种:货币互换与利率互换。前者是指交易双方根据互补的需要,进行债务或投资的本金交换并结清利息的一种金融交易活动;后者是指交易双方在两笔同种货币、相同金额、相同期限、但付息方法不同的资产或债务之间进行的相互交换利率的活动,它以交易双方协商的本金为计算利率的基础,在同种货币之间进行固定利率与浮动利率的互换。

互换的主要功能是:

第一,可以降低筹资成本,这是其他金融衍生工具所不具备的一个优势。

第二,能够优化资产与负债货币与期限结构,转移和防范中长期利率和汇率风险。

第三,互换为表外业务,可逃避外汇管制、利率管制及税收限制,不增加负债额而获取巨额利润。

（三）金融衍生工具的风险

进入 20 世纪 90 年代以后,世界上多宗大金融风暴都与金融衍生工具有关系,因此金融衍生工具的风险成为金融界探讨的热点。概括来讲,金融衍生工具主要涉及以下风险:

1. 市场风险

市场风险指因市场价格变动造成亏损的风险。金融衍生工具能降低原生工具交易风险的实质是将社会经济中分散的风险全部集中在少数衍生市场上释放,所以风险很大。由于保证金的作用,衍生品相当于一个放大"收益与风险"的变压器,对各项经济指标变化具有高度敏感性。

2. 信用风险

信用风险指交易对方无法履行合约的风险。这种风险主要表现在场外市场上,它不像交易所内的交易,具有严密的履约保证制度,场外市场的交易能否如期履约完全取决于买卖双方的资信,所以容易发生信用风险。

3. 法律风险

法律风险指因合约无法履行或草拟条文不足引致损失的风险。由于金融衍生工具处在不断的创新中,各国的法律条文难以及时跟上,因而一些衍生交易的合法性难以保证,交易双方可能因找不到相应的法律保护而遭到损失。

（四）金融衍生工具的现状和发展趋势

金融衍生工具自诞生以来,就获得了高速发展,交易规模不断上升,短短 20 多年,就发展成余额为 20 多亿美元的庞大市场,金融衍生工具的品种也开发了 1 200 多种。我国目前尚未开放金融衍生工具市场,不只是对外不开放,对内也只在极少品种、极少范围内试行。

尽管金融衍生工具存在许多风险,而且与近几年的金融危机关系诸多,但金融衍生工具仍会繁荣下去。因为从目前的全球经济发展趋势来看,各国汇率、利率仍将起伏波动,利率风险与汇率风险依旧存在,所以金融衍生工具的外部生存环境依然存在。另外,国际金融业的竞争也日趋激烈,又迫使金融机构不断创造新的衍生工具来满足客户的需要,以便在市场竞争中获得优势,这使得衍生工具的内在发展动力依然存在。再加上计算机技术的不断更新,在技术上保障了金融衍生工具的创新。所以,综上所述,金融衍生工具必将有更为广阔的未来。

第三节　货　币　市　场

一、货币市场的概念和特征

(一)货币市场概念

货币市场,亦称短期资金市场,主要从事 1 年或 1 年以内的短期资金的融通活动。相对于资本市场来说,货币市场工具具有安全性高、流动性强、风险小的特点,它们极易在短时间内变现。故在货币供应层次上常被置于现金和存款货币之后,被称为"准货币",也因此将该市场称为货币市场。

货币市场上活动的主要参与者是商业银行、中央银行、大公司、财政部和各级政府部门等机构,一些机构投资者如保险公司、基金公司等也积极参与其中。商业银行参与货币市场的目的是为了灵活调度头寸,以期达到既不影响经营又不影响信誉的目的。其参与形式主要是短期借贷和买卖短期债券。中央银行参与货币市场,主要是为了通过公开市场业务的操作实现货币政策的目标。其参与形式主要是买卖短期国债。财政部参与货币市场的目的主要是调节由于时间差和季节差导致的资金盈余和短缺。作为货币市场借贷双方中间人的则是一些著名的经纪公司和自营商。正是这些形形色色的参与者,才共同创造了这个无形的但却十分活跃、内容丰富、多层次的短期资金市场。

货币市场可用于满足公司、金融机构与政府的短期现金需求,它可提供最短隔夜、最长1年的贷款。同时,货币市场为那些持有短期现金并希望暂时闲置的资金至少能赚取某些收益的部门提供了一个投资出路。因此,货币市场的存在和发展对于短期资金的融通和缓解经济活动中短期资金的供求矛盾是十分重要的。而且,更为重要的是货币市场是中央银行吞吐基础货币、调控货币资金流动的重要场所,货币市场的完善程度直接决定了中央银行货币政策实施的效果。中央银行通过贴现率的变动及公开市场业务操作,影响长期利率,实现货币政策目标及对货币供应量的控制。此外,货币市场还为财政筹措短期资金和借新债偿旧债带来了极大的便利。

(二)货币市场的特征

(1)货币市场的金融工具期限短、安全性强、流动性高。因为货币市场往往满足的是短期现金需求,反映工商业、政府短期周转之需要,价格波动范围较小,投资者受损失的可能性也小。

(2)货币市场是资金批发市场。货币市场往往被相对少数的大金融机构所控制,这些投资者深谙投资技巧,能在巨额交易和瞬变的价格中获取利润。

(3)货币市场是一个巨大的无形市场。它是通过电话或计算机安排交易的。大多数业务在几秒钟或几分钟内进行,而且几乎立即支付。各国中央银行都通过网络时刻监视着整个货币市场,以确保交易有序地进行。

（4）货币市场的广度和深度极强，它能吸引大量的交易。投资者能够在很短的时间内，很容易地卖出大部分货币市场工具，是最有效率的市场之一。货币市场的金融工具拥有利率趋同性，各金融工具相关系数大，其选择替代性强，由于套利者的存在，收益率同升同降、趋于一致。如果一种证券价格被低估，哪怕是极微小的暗示，通常就会使大量的买单流入，使之快速回归均衡价位。

二、货币市场体系

货币市场根据投资工具的不同可以分为票据市场、同业拆借市场、可转让大额定期存单市场、国库券市场、回购市场等若干种。

（一）票据市场

票据市场是专门办理票据交易的场所，可以分为票据承兑市场、票据贴现市场和本票市场三种。

1. 票据承兑市场

票据承兑是指汇票到期前，汇票付款人或指定银行确认票据证明事项，在票据上作出承诺付款的文字记载、签章的一种手续。因汇票是支付命令，其特点是"三方当事人，承兑方生效"，因此未经承兑的汇票是没有法律保障的。承兑后的汇票才是市场上合法的金融票据。在国外，票据承兑一般由商业银行办理，也有专门办理承兑的金融机构，如英国的票据承兑所。

承兑汇票有两种：一种是商业承兑汇票，即付款人作为汇票的承兑人，在票面上办理承兑手续；一种是银行承兑汇票，即银行作为汇票承兑人，在票面上作出承兑。银行承兑汇票比商业承兑汇票更具有权威性，使用和流通范围也更广，尤其是在国际商业信用活动中，更是被广泛地使用。拒绝承兑者要签署拒绝承兑证书，说明理由，持票人据此向出票人追索票款。

2. 票据贴现市场

贴现是汇票持有人在票据到期前，将已承兑的汇票转让给银行，银行在扣除贴现息后付给持票人现款的一种行为。另外，还有转贴现和再贴现。转贴现是指贴现银行在需要资金时,将已贴现的票据再向同业其他银行办理贴现的票据转让行为,是商业银行之间的资金融通行为。再贴现是指商业银行将已贴现过的票据向中央银行申请放款的行为,体现了中央银行与商业银行之间的交换关系,是中央银行对商业银行融通短期资金的一种行为。

票据贴现机构有两类:一类是商业银行;一类是专营贴现业务的金融机构,如日本的融资公司、美国的票据经纪商等。持票人提出贴现申请后,贴现机构根据市场资金供求状况和市场利率以及票据的信誉程度议定一个贴现率,扣除自贴现日至到期日的贴现利息,将票面余额用现款支付给持票人。其计算公式如下:

银行贴现付款额＝票据面额－贴现息

贴现息＝票据面额×年贴现率×(未到期天数÷360 天)

3. 本票市场

商业本票是一种允诺支付的票据。它虽然发源于商品交易,但现代商业本票大多已和商品交易脱离关系,而成为出票人(债务人)融资、筹资的手段。故这里的商业票据是指具有高信用等级的公司所发行的一种无担保的融资性短期债券,其最长期限一般不超过 9 个月。

商业本票市场形成于 19 世纪。当时,工业企业为了在银行短期贷款之外寻求新的短期资金来源,就在货币市场上发行短期债券,进行直接融资。此后,信用等级较高的大公司一直是商业本票的主要发行人。所以,商业本票市场的参与者主要是工商企业和金融机构。发行人主要是信誉高、规模巨大的国内金融机构和非金融公司、外国公司。发行目的主要是筹集资金,如解决生产资金、扩大信贷业务等。商业本票市场的投资者主要有投资公司、银行、保险公司、养老基金等。由于本票发行者声誉较高、风险较低,上述机构很乐于购买。银行购得本票后可以在需要资金时向中央银行申请再贴现。

（二）同业拆借市场

同业拆借市场是各类金融机构之间短期、临时性相互借用资金所形成的短期借贷场所。其主要表现为银行同业之间买卖在中央银行存款账户上的准备金额，用以调剂准备金头寸的余缺。银行等金融机构由于进行存贷款和票据清算业务，总会有一些机构发生头寸不足，而另一些机构则可能出现头寸多余的情况。为了相互支持，并使多余资金产生短期效益，就需要进行短期资金融通。于是，就出现了金融机构之间的拆借活动，最终逐渐发展成为各银行调节流动性的主要场所——同业拆借市场。

同业拆借市场的参与者有三类，即资金需求者、资金供给者和市场中介人。同业拆借期限一般都很短，大多在1天到5天之间，最短也有半天的。有的期限也较长，有1个月、2个月、1季、半年、9个月，最长不超过1年。同业拆借利率一般低于中央银行再贴现率而高于存款成本。拆借利率因关系人的不同可分为两类：一种是由拆借双方当事人协定，而不通过公开市场竞价确定。这种机制下形成的利率弹性较大，主要取决于拆借双方拆借资金愿望的强烈程度。另一种是拆借双方借助于中介人——经纪商，通过市场公开竞价确定。这种机制下形成的利率弹性较小，主要是由经纪商根据市场中拆借资金的供求状况来决定，而拆借双方则基本上是这一利率水平的接受者。

同业拆借市场对资金供求状况十分敏感，利率变动频繁，直接反映了准备金的供求状况，间接反映了银行信贷、市场银根和整个经济的状况，因此，它被中央银行当作反映货币市场情形的重要指标之一。

（三）大额可转让定期存单市场

大额可转让定期存单市场是买卖已发行大额可转让定期存单而形成的市场，通常通过柜台交易方式进行。大额可转让定期存单的发行一般是通过银行柜台方式进行,也可以通过承销商代理发行。其认购者绝大多数是非金融性公司,还包括政府机构、外国政府和外国企业,也有部分金融机构和富裕的个人投资者。在二级市场上买卖存单的主要是一些证券经营机构和大银行,它们不仅为自己买卖,也充当中介人,是大额可转让定期存单市场的主要交易商。

随着证券市场逐步发展和完善,大额可转让定期存单市场吸纳和调剂资金的能力会更强,再加上银行企业化和独立性的进一步提高,以及资产负债结构的日趋完善,大额可转让定期存单市场的发展前景应是十分广阔的。

(四)国库券市场

国库券是指财政部为应付国库季节性需要而发行的短期债券,是货币市场上重要的融资工具。国库券市场是国库券发行和交易的市场。国库券有一个异常发达的流通市场,在国库券流通市场上,市场的参与者有商业银行、中央银行、证券交易商、企业和个人投资者。

国库券的发行方式通常实行招标制,即每次发行前,财政部根据近期短期资金的需要量、中央银行实施货币政策调控的需要等因素,确定国库券的发行规模,然后向社会公告。国库券的发行利率既牵涉到政府的付息负担,又是投资者进行投资决策的重要依据,受物价水平、货币政策和其他相关利率的影响。因国库券期限短、风险低,且有国家的税收作担保,故国库券利率往往是货币市场中最低的利率,是货币市场中反映短期资金供求关系的较有代表性的利率,构成货币市场的基准利率之一,对整个货币市场的利率水平具有重要的牵动作用。

美国的国库券市场是世界上最大的国库券市场之一。货币市场上国库券每天的交易量极大,大约是纽约股票交易所交易量的10倍。我国于1981年首次发行国库券,但实际上是中期国债,直到 1994 年,国债市场才打破以往中长期国债为主的单一格局,尝试设计、发行了半年期和 1 年期国债,这才标志着真正意义上的国库券在我国出现。而 1996 年推出的 3 月期国库券,不仅极大地丰富了国库券的品种,而且开始依照国际惯例在国库券发行中采用招标、贴现方式。

(五)回购市场

回购协议是指交易者在融通资金时按照交易双方的协议,由卖方将一定数额的证券临时性地出售给买方,并承诺在以后某一时间将该证券如数购回。其中,买回价格可以大于出售价,也可以等于出售价。回购协议的期限很短,一般是隔夜或 7 天。根据期限不同可分为隔夜、定期和连续性三种。其中,定期是指卖出和买回之间的时间间隔在 1 天以上,但一般也不会超过 30 天。

回购协议实质上是一种有抵押物的短期资金融通方式。充当抵押物的通常是流通量较大、质量最好的金融工具,如国库券等。回购市场的参与者主要是银行、非银行金融机构、企业、交易商和政府。其中,银行和交易商是主要的出售者。因为对银行和交易商来说,回购协议是一种较优的短期资金来源选择,通过回购交易可以大大增强融资的安全性和盈利性,而且无需交纳存款准备金,从而可以更好地实施资产负债管理。对地方政府来说,参与回购市场使政府债券业务更加活跃而且资金回流还有保证。对企业来说,回购市场使其更易寻求短期资金,并可使短期闲置资金得到更合理、有效的运用。总之,回购市场对借贷双方都有利:对资金借入者(卖方)来说,约定回购价格可以免受回购时因价格上升造成的损失,降低市场风险;对于资金借出方(买方)来说,回购业务使其掌握了抵押品,可减少债务人无法按期还款的风险,同时也可免除卖出时由于市场价格下降所导致的损失。由此可见,回购协议是一种合理的融资工具,它的市场流动性使之可以随时变现,也为其发行提供了更大的可能性。

由于回购协议有政府证券作为抵押品,所以回购协议的利率一般低于同业拆借利率。投资者的收益为:回购收益＝投资金额×利率×天数÷360天。

尽管回购协议交易是一种高质量的抵押贷款,但仍然具有一定的信用风险和利率风险。信用风险是指由于回购协议的卖方到期不履行按价回购的协定,或卖方到期不愿将证券买回,给对方带来损失的可能性。而利率风险是指因市场利率的变化而导致所持有的抵押品市值发生变动的可能性。回购协议的期限越长,这种风险就越大。通常可以采用以下两种方法来减轻风险:一是要求抵押品的证券市值大于借款额,其差额一般为借款额的$1\%\sim3\%$;二是当证券的市值增加或减少某一百分比时,就相应地调整回购协议。

第四节　资　本　市　场

一、资本市场的概念与特点

(一)资本市场的概念

资本市场,又称长期资金市场,是指偿还期限在1年以上的中期(1~10年)和长期(10年以上)有价证券的发行和交易活动的场所。

资本市场的主要参与者是个人、企业、金融机构和政府。他们既是长期资金的提供者,又是长期资金的需求者。近年来,保险公司、养老基金等金融机构,作为机构投资者也活跃在资本市场上。

资本市场的最大贡献就是提供了一条储蓄向投资转化的有效途径:它通过价格机制合理地引导和分配资金,提高资源的配置效率。从微观上看,一方面,企业通过资本市场发行长期证券把分散在社会上的闲散资金集中起来,形成巨额的可供长期使用的资本,用于支持社会化大生产和大规模经营,加速资本集中,实现储蓄向投资的转化,同时,又从外部给企业以压力,促进产业结构的优化;另一方面,资本市场也提供了分散风险的途径,企业、公司通过资本市场工具将其经营风险部分地转移和分散给投资者,实现了风险的社会化。从宏观上看,通过国债市场,政府可实施"赤字"财政政策,加强交通、能源等基础产业和基础设施的建设,解决经济的"瓶颈"制约状态,为经济的长期稳定发展打好基础。同时,股市指数往往是经济运行的先行指标,政府可将股指作为制定经济政策的重要依据。因此,综上所述,资本市场的完善与否影响到一国的投资水平和投资结构,影响到资源的合理分配和有效使用,影响到整个经济的协调发展。

(二)资本市场的特点

资本市场上融通资金的工具主要是种类繁多的股票和债券,它们与货币市场工具相比具有以下不同特点:

(1)期限长。资本市场工具的期限最短是 1 年,最长可以是永久不还,如股票。公司融通资金的目的是作长期投资之用,资金周转期长。

(2)风险大,流动性低。资本市场因其工具的长期性,致使其安全性、流动性不如货币市场工具。

(3)金融工具的性能差异很大。由于发行者的信用、工具期限、发行条件等方面存在的差别,故资本市场上的工具不具有同质性和利率趋同性,即使同一经济主体发行的融资工具其"价格"差异也很大。

(4)有形市场与无形市场相结合。工具的交易市场往往采用有形与无形相结合的方式,既有大量证券在证券交易所中进行,也有规模巨大的场外无形市场。

资本市场主要包括证券市场和中长期信贷市场,在此主要讨论证券市场。证券市场包括发行市场和流通市场两个部分。在证券市场上,交易对象主要是股票、债券、投资基金,它们的交易及运行机制各不相同。所以以下分别论述。

二、股票市场

（一）股票发行市场

股票发行市场是股份公司向社会增发新股的交易场所,包括公司初创期发行的股票及公司增资扩股所发行的股票,又称一级市场或初级市场。这一市场是股票从无到有的增创过程,也是股份公司借以筹集资金过程,其整个运作过程通常由咨询与准备、认购与销售两个阶段构成。在此重点介绍股票的发行方式与发行价格。

1. 股票的发行方式

（1）公募与私募。公募是指面向市场上大量的非特定的投资者公开发行股票。其主要优点是可以扩大股票发行量,筹资潜力大。同时发行工作量大,发行难度也大。私募是指只向少数特定的投资者发行股票。这种发行方式可以节省发行费用,而且因有确定的投资者从而不必担心发行失败。

（2）增资发行。这是专指股份公司为增资而发行股票的行为。通常包括有偿增资、无偿增资和有偿增资与无偿增资相结合三种方式。其中,有偿增资就是通过增发股票的办法增资,可根据需要采取不同的做法,如向社会发行新股票、向股东配股、向第三者配股等。无偿增资是公司将增资的股票,按其投资比例无偿赠送给老股东,将公司的积累或分红基金转为资本。这种做法只是对公司资本结构在账面上的调整,公司的实际总资本并没有增加。按其资金来源可分为积累转增资和红利转增资两种形式。有偿增资与无偿增资相结合是指公司发行新股票,配予股东时,股东只需交一部分现金就可以得到一定量的新增股票,其余部分由公司公积金和红利冲抵。

（3）代销和包销。代销是指中介机构与发行人之间建立代理委托关系,发售结束后,股票未售出部分退还发行人,承销商不承担任何发行风险,从而承销商所收取的手续费也低。代销发行适合于信誉好、知名度高的企业。包销是指中介机构与发行人签订合同,由中介机构把公司发行的股票全部买下,再转卖给投资者,销售风险全部有承销商承担。

2. 股票的发行价格

发行定价是一级市场的关键环节。如果定价过高,会使股票的发行数量减少,进而使发行公司不能筹到所需资金,股票承销商也会遭受损失;如果定价过低,则股票承销商的工作容易,但发行公司却会蒙受损失。对于发行过的股票,价格过低还会使老股东受损。股票的发行价格主要有平价、溢价和折价三种。平价发行是以股票票面所标明的价格发行;溢价就是按超过票面金额的价格发行;折价就是按低于票面金额的价格发行。

(二)股票流通市场

股票流通市场是投资者之间买卖已发行股票的场所,又称二级市场、次级市场或交易市场。该市场的交易价格是公司选择发行时机和制定新股票发行价格的基础。同时,这一市场又赋予了股票的流动性,使其能迅速脱手以换取现款。

股票流通通常可分布在有组织的证券交易所和场外交易市场。

1. 证券交易所

证券交易所是依据国家有关法律,经政府主管机关批准设立的证券集中竞价交易的有形场所。各类有价证券,包括普通股、优先股、公司债券和政府债券的交易,凡符合规定都可以在证券交易所由证券经纪商进场买卖。它为证券投资者提供了一个稳定的、公开交易的高效率市场。一般而言,证券交易所具有以下特征:

第一,有固定的交易场所和交易时间;

第二,参加交易者为交易所会员,交易采取经纪制,即一般投资者不能直接进入证券交易所买卖证券,只能委托会员作为经纪人间接进行交易；

第三，通过公开竞价方式决定交易价格。

我国于 1990 年 12 月 19 日成立了上海证券交易所，1991 年 7 月深圳证券交易所正式营业。它们都是按照国际惯例通行的会员制方式组成，为非盈利的事业法人。其宗旨是完善证券交易制度，提供集中交易场所，办理证券集中交易的清算、交割和证券集中过户，提供证券市场信息和办理中国人民银行许可或委托的其他业务。

2. 场外交易市场

场外交易市场是相对证券交易所交易而言的，凡是在证券交易所之外的股票交易活动都可称作场外交易。由于这种交易起先主要是在各证券商的柜台上进行的，因而也称为柜台交易或店头交易。它与证券交易所相比具有以下特征：

第一，没有固定的集中的场所，而是分散于各地，规模有大有小，由自营商来组织交易。

第二，场外交易市场无法实行公开竞价，其价格是通过商议达成的。

第三，场外交易市场大多数采用做市商制度。证券经营机构先垫付资金购入证券作为库存，然后对外进行交易，从中赚取差价作为交易利润。此外，经纪商可以根据市场情况随时调整证券报价。

第四，场外交易市场交易的证券一般为未上市证券。

第五，对场外交易市场的监管一般比证券交易所松懈，所以，场外交易灵活方便，但交易效率不如证券交易所。

场外交易市场有柜台交易市场、第三市场和第四市场三种类型。其中：

柜台交易市场是指在证券公司的证券柜台上从事未在证券交易所上市的证券交易的市场，也就是狭义的场外市场。

第三市场是指原来在证券交易所上市的股票移到场外进行交易而形成的市场。第三市场交易的是既在证券交易所上市又在场外市场交易的股票，以区别于一般含义的柜台交易。

第四市场是指大机构或大的个人投资者绕开经纪人和自营商，彼此之间利用电脑网络直接进行的大宗证券交易。这种交易可以最大限度地降低交易费用，同时有利于保密性，目前只在美国有所发展。

三、债券市场

（一）债券的发行市场

债券的发行方式、发行价格等都与股票类似。只是由于债券是有期限的，所以其一级市场内多了一个偿还期限。另外，在发行方式上，除具有股票发行所采用的三种方式外，债券还可以自营发行。而且，为方便投资者进行投资决策，往往还需要对债券进行信用评级。

1. 债券的发行方式

债券的发行除了上述股票发行所采用的公募和私募、代销和包销以及增资发行三种方式外，还具有一种自营发行方式。所谓自营发行是指证券发行者自己组织而不委托其他中介机构代理的证券发行方式。在债券发行中，金融债券和一些拥有众多分支机构的大企业所发行的债券一般都采用自营发行的方式。这一发行方式的特点是：

第一，由于不需支付手续费等发行费用，因而发行成本较低。

第二，无需向社会公众提交企业内部资料，保密性好。

第三，发行的社会效应较小。

第四，企业自身承担全部风险。在股票发行中，自营发行很少。

2. 债券的偿还

债券的偿还一般可分为定期偿还和任意偿还两种方式。定期偿还是在经过一定期限后,每过半年或 1 年偿还一定金额的本金,到期时还清余额。这一方式适用于发行数量巨大、偿还期限长的债券,但国债和金融债券一般不使用该方法。定期偿还的具体操作办法:一是以抽签方式确定并按票面价格偿还;二是从二级市场上以市场价格购回债券。任意偿还是债券发行一段时间(称为保护期)以后,发行人可以任意偿还债券的一部分或全部,具体操作可以新偿旧,也可在二级市场上购回予以注销(买入注销)。

3. 债券的信用评级

债券违约风险的大小与投资者的利益密切相关,也直接影响着发行者的筹资能力和成本。对广大投资者来说,由于受知识、信息、时间等因素的限制,面临信息不对称风险,因此需要专业机构对债券还本付息的可靠程度进行客观、公正和权威的评定。对发行者来说,经过评级的债券才容易为公众所接受并打开销路,而且还可以减少信誉高的发行人的筹资成本。一般来讲,信用等级越高的债券越能够以较低的利率出售,从而减少筹资成本。

为了较客观地估计不同债券的违约风险,通常需要由中介机构进行评级。但评级是否具有权威性则取决于评级公司。目前,国际上公认的最具权威性的两大评级机构是美国的穆迪公司和标准普尔公司。它们都是独立的私人企业,不受政府控制,也独立于证券交易所和证券公司。其中,标准普尔公司的评级标准按信用水平分为 AAA、AA、A、BBB、BB、B、CCC、CC、C 九级,另外,还设置了 CI 级(无利息收入的债券)和 D 级(处于违约状态的债券)。

对债券的评级主要着眼于评价该债券的发行质量、证券发行公司的资信和证券投资者所承担的风险。证券评级公司在证券评级过程中主要考虑以下三个因素:

第一,证券发行公司的偿债能力,即考察公司的预期盈利、负债比例、能否按期还本付息等;

第二,证券发行公司的资信,即考察公司在金融市场上的声

誉、历次偿债记录、历史上是否有违约情况发生等;

第三,投资者承担的风险,主要是分析公司破产的可能性大小,另外还要预计在公司一旦破产或发生其他意外的情况下,债权人根据破产法和公司法所能受到的法律保护程度和所得到的投资补偿程度。

(二)债券的流通市场

债券的交易也同股票类似,同样是在二级市场上进行的,即在证券交易所或国家批准的证券交易机构进行。在国外,证券交易所、场外店头市场、第三市场、第四市场等交易场所,都可承担债券的交易。国债不经申请即可上市流通,而企业债券场外交易要大于场内交易。

我国在1997年6月以前,商业银行主要是通过证券交易所进行债券买卖。后来,由于风险问题突出,根据国务院的统一部署,商业银行退出了交易所的债券交易。与此同时,中国人民银行决定建立银行间债券市场。1997年6月,各商业银行所持有的国债、中央银行融资券和政策性金融债券统一托管到中央国债登记结算公司,并同时可以进行债券回购和现券买卖。这标志着银行间债券市场正式启动。1997年底,银行间债券市场的余额为3 819亿元;到2000年11月底,便迅速增长到15 943亿元,增长了3.2倍。

四、投资基金

投资基金是资本市场的一个新的形态。它是指由多数投资者缴纳的出资所组成的,由投资者委托投资基金管理公司按照投资组合原理进行专家管理,委托投资基金托管人托管,投资收益按投资者的出资单位共享,投资风险由投资者共担的资本集合体。它实质上是股票、债券及其他证券投资的机构化和集中化,它不仅有利于克服个人分散投资的种种不足,而且为个人投资者分散投资风险、求得满意回报的最佳选择,从而极大地推动了资本市场的发展。

（一）投资基金的特点

投资基金一般具有以下特点：

1. 社会游资与高效率的专业管理相结合

投资基金既为社会游资流向利润更高、社会更需要的商事活动领域开辟了通道，也为投资基金管理公司的投资专家们提供了施展才能的舞台。投资基金都是由具有专业化知识的人员进行管理的，特别是有精通投资业务的投资银行的参与，所以，能够更好地利用各种金融工具，抓住各个市场的投资机会，创造更好的收益。

2. 低成本的规模经营与低风险的分散投资相结合

投资基金将小额资金汇集起来，从而在经营上便具有规模优势，降低交易成本，对于筹资方来说，也可以有效降低其发行费用。同时，投资基金制度又要求投资基金的运用遵循组合投资、分散风险的原则，所以，投资基金通过将资金分散投资于多种证券或资产上，通过有效组合就可以最大限度地降低非系统风险。

3. 服务专业化

投资基金从发行、收益分配、交易、赎回都有专门的机构负责，特别是可以将收益自动转化为再投资，使整个投资过程轻松、简便。

4. 商事活动主要表现为间接投资

投资基金并不直接在某一生产领域开展经营活动，而是将投资基金资产分散投资于其他企业，再由其他企业在其权利能力允许的范围之内，将资本投资于某一生产领域，并开展经营活动。

（二）投资基金的种类

投资基金根据不同的标准，可以有不同的分类。

1. 公司型基金和合同型基金

根据组织形式，可将投资基金分为公司型基金和合同型基金两类。公司型投资基金即投资公司,是指由股东根据公司法的规定投资设立的、旨在从事证券投资或产业投资、在中国境内设有住所和经营管理机构的有限责任公司或股份有限公司。我国的风险投资基金基本上都采取公司制形式。合同型投资基金,是指根据投资基金发起人和投资基金管理公司、投资基金托管人订立的投资基金合同,向投资者发行投资基金单位而设立的投资基金。我国的证券投资基金基本上都是合同型基金。

2. 收入型基金、成长型基金和平衡型基金

根据投资目标,可将投资基金分为收入型基金、成长型基金和平衡型基金三种。收入型基金是以获取最大的当期收入为目标的投资基金,其特点是损失本金的风险小,但长期成长的潜力也相应较小,适合较保守的投资者。成长型基金是以追求资本的长期增值为目标的投资基金,其特点是风险较大,可以获取的收益也较大,适合能够承受高风险的投资者。平衡型基金是以净资产的稳定、可观的收入及适度的成长为目标的投资基金,其特点是具有双重投资目标,谋求收入和成长的平衡,故风险适中,成长潜力也不大。

3. 开放式投资基金与封闭式投资基金

根据流通方式,可将投资基金分为开放式投资基金与封闭式投资基金两种。开放式投资基金是指发行总额不固定,投资基金单位总数随时增减,投资者可以按投资基金的报价在法律和行政法规规定的营业场所申购或者赎回开放式投资基金单位的一种投资基金。封闭式投资基金是指事先确定发行总额,在封闭期内投资基金单位总数不变,投资者不得请求投资基金管理公司或者托管人赎回其持有的投资基金单位,投资基金上市后投资者可以通过证券市场转让、买卖投资基金单位的一种投资基金。开放式投资基金比封闭式投资基金高,特别是其存在着巨额赎回的风险,因此,必须有相当一部分资产是现金。

4. 国内基金、国家基金、区域基金和国际基金

根据区域不同,可将投资基金分为国内基金、国家基金、区域基金和国际基金四种。国内基金是指资金只投资于国内有价证券且投资者多为本国公民的一种投资基金。国家基金是指在境外发行基金份额筹集资金,然后投资于某一特定国家或地区资本市场的投资基金。这种基金大都规定了还款期限,并有一个发行总额限制,属于封闭式基金。区域基金是把资金分散投资于某一地区各个不同国家资本市场的投资基金。这种基金的风险较国内基金和国家基金小。国际基金也称全球基金,它不限定国家和地区,将资金分散投资于全世界各主要资本市场上,从而能最大限度地分散风险。

(三)投资基金设立和募集

设立基金首先需要发起人,发起人可以是一个机构,也可以是多个机构共同组成。根据《证券投资基金管理暂行办法》的规定,申请设立基金应当具备5项条件:

(1)主要发起人为按照国家有关规定设立的证券公司、信托投资公司、基金管理公司。

(2)每个发起人的实收资本不少于3亿元,主要发起人有3年以上从事证券投资经验并盈利的记录(基金管理公司除外)。

(3)发起人、基金托管人、基金管理人有健全的组织机构和管理制度,财务状况良好,经营行为规范。

(4)基金托管人、基金管理人有符合要求的营业场所、安全的防范设施和与业务有关的其他设施。

(5)国务院证券管理机构规定的其他条件。另外,申请设立开放式基金,还必须在人才和技术设施上能够保证每周至少一次向投资者公布基金资产净值和申购、赎回价格。

基金的设立申请一旦获主管机关批准,发起人即可发表基金招募书,着手发行基金股份或受益凭证。发行方式可以有公募和

私募两种,类似于股票的发行。我国规定在募集中,发起人须向证监会提交如下文件:

(1) 发起人名单和发行协议;

(2) 基金契约和托管协议;

(3) 基金募集文件;

(4) 发起人近3年的财务报告等。

封闭式基金的募集期为3月,到期未募集满80%的,不予设立;开放式基金到期未募集满2亿元的,不予成立。

(四)投资基金的运作和投资

按照国际惯例,基金在发行结束一段时间内,通常为3～4个月,就应安排基金证券的交易事宜。对于封闭式基金股份或受益凭证,其交易与股票、债券类似,可通过经纪人或自营商在二级市场上随行就市,自由转让。对于开放型基金,其交易表现为投资者向基金管理公司认购股票或受益凭证,或基金管理公司赎回股票或受益凭证。

投资基金的一个重要特征就是分散风险,通过有效的组合来降低风险。因此,基金的投资就是投资组合的实现,不同种类的投资基金根据各自的投资对象和目标确定、构建不同的"证券组合"。我国《证券投资基金管理暂行办法》第三十三条要求基金的投资组合符合下列规定:

(1) 1个基金投资于股票、债券的比例,不得低于该基金资产总值的80%;

(2) 1个基金持有1家上市公司的股票,不得超过该基金资产净值的10%;

(3) 同一基金管理公司管理的全部基金持有1家公司发行的证券,不得超过该证券的10%;

(4) 1个基金投资于国家债券的比例,不得低于该基金资产净值的20%。

（五）投资基金发展的意义

投资基金是我国证券市场上的一支不可忽视的力量,因此,它对我国市场经济的发展具有深远意义。

（1）基金的发展为广大投资者提供了一个安全性高、收益良好的新型投资工具。投资基金作为一种集"专家理财、集合投资、分散风险"等优势于一身的新型投资工具,风险大大低于股票投资,而收益却又远远高于债券投资和银行存款。基金是普通投资者的一个理想的投资工具,必将成为我国居民今后家庭理财的重要投资品种。

（2）基金的发展有助于改善中国证券市场的投资者结构。从而在稳定和规范证券市场、倡导理性投资和抑制过度投机方面发挥着积极作用。我国证券市场的显著特点就是规模小、波动大、个人散户投资者众多、投机性强。其原因之一就是投资者的构成中,中、小投资者所占比例过高,而基金的发展可以把投资者手中的闲散资金集中起来投向市场,把中小散户随机的投资行为转向理性操作的机构投资行为,从而改变散户投资者过多的局面。基金的发展使中国证券市场在以散户为主转向以机构投资者为主导方面迈出了坚实的一步。

（3）基金的发展有利于社会保障体制的创新。社会保障体系包括社会保险基金、住房基金、失业保险基金、医疗保险基金等等。证券投资基金的运作,将为社会保障基金的运作提供宝贵的经验和高素质的管理人才。另外,社会保障基金可以通过持有证券投资基金来使自身增值。

（4）基金的发展有利于我国所有制体制的创新。国有企业存在的最大弊端就是产权不明晰,而建立产权清晰、责权分明、政企分开、管理科学的现代企业制度是一项复杂而艰巨的工作。投资基金的发展有效地吸纳了社会资金,为部分国有股权向社会居民流通提供了条件,使国有股份实现了另一种形式的公有制——被社会公众所拥有,而这种分配正是经过市场机制来完成的,而且还不失于社会公平。在这一过程中,不仅有效地明晰了产权,解决了所有制改革的问题,并且使国有资产得到了增值。所以,投资基金的发展将极大地有利于我国所有制体制的创新和现代企业制度的建立。

复习思考题

1. 金融市场具有哪些主要功能?

2. 什么是"第三市场"和"第四市场"? 与交易所市场相比,它们有哪些优点?

3. 金融工具的构成要素有哪些?

4. 你是愿意以 3% 的利率把资金存入银行的储蓄账户,还是愿意以 10% 的利率将此款项贷给你的邻居,为什么?

3. 就我国目前的股票市场而言,其效率如何?

4. 如果你预测到近几年利率将会下降,此时你是愿意购买长期债券还是短期债券?

5. 如果我国引入衍生工具,就目前条件而言,是利大于弊,还是弊大于利?

第四章　金融机构体系

所谓金融机构是指专门从事各种与融资活动有关的组织或个人。金融机构主要提供以下一种或多种服务:将从市场上获得的金融资产改变并构建成不同种类的更易接受的资产,成为金融机构的负债,这是金融机构的基本功能——金融中介;代理客户进行金融资产交易;进行金融资产自营交易;协助客户开发金融资产,并将其销售给金融市场中的其他参与者;为其他市场参与者提供投资建议,并为其进行资产组合管理。一般来讲,金融机构可分成银行金融机构和非银行金融机构。银行是对金融契约和证券进行转换的中介机构,包括中央银行、商业银行、专业银行和政策性银行。非银行金融机构包括保险公司、投资银行、信用社、信托投资公司、财务公司和基金公司等。下面分别介绍。

第一节　银行金融机构

一、中央银行

中央银行是由政府出面组织或授权赋予旨在集中管理货币储备并统一铸造和发行货币的银行,它是国家最高的最具有权威的金融机构。在当今世界上大多数国家的金融体系中,均设有中央银行或类似于中央银行的金融管理机构,它们均处于该国金融体系的核心地位,代表国家发行通货、制定和执行货币金融政策、处理国际性金融事务、对整个金融体系实施监管等等。因此,它们对整个国民经济发挥着宏观调控作用。本书将在第六章和第九章专门论述。

二、商业银行

商业银行是依法接受活期存款,并主要为工商企业和其他客户提供贷款以及从事短期投资的金融机构。其主体功能都是引导资金从盈余单位流向赤字单位。然而,商业银行系统在整个金融系统中具有举足轻重的地位,并成为各国中央银行控制的重点,其原因在于商业银行能以派生存款的形式创造货币和收缩货币,而且创造和收缩货币的功能非常强劲,这也是商业银行的主要特征。关于商业银行,本书将在第五章和第九章专门论述。

三、专业银行

专业银行是指有专门经营范围和提供专门性金融服务的银行,这类银行一般都有其特定的客户,并具有某一方面的专门知识和专门职能。专业银行种类甚多,如储蓄银行、投资银行、抵押银行等等。

（一）储蓄银行

1. 储蓄银行及种类

储蓄银行是专门经办居民储蓄、以储蓄存款为其主要资金来源的专业银行。世界上第一家地方储蓄银行是于 1817 年由慈善团体在荷兰建成。

储蓄银行有多种组织形式,可从不同角度来划分。按照资本构成的方式不同,储蓄银行可分为互助制银行、股份制银行和公营制银行三种。

（1）互助制储蓄银行。是指储蓄银行归存款人所有、由托事会管理、不以盈利为其目标的银行。其目的是为了将那些难以从商业银行取得资金的人联合起来,以帮助他们实现资金的自助或互助,解决会员在生产生活中遇到的资金困难。美国的储蓄银行大都采取这种组织形式。

（2）股份制储蓄银行。是指按股份公司的模式建立、归全体股东所有、由股东大会选举董事会来管理的储蓄银行。在西方国家,股份制储蓄银行一般是由其他形式的储蓄机构转化而来的。

（3）公营制储蓄银行。是指由国家出资建立的储蓄银行,其典型的代表是前联邦德国的储蓄银行。德国储蓄银行自成体系,由 599 个储蓄银行、11 个州立银行和一个中央银行组成。体系内的所有银行均按公法建立,即均为公营银行。

按照是否设立分支机构,储蓄银行可分为单一制储蓄银行和分支制储蓄银行两种。

（1）单一制储蓄银行。是指其经营业务的机构限于储蓄银行本部,除此之外不再设立任何分支机构的储蓄银行。初期的储蓄银行一般均为单一制,如 19 世纪初英国苏格兰建立的储蓄银行、美国早期的互助储蓄银行和储蓄贷款协会等均属此类储蓄银行。由于其规模小,服务范围有限,资本实力薄弱,资金来源渠道狭窄,因此,这种单一制储蓄银行逐渐被分支行制储蓄银行所替代。

（2）分支行制储蓄银行。是指通过层层设置分支机构而形成的一种银行外部组织体制。目前各国的储蓄银行大都实行这种组织体制。例如,英国的信托储蓄银行即属此类,单是作为英国四家地区性信托储蓄银行之一的英格兰及威尔士信托储蓄银行就拥有1 650 家分行。

除了普通储蓄银行外,一些国家还存在邮政储蓄,即附设于邮政系统的储蓄银行。如加拿大于 1867 年建立了邮政储蓄银行,日本于 1874 年明治政府颁布"储蓄规则"后开始兴办了邮政储蓄。

2. 储蓄银行的职能

传统意义上的储蓄银行有信用中介、货币——资本转换、引导消费和服务四大职能。

（1）信用中介职能。是指储蓄银行充当资金供给者和资金需求者之间借贷媒介者的职能。储蓄银行媒介的对象主要是个人或家庭,它吸收个人或家庭的闲置货币收入,并通过贷款提供给个人或家庭借款人使用。

（2）货币——资本转换职能。是储蓄银行的一个重要功能，其实质就是把分散、小额的货币收入集中起来并将其转化为能够在生产过程中发挥作用的追加资本。

（3）引导消费功能。是指储蓄银行通过对个人和家庭提供贷款，引导人们延期消费、集中消费、提前消费和扩大消费，并引导人们的消费方向。

（4）服务功能。是指储蓄银行能够为小储蓄者提供多样化的储蓄便利，并以较优惠的条件对其提供融资服务。此外，它还在家庭财务收支计划、个人投资等方面对储户提供咨询和信息服务等。

3. 储蓄银行的业务

（1）储蓄银行的负债业务。储蓄银行的负债业务即其资本来源包括自有资金和吸收存款两部分。

自有资金是储蓄银行开展业务经营的基础，归银行自身所有。储蓄银行的自有资本可分为三种：互助资本，即互助制储蓄银行的自有资金；股份资本，即股份制储蓄银行的自有资本；国有资本，即国有化储蓄银行的自有资本。

吸收存款是储蓄银行的主要负债业务，在储蓄银行的全部负债业务中占有绝大部分。传统的存款主要是储蓄存款和定期存款。此外，西方国家的储蓄银行还开发出了新型的存款工具，如：可转让支付命令账户（NOW）、货币市场互助基金和大额定期存单（CD）等等。

（2）储蓄银行的资产业务。储蓄银行主要的资产业务包括发放贷款和证券投资。

发放贷款是储蓄银行的传统资产业务，有抵押贷款、消费信贷和工商信贷三种类型。抵押贷款是储蓄银行以住宅建筑或工商业房地产为抵押而对借款人提供的贷款，这种贷款在一些储蓄银行的贷款乃至整个资产业务中都占有极其重要的地位。消费信贷是储蓄银行对消费者发放的一种非抵押贷款,贷款主要用于为生活住房融资、修缮住宅、购买耐用消费品等。工商信贷是储蓄银行对工商企业发放的一种周转性非抵押贷款。

证券投资在有些储蓄银行的资产业务中占有较大比重。储蓄银行的证券投资对象主要有:政府债券(包括公债、国库券和其他政府机构的债券等)、公司债券和股票。

储蓄银行与商业银行虽同属于商业性金融机构,但两者却有明显区别:

第一,储蓄银行的业务种类大大少于商业银行。

第二,储蓄银行的存款保证金通常要高于商业银行,亦即对储蓄银行有更高的支付保证要求。

第三,储蓄银行的存款户基本上是薪金阶层的居民个人,而商业银行的存款户多是工商企业。这又产生了两点不同:一是经济周期变化对两类银行的影响程度不同;二是对存款户利益的保障程度不同。比较典型的情况是,有许多国家规定:储蓄银行的主要负责人(董监人员)对银行负有无限责任,一旦银行破产,银行资产不足以偿还债务时,董监人员必须动用私人财产进行赔偿。正是由于这个原因,储蓄银行的资金运用相当慎重,安全度较高的抵押放款和政府债券是它的主要投资对象。

第四,储蓄银行的存款多为现金,支取一般也使用现金,在这种情况下便不创造或创造极少的派生存款。而商业银行则在广泛推行非现金结算支付的基础上,创造出大量的派生存款。近年来,由于储蓄业的激烈竞争,储蓄存款业务正在利用现代化技术进行简化,电话转账、自动转账业务的开办以及允许存款户以可转让提款单进行支付等,都使得储蓄存款与使用支票提取的活期存款的区别逐渐缩小。

第五,储蓄银行存款以定期为主,存款期限较长,存款余额较稳定,这是储蓄银行以长期投资为主的主要原因。而商业银行存款期限较短,尤其是活期存款所占比重较大,所以,商业银行的资金运用是以中短期特别是短期为主。

（二）投资银行

投资银行是专门经营对工商业投资和长期信贷业务的银行。不同的国家对这类机构的称谓目前尚不统一。美国及欧洲大陆等工业化国家称为投资银行;英国、东盟国家及澳大利亚等国家称为商人银行;德国称私人承兑公司;法国称实业银行;日本则称证券公司。

1. 投资银行的特征

从总体上来看,现代投资银行具有如下特征:

（1）灵活性。投资银行的组织结构灵活、经营决策迅速、决策实施敏捷,一旦金融市场上某些部类业务盈利下降,它们马上就会转向其他盈利的业务。

（2）专业性。由于投资银行的客户往往需要"量体裁衣"、"特色服务",因此,现代化的大型投资银行,在业务多样化、交叉化发展的同时,也各有所长地向专业化方向发展。例如,美国摩根斯坦利公司擅长包销大公司评判证券;美林证券公司善于组织项目融资、产权交易;第一波士顿公司擅长组织辛迪加包销证券、安排私募债券和策划公司合并;所罗门兄弟公司擅长于商业票据发行和政府债券交易等等。

（3）创新性。从主观上讲,投资银行为了增强其竞争能力、扩大其利润来源,需要不断地创新;从客观上讲,由于投资银行内部汇集了大量熟悉金融市场和金融业务、拥有丰富的信息资源并具有创新精神的专家,这些专家成为了推动整个投资银行业不断创新发展的先锋。

（4）多样性。现代投资银行除了经营传统的业务,即代理发行证券业务、经销证券业务和经纪业务之外,还开展了公司理财业务、资金管理和投资咨询业务等。

（5）国际性。国际证券市场的发展、资本在国际间的自由流动、现代科技与通讯技术的广泛应用以及国际性金融工具和金融业务的创新，发达国家的投资银行均通过建立国际网络组织进行跨国经营，或者通过和其他国家及银行组成某种形式的联合来扩大其经营规模。

此外，随着经济的发展，金融资本越来越集中，投资银行也呈现出向集中化发展的特点。如美国众多的投资银行原来都各自为战，而到20世纪80年代初，形成了美林证券公司、第一波士顿公司等几家大型投资银行。在日本，1949年时证券公司多达1 152家，而到了1997年经过兼并和集中后则只剩下了257家。

2. 投资银行的业务

投资银行的业务主要包括负债业务和资产业务。负债业务主要是发行自己的股票和债券。此外，投资银行还利用短期借款进行融资，短期借款的基本手段是回购协议。回购协议是指证券出售时卖家向买家承诺在未来某个时间以预先约定的价格再把证券买回来，实际上，它是一种抵押贷款。有些国家的投资银行允许接受存款（主要是定期存款）。

投资银行的资产业务可分为本源业务和派生业务两大类。前者是指投资银行的传统业务，如证券的发行、经销与经纪业务；后者则是在本源业务的基础上逐步派生和发展起来的业务，如风险投资、基金管理、项目融资以及公司财务顾问等等。

（1）证券承销业务。证券承销业务是投资银行最传统、最核心的业务。狭义的证券承销业务只包括承销股票和债券。

（2）证券经纪业务。证券经纪业务就是投资银行代客户进行证券买卖、从中收取佣金的业务，它是投资银行最重要的基础性业务之一。此外，投资银行还代表客户将其资产证券化，即以一批资产作为抵押品发行证券，如住房抵押贷款。

另外，投资银行还代理客户进行金融衍生工具如期权、期货、互换等的交易,客户对其支付佣金,投资银行可获得丰厚的收益。

（3）证券自营业务。投资银行除了经营一级市场上的承销业务和二级市场上的经纪业务,还在二级市场上从事证券的自营业务。

（4）项目融资业务。项目融资业务是指投资银行为某一特定的项目策划并安排一揽子融资的业务。在项目融资中,投资银行作为融资项目的牵头安排人,需要提供多项服务,如:对项目的财务、经济效益和风险进行评估,帮助组建合营项目实体和项目法律机构,制定符合项目需要和贷款人要求的财务计划等等。

（5）企业并购业务。企业的并购虽然极其复杂,但是,由于投资银行精通并购的法律和规则、熟悉并购方式和程序、善于评估并购资产和进行财务处理、擅长并购谈判,因此其在企业的并购中起着非常重要的作用。

（6）公司财务顾问业务。公司财务顾问业务是指投资银行向公司提供各种类型的收费咨询与顾问服务的业务,包括:充当项目融资、企业并购等活动中的财务顾问,并充当公司重组、国营公司私有化中的财务顾问以及受聘作为公司的常年财务顾问等。

（7）基金管理业务。基金管理业务是指投资银行受投资人的委托,根据基金特定的投资目标,在各种股票、债券、期权合同、准现金票据、商品和不动产中进行组合投资,以实现分散风险、提高收益的目标。如,第一波士顿资产管理公司是第一波士顿投资银行所设立的基金管理公司。

此外,一些投资银行还从事外汇及黄金买卖,经营资本设备及耐用商品的租赁,提供公司股票登记与法规咨询服务,管理投资信托和单位信托,兼营一些短期贷款及其他业务。近年来,投资银行的业务日益多样化,它与一般商业银行的差别正在缩小。

（三）抵押银行

抵押银行,即不动产抵押银行的简称,泛指专门经营以土地、房屋等不动产抵押放款业务的专业银行。世界许多国家设有独立的此类抵押银行机构。如德国的土地抵押信贷协会、农业抵押银行、抵押汇兑银行等;意大利的不动产信用银行;英国的农业抵押公司;法国的房地产信贷银行等。

抵押银行的资金通过发行不动产抵押证券筹集,同时也吸收存款,但存款占全部资金来源的比重不大。不动产抵押证券以抵押在银行的土地及其他不动产作保证,可以买卖转让。当借款人不能如期偿还贷款时,抵押银行将对抵押品予以处理,借以收回贷款本息。

不动产抵押银行的资产业务可分为两类:一类是以土地为抵押品的长期贷款,贷款对象主要是土地所有者或购买土地的农场主;另一类是以城市房屋等不动产为抵押品的长期贷款,贷款对象主要是城市房屋所有者或经营建筑业的企业。如法国的房地产信贷银行、德国的私人抵押银行和公营抵押银行均属于此类抵押银行。此外,抵押银行往往也接受有价证券及黄金作为贷款之抵押品。近年来,金融业竞争激烈,许多国家的商业银行已大量涉足不动产抵押贷款业务,而抵押银行也开始经营一般商业信贷业务,两类金融机构渐呈融合发展之势。

中国没有设立专门的抵押银行,抵押贷款业务散见于各类银行当中。我国目前规定,作为贷款的抵押品必须是具有担保价值和能够转让的,一般指代表财产所有权和债权的各种有价证券,如股票、债券及票据等;其他动产及不动产,如房屋、建筑物、运输工具、机械设备、电器产品及原材料等、国有土地及矿藏等自然资源不得作为抵押品。

四、政策性银行

（一）政策性银行的基本特征

政策性专业银行是相对于商业银行及商业性专业银行而言的。它是政府出于特定目的,或由政府施以较大干预,以完成政府的特定任务,满足整个国家社会经济发展需要而设立的银行。政策性专业银行等金融机构的设立及其运营是政府干预或调控国民经济的一种重要方式。

政策性专业银行的基本特征是:

(1) 组织方式上的政府控制性。一方面,多数政策性银行是由政府直接出资创立,归政府所有;另一方面,一些政策性银行虽然并不完全由政府出资设立,但往往由政府参股,实质上由政府控制。

(2) 行为目标的非盈利性。政策性银行与政府的经济职能相联系,是贯彻政府政策的工具。这决定了政策性银行并不以自身盈利作为其最终的行为目标。

(3) 融资准则的非商业性。这主要表现在:第一,它主要或全部提供廉价资金,发生的亏损则由政府补贴;第二,主要承担商业性金融机构不愿涉足项目的资金融通;第三,对其他金融机构所从事的符合政策目标的金融活动给予偿付保证、利息补贴或再融资。

(4) 业务领域的专业性。政策性银行在政府经济政策导向的支配下具有业务对象的特定性,如业务领域的专业性,故也称为政策性专业银行。

(5) 信用创造的差别性。政策性银行由于不实行存款准备金制度,一般不办理活期存款业务,其负债是银行体系已经创造出来的货币,其资产一般为专款专用,因此通常不具有派生存款和增加货币供给的功能。可以说,能否创造信用是政策性银行和商业银行在职能上的最大差别。

(二) 政策性银行种类

一般来说,大多数国家成立的政策性银行主要有开发银行、农业政策性银行、进出口政策性银行。

1. 开发银行

开发银行系指专门为经济开发提供长期投资性贷款的银行。

第一家开发银行 1822 年诞生于比利时。设立开发银行,是世界许多国家特别是发展中国家通行的做法。

广义上的开发银行包括三大类。第一类,全球性开发银行。目前是指根据 1944 年美国新罕布什尔州布雷顿森林会议通过的"国际复兴开发银行协定"成立的国际复兴开发银行,亦称世界银行。它包括世界银行、国际开发协会及国际金融公司三个相对独立的机构,称世界银行集团。第二类,区域性开发银行。目前主要有亚洲开发银行、非洲开发银行、泛美开发银行及伊斯兰开发银行、加勒比开发银行等。第三类,本国性开发银行。

本节所述开发银行是指作为一国金融体系组成部分,具体说是一国政策性金融机构组成部分的开发银行,亦即上述第三类之狭义开发银行。

开发银行一般是一国政府为满足国内经济建设长期开发性投资需要设立的。国家经济建设的长期投资需要量大、占用时间长、见效慢、风险度高,商业银行等机构或无力承担或不愿承担。但这些投资又是国家宏观的、长期的经济发展所必需的,于是便由政府创办不以盈利为主要目标的开发银行或类似的机构来服务和管理这类开发性投资活动。如由政府投资并垄断的日本开发银行,即是专门经办对新城市及新产业的开发建设提供低息长期贷款的政策性金融机构。

由于各国的国情有差异,开发银行的资金来源与运用各有所不同。开发银行资金来源渠道主要有:

(1)资本金。主要由政府投资。

(2)发行债券。发行债券一般由政府担保或被视为"政府债券",风险很小,成为主要的筹资手段和来源。

(3)吸收存款。主要吸收定期存款、储蓄存款、发行大额可转让存单(CD),但为数很少。

(4)借入资金。从政府得到官方资助,还可以从中央银行、其他金融机构、契约储蓄机构借入资金。

（5）借入外资。通过借入一定比例的外资，引进技术设备，建设重要项目，发放贷款和投资，支持经济的发展。

开发银行资金运用主要有：

（1）贷款。开发银行主要业务是对开发项目提供贷款，满足开发项目对资金的需求。

（2）投资。指开发银行的直接投资，即参与某一项目的筹建并购买一定量的股权资本。

（3）债务担保。开发银行从事担保的目的在于使项目（企业）能得到更广泛的融资渠道，从而获得更多的开发资金。

2. 农业银行

农业银行系指专门向农业提供信贷及其相关金融服务的银行。这是许多以农业为基础的国家普遍设立的一类专业金融机构。一方面，农业受自然因素影响较大，使得农业对资金的需求具有明显的季节性，农业资金的运用具有一定的风险性；另一方面，农村地域广阔，资金需求分散，占用时间长，而利息负担能力又较低；此外，由于农业贷款中的抵押品管理困难，许多贷款主要凭借农户信誉。所有这些，都表明经营农业信贷具有风险大、期限长、收益低等特点。一般商业银行和其他商业性金融机构多不愿或不宜承做这类业务。所以，许多国家专设由政府出资并直接管理或由政府直接控制，以支持农业发展为主要职责的国家农业银行。它与其他经营农业信贷业务的商业性金融机构一起，构成一国农业金融机构体系。

农业银行的信贷资金来源有两种情况：一种是完全由政府拨款，如日本的农林渔业金融公库；另一种是由国家提供初创资金，以后通过发行债券、股票及国外借款等形式筹措长期资金，如德国的国家农业银行（即兰顿银行）、美国的联邦中期信贷银行等。也有一些农业银行通过吸收客户存款和居民储蓄筹集资金。

农业银行的资金运用包括国家政策所支持、鼓励发展的农业生产及流通的各种资金需要,有许多贷款是一般商业金融机构无法满足的长期、低息贷款。

农业银行经营的目的是以信贷手段贯彻国家农业发展政策,引导农业资金按国家产业政策流动与组合,推动农业现代化及工农业的协调发展。

美国在 20 世纪 20~30 年代,得到联邦政府的资助,以合作信用为基础,建立了具有政策性的农业信贷体系;日本现代健全完善的农业金融制度是在第二次世界大战后建立的;德国是世界最早建立农业金融制度的国家,至今已有 200 多年的历史。

3. 进出口银行

进出口银行系指专门为本国商品进出口提供信贷及其相关服务的银行。这类银行通常是政府的金融机构,也有半官方性质的,极少数为私营机构。

一般说来,各国政府创建进出口银行的目的是促进本国商品输出,协助出口商对国外买主提供分期或延期支付方便,承担民间出口商和金融机构无力或不愿承担的政治及信用风险,并通过优惠信贷增强本国商品出口竞争能力。另外,进出口银行往往也是执行本国政府对外投资和援助的特定金融机构。

进出口银行的业务范围主要包括:对本国出口商贷款;对外国进口商及进口方银行贷款;对本国进口商贷款;对外国政府贷款以及对国外直接投资等。进出口银行作为政府投资设立或受政府控制的金融机构,在经营原则、信贷投向、贷款利率等方面都带有明显的政策性因素。

进出口银行的资金来源主要有政府拨入资金、借入资金、发行债券和其他渠道等。其资金运用主要有贷款、担保与保险等。各国金融机构一般均以不同方式提供贷款,支持出口。开展担保活动,使进出口政策性银行成为进出口商获得银行贷款的保证人,一且借款人不能偿还债务,则由这些金融机构予以偿还全部或部分贷款。保险业务在绝大多数国家由保险公司经营,银行等其他金融机构不经营保险业务。唯有出口信贷保险除有专门的出口信贷保险机构经营外,进出口银行等金融机构也经营保险业务。所不同的是,商业性保险机构一般只承保商业风险;而政策性金融机构作为政策金融机构依赖政府强大后盾来承担政治风险。

美国的进出口银行初创于 1934 年,1945 年后成为隶属于美国政府的独立国营金融机构。创建该行的目的是执行美国政府的对外信贷政策,为外国与美国的进出口贸易提供资金和便利,向国内金融机构和国内出口商提供担保,承担私人出口商和金融机构不愿或无力承担的风险。资金来源包括政府拨款、借入财政资金、借入联邦筹资银行(FFB)资金及发行债券筹集的资金。该行的贷款利率要比商业银行及其他私人金融机构低且灵活,但并不与私人资本竞争。作为一个政府金融机构,它的活动须与美国外交及经济政策协调一致。

日本的输出入银行在行政上隶属于大藏省,业务上与通产省、外务省和经济企划厅密切联系。该行资本全部由政府拨付,收支预算必须得到国会的批准才能实施。该行宗旨是提供金融援助,促进本国和外国之间以贸易为主的经济交流,补充或奖励一般金融机构办理进出口和海外投资业务。并规定"不得与民间银行和其他金融机构竞争"。该行的业务是向制造大型成套设备和重型机器的公司及造船业、外贸业等提供长期低息出口信贷;开展海外投资贷款及开发事业金融业务;开办与日元贷款有关的保证业务等。

此外,韩国的输出入银行、德国的复兴信贷银行、法国对外贸易银行及英国的出口信贷担保局、加拿大的出口开发公司等也都是与美国进出口银行、日本输出入银行类似的政策性专业金融机构。

第二节　非银行金融机构

其他非银行金融机构泛指中央银行、商业银行及其他专业银行以外的金融机构。这类机构通常不冠以银行的名号，而以公司、信用社或基金相称。如保险公司、信托投资公司、财务公司或金融公司、租赁公司、农村信用合作社及城市信用合作社、互助基金等等。尽管银行与非银行金融机构的业务交叉和竞争早已开始，但一般而论，其他非银行金融机构与各类银行相比，或其业务范围较小，或其专业性更强，规模和实力也稍显逊色。非银行金融机构就其性质而言，绝大多数是商业性的，即以盈利为目的，在某一领域以特定方式筹集和运用资金。它在一国金融体系中，起着重要的补充作用。

一、保险公司

（一）特点

保险是以社会互助的形式，对因各种自然灾害和意外事故造成的损失进行补偿的一种方式。保险公司是专门经营保险业务的金融机构。它的主要经营活动包括财产、人身、责任、信用等方面的保险与再保险业务及其他金融业务。保险业的发源地在英国，1668年英国就有了海上保险业务，1871年成立"劳埃德保险社"（简称"劳合社"），保险公司才登上历史舞台。保险公司的资金来源是，以保费形式聚集起来的保险基金以及投资收益。保费是保险公司按照大数定律对被保险标的发生损失风险的概率进行精确计算后所确定的。由于发生意外损失的风险是必然的，但是具体发生在何时、何地、何人却是偶然的，因此，人们才会有被保险的要求，保险公司也才会有经营和发展保险业务的可能性和积极性。

保险公司的资金运用是，为保险赔付、政府公债、市政债券、公司股票及债券、不动产抵押贷款、保单贷款等长期投资。

保险公司有以下几个特点：

（1）保险公司办理的保险业务是在社会经济互助原则下建立起来的一种经济补偿制度。

（2）保险业务计算的基础是概率论。

（3）保险的补偿是通过建立集中的保险基金来实现的。

（4）保险关系一般是通过投保人与保险人在自愿原则下签订保险合同来实行的，保险合同受国家法律保护。

（5）保险公司是经济法人，实行独立经营。

保险公司是当代各国金融机构体系的重要组成部分。在许多国家，它都被列为最大的非银行金融机构。

（二）保险公司的组织形式

保险公司的组织形式因各国的社会制度、经济制度、经济状况不同而有所区别。一般有以下几种形式：

（1）国有（营）保险公司。这类公司是由国家投资经营的保险公司，它既是保险业的经营机构，又是国家保险事业的管理机构。它往往是办理国家强制保险或某种特殊保险，以达到社会经济保障的目的。

（2）股份制保险公司。这是多数国家保险经营机构的主要组织形式。具体可分为两种情况：一是私人股份制保险公司，这是主要形式，在美国90％以上的人寿保险公司是以股份公司形式组织起来的；二是公私合股保险公司，即由国家和私人共同投资经营。

（3）合作保险公司。也称互济公司，是指保险需要者采取互助合作形式，来满足全体成员对保险保障之需求。这类公司按其经营方式，可分为摊收保费制、预收保费制和永久保险制等类型。在美国，最大的保险公司（包括谨慎保险公司和城市人寿保险公司）是以互济形式组织而成的。

（4）自保险公司。是指某些大企业集团，为节省保费，减少或免除税负而设立的旨在为本系统内提供保险服务的保险公司。

（三）保险公司的分类

由于保险业是个专业性极强的行业，因此以保险标的划分的公司类别多种多样。如财产保险公司、人寿保险公司、火灾和事故保险公司、老年和伤残保险公司、信贷保险公司、存款保险公司等。通常，按保险的标的不同，保险公司可分为两大类：寿险公司、财产和灾难保险公司。

1. 人寿保险公司

人寿保险公司是为投保人因意外事故或伤亡造成的经济损失提供经济保障的金融机构。人寿保险公司的部分保费实为储蓄金。人寿保险单的种类包括终生险保单、定期险保单、万能险保单、可转换险保单和单一保险费保单等。其中定期险是最便宜的一种纯保险，其保单只是对风险防护的支付，保费中不含储蓄累积成分。其他保单的保费中均含有储蓄的成分。因此说，人寿保险公司兼有储蓄银行的性质，是一种特殊形式的储蓄机构。由于寿险的保险金支付具有可预期性，一般只有当规定的事件发生或到了约定的日期才支付保险金，因此，寿险公司的可运用资金比较稳定，可用于长期投资，如持有公司债券、抵押贷款和政府长期债券等流动性较低而盈利性较高的资产。

在西方国家，普遍以人寿保险公司规模最大。如在美国的各类保险公司（包括人寿保险公司和财产及灾难保险公司）中，人寿保险公司发展最快，其资产约占保险公司总资产的 3/4，是目前美国最大的一种契约性储蓄机构。此外，英国和日本也都是寿险公司制度发达、寿险普及率高的国家，其中日本的寿险普及率高达 90％以上。

2. 财产和灾难保险公司

财产意外险公司是对法人单位和家庭住户提供财产意外损失保险的金融机构。世界上最著名的财产意外险公司是英国的劳合社。

财产和灾难保险公司的主要资金来源是保费收入。由于财产意外险的发生有较大意外性，其费率也难以计算，因此理赔支付也难以预期，所以财产意外险公司的一部分资金投资于有较高流动性和安全性、且又有较高收益的国库券、商业票据和银行大额存单等。此外，为了防范通货膨胀以保障该行业的收益与净值，其还投资于公司股票。

财产和灾难保险公司的品种也很多，主要有：汽车责任险、汽车物质损害险、医疗事故险、其他非汽车责任险、火灾保险、房主各种风险保险、商业各种风险保险、农场主各种风险保险、工人工资以及其他财产意外保险。

二、信托投资公司

信托投资公司也称信托公司，是以资金及其他财产为信托标的，根据委托者的意愿，以受托人的身份管理及运用信托资财的金融机构。信托是指财产的所有者为本人或他人的利益，将其财产交与受托人，委托受托人根据一定的目的对财产作妥善的管理和有利的经营。信托投资公司受委托人的委托，为受托人的利益管理、支配信托财产。经营风险由委托人或受益人承担，收益一般归受益人，公司收取手续费。

现代信托业务源于英国，但历史上最早办理信托业务的经营机构却产生于美国。在西方国家中，美、英、日、加拿大等国信托业比较发达。在英、美国家，除专营信托公司外，各商业银行的信托部也经营着大量的信托业务。日本、加拿大的情况与美、英有所不同，政府从法律上限制商业银行和信托机构的业务交叉，实行银行业务与信托业务相分离的政策。因此，这两个国家的信托公司（或信托银行）具有资本雄厚、经营稳健以及管理有序等特点。

当今，信托公司的业务活动范围相当广泛，几乎涉足所有金融领域的业务。就其信托业务而言，主要包括两大类：

第一类是货币信托，包括信托存款、信托贷款、委托存款、委托贷款、养老金信托、投资信托、养老金投资基金信托等。

第二类是非货币信托,包括有价证券信托、债权信托、动产与不动产信托、公益事业信托、私人事务信托等。

除信托业务外,一些国家的信托公司还兼营银行业务,大多数国家的信托公司兼营信托之外的服务性业务即其他业务,如财产保管、不动产买卖及货币借贷之媒介,公债、公司债及股票的募集,债款、息款及税款的代收代付,股票过户及债务清算等。

由于信托公司在经营信托业务的过程中,表现出来的突出特征在于其投资性,而且,信托投资、委托投资等属于信托公司的传统业务,所以,一般的信托公司又都称为信托投资公司。

三、金融公司

金融公司也称财务公司,是指以经营消费信贷及工商企业信贷为主的非银行金融机构。金融公司起源于 18 世纪的法国,后来英美等国相继出现,目前,包括我国在内的世界许多国家均设有此类机构。金融公司是近几年发展最快的金融机构。

金融公司和银行不同之处在于它们较少接受存款而依赖于长短期负债。财务公司资金的主要来源是银行贷款、发行债券筹资、卖出公开市场票据(商业本票)筹资、发行公司本身的股票及定期大额存款筹资等。在资金运用上,或专营抵押放款业务,或依靠吸收的大额定期存款进行贷款或投资(通常是小额的),或专营耐用品的租购及分期付款销货业务,或兼而营之。规模较大的财务公司还兼营外汇、证券包销、投资咨询和不动产抵押贷款等。

在西方国家,财务公司与投资银行的差别已经不大。财务公司与商业银行在贷款上的区别在于:商业银行是小额(分散)借入,大额贷出;财务公司则是大额借入,小额贷出。由于财务公司同商业银行相比,实际的管制较松,因而它的业务范围仍在继续扩大,同商业银行的区别逐渐缩小。

英国的财务公司可分为工业财务公司和租购公司两类,前者主要为工业企业提供资金,协助企业实现发展计划,取得最大效益;后者则专门经营租购、赊销和租赁业务。

美国的金融公司包括以下三种类型:

(1)销售金融公司。是由一些大型零售商或制造商建立的,旨在以提供消费信贷的方式来促进企业产品销售的公司。例如,西尔斯·罗巴克承兑公司为消费者在西尔斯商店购买一切商品和劳务融通资金;福特汽车信贷公司则为购买福特汽车发放贷款。销售金融公司直接同银行在消费信贷方面进行竞争,消费者所以使用它们的信贷,是因为通常能较快且便利地在购货地得到贷款。

(2)消费者金融公司。向消费者提供贷款,以便他们购买诸如家具、房内设施之类的特定物件以改善住房条件,或帮助他们偿付小额负债。通常,这类公司的贷款者是那些不能从其他来源得到贷款的消费者,由于贷款规模小,平均的管理成本高,这些贷款的利率一般较高。消费者金融公司可以是一家独立的公司,也可以是银行的附属机构。

(3)工商金融公司。通过贴现方式购买应收账款,从而向工商企业提供特殊形式的信贷。也就是说,工商金融公司专门以买断企业应收账款的形式来为企业提供资金。由于是买断而不是抵押,所以,当这些应收账款到期无法收回时,保付代理行必须自行承担其损失,而无权向出售这些应收账款的企业进行追索。显然,这种业务有很高的风险,因此,利润也较高。20世纪70年代之前,保付代理行的业务主要局限于纺织业;20世纪70年代之后,它们在别的行业也变得越来越重要。

四、租赁公司

租赁公司是指专门经营融资租赁业务的机构。一般说来,融资租赁活动通过直接融物满足客户实际上的融资需要,或者说,它是溶融资融物为一个统一过程的信用活动。所以租赁公司也便成为一国金融机构体系中的特殊部门。

世界各国作为金融机构的租赁公司,其组织形式主要有两种类型:第一种是银行或与银行有关的金融机构所属的租赁公司;第二种是独立经营的租赁公司。租赁公司的业务范围相当广泛,几乎涉及从单机设备到成套工程设备、从生产资料到工业产权、从工商业设施到办公设备各个领域。而且许多公司不仅经营国内租赁业务,还大量经营国际租赁业务。

现代租赁机构起源于美国。1952年5月,第一家专业租赁公司——美国金融贴现公司在旧金山设立,这就是现在的美国国际租赁公司。不久,美国又有许多租赁公司相继设立。20世纪60年代后,英、日等世界主要工业化国家都先后设立了专门化的租赁公司,租赁业务得到迅速发展。60年代后金融租赁业迅速发展的主要原因在于:第一,企业可不必追加大量投资即可通过租赁获得新技术设备的使用,减少因科技迅猛发展而产生的无形损耗;第二,各国政府对租赁业的政策优惠与支持。如各国政府借助立法,对租赁公司施以投资减税和加速折旧的优惠,促使其扩大租赁业务。

五、基金组织

基金组织是指筹集、管理、运用某种专门基金的金融机构。基金组织起源于19世纪的英国,盛行于20世纪后特别是第二次世界大战后的美国。目前,世界各国,尤其是主要西方国家,基金组织是其现代金融机构体系的重要组成部分。比较重要的基金组织主要有三类,即养老(退休)基金组织、互助基金组织和货币市场互助基金。

(一)养老基金组织

养老基金组织是向参加养老基金计划的公司雇员以年金形式提供退休收入的金融机构。其基金来源是政府部门、雇主的缴款及雇员个人自愿缴纳的款项;运用基金投资的收益。由于养老基金是按事先商定的数额提取的,其支付完全可以预测,需要的流动性很低,所以,像人寿保险公司一样,养老基金组织多投资于股票、债券及不动产等高收益资产项目。

在许多国家,保险公司、商业银行的信托部门、独立的资产管理公司(即不附属于保险公司或银行的公司)都可以管理养老基金。养老基金管理者的收入来源于管理资产收取的费用。在美国,养老基金的年费率一般按资产总额的 0.01％～0.75％收取。养老基金的管理费率一般都低于投资公司的咨询费率,因为管理大额养老基金有规模经济效应,而在投资公司的业务中,小额投资者只作小额投资。此外,也有一些养老基金的主办人签订以经营业绩而不受制于资产固定比例为基础的管理费用合同。

(二)共同基金组织

共同基金组织也可称为投资基金组织或投资公司,它是一种间接的金融投资机构或工具,在不同的国家也有不同的称谓,如在美国称为共同基金或互助基金,在英国则称为单位投资信托。它通过向许多小投资者发行股份来聚集资金,用于购买证券。通过发行小面额股份并购买大量证券这一资产转换过程,互助基金组织可以在经纪人手续费上得到大量购买证券的折扣,也可以购买和持有多样化的证券。这使小额投资者得以使其持有的证券资产多样化,从而降低购买证券的交易成本,并使风险减少。起初,互助基金只是投资于普通股票,现在,基金投资范围扩大且专门化趋势增强。如那些购买普通股票的互助基金可以专门投资于能源公司或者高技术公司;购买债券的基金也可以专门投资于公司债券、政府债券、免税市政债券等。

在这里,投资者把资金投入基金,购买基金股份,所以是一种间接投资,而基金的股份可以随时买进或卖出,所以也可以视之为金融工具的一种。可见,投资基金的机制特点即优势是投资组合、分散风险、专家理财、规模经济。

投资基金具有多种投资功能,可以用来积累个人财富,可以作为价值储藏的工具,同时也是一种追求高收益的手段。参加基金投资的最低金额一般都不是很高,所以,极受小投资者的欢迎。投资基金具有的独特优势,使其在市场经济发达的国家发展十分迅速。比如美国,1993 年底,共同基金的资产总额为 2.1 万亿美元(超过全美银行存款总额);到 1997 年底,资产总额已达 4.49 万亿美元;同时,全美持有共同基金的家庭达 3 740 万户,占美国家庭总数的 37.4%。

(三)货币市场互助基金

在美国,出现一种新颖的基金组织称货币市场互助基金。它既具有一般共同基金组织的特征,又在一定程度上发挥着存款机构的功能。像大多数共同基金一样,它依靠出售股份获取资金,然后用资金投资于既安全又富有流动性的货币市场金融工具,如短期国债、银行存款证等,再把这些资产的利息收入付给股份持有者。

这类货币市场共同基金的一个关键特征是,股份持有者可以根据他们的股份持有额的价值来签发支票。基金股份就如同支付利息的支票存款,只是在签发支票的特权方面有些限制,如通常签发支票金额不得低于一个规定的下限,如 500 美元;最初开设账户时,还要求存入相当数量的货币。

六、信用合作社

信用合作社是由社员自愿集资结合而成的互助合作性金融机构。信用合作社成员之间一般具有共同联系的基础,如同属于某一社会团体、同为某一公司雇员、居住在同一地区等。最早的信用合作社创建于德国。1849 年,莱茵河畔出现了世界上第一个农村信用合作社。此后,信用合作社经历了自由发展、国家干预、调整变革等三个阶段。目前,这类机构的规模一般仍不大,但数量众多,分布广泛,种类多样。综合世界各国情况,信用合作社的种类大致包括农村信用合作社,农业生产信用合作社,渔、林、牧业生产信用合作社,土地信用合作社,小工商业者信用合作社,住宅信用合作社,储蓄信用合作社,劳动者信用合作社,城市信用合作社等。在世界主要国家中,日本的信用合作社尤其发达。而美国,信用合作社则是规模最小但发展最快的非银行金融机构。

信用合作社的宗旨是促进社员储蓄,并以简便的手续和较低的利率向社员提供优惠贷款。其资金来源主要是社员交纳的股金,其次是存款、公积金及借入资金。在资金运用方面,主要为社员提供短期生产贷款尤其是消费信贷。目前,一些资金充裕的信用合作社已开始为解决生产设备更新、改进技术等提供以不动产或有价证券为担保(抵押)的中长期贷款。美国的信用合作社已获准投资州政府和地方债券。

世界各国现行信用合作社的信用合作准则是从国际合作联盟1966 年第二十三届大会制定的合作原则中引申而来的。主要内容是:入社与退社自愿;每个社员都应提供一定限额的股金并承担相应的责任;实行民主管理,权利平等,一人一票;信用合作社股票不上市;信用合作社盈利主要用于增进社员福利。以上准则,使信用社与股份制银行区别开来,也有效地避免了信用社成为少数人控制、谋利的企业。

第三节　中国的金融机构体系

经过近 20 年的改革开放,我国现已基本形成了以中国人民银行为领导、国有独资商业银行为主体、多种金融机构并存、分工协作的金融机构体系格局。

我国金融机构体系的具体结构如下:中央银行;政策性银行;商业银行;农村信用合作社;其他非银行金融机构;在华外资金融机构。

一、中国人民银行

作为我国中央银行的中国人民银行,是在国务院领导下制定和实施货币政策,对金融业实施监督管理的国家机关。中国人民银行具有世界各国中央银行的一般特征:是通货发行的银行、银行的银行和政府的银行。中国人民银行的具体职责是:

(1) 依法制定和执行货币政策;

(2) 发行人民币,管理人民币的流通;

(3) 按照规定审批、监督管理金融机构;

(4) 按照规定监督管理金融市场;

(5) 发布有关金融监督管理和业务的规定和规章;

(6) 持有、管理、经营国家外汇储备、黄金储备;

(7) 经理国库;

(8) 维护支付、清算系统的正常运行;

(9) 负责金融业的统计、调查、分析和预测;

(10) 作为国家的中央银行,从事有关的国际金融活动;

(11) 国务院规定的其他职责。

中国人民银行的分支机构根据履行职责的需要而设立。作为派出机构,它们根据中国人民银行的授权,负责其辖区内的金融监督管理,承办有关业务。

二、中国的政策性银行

1994年以前,我国没有专门的政策性金融机构,国家的政策性金融业务分别由四家国有专业银行承担。1994年,适应经济发展需要以及把政策性金融与商业金融相分离的原则,相继建立了国家开发银行、中国进出口银行和中国农业发展银行三家政策性银行。

1. 国家开发银行

中国国家开发银行于1994年4月成立。其成立的目的是更有效地集中资金和力量保证国家重点建设,解决经济发展中的"瓶颈"制约,增强国家对固定资产投资的宏观调控能力。这是进一步深化金融体制改革和投资体制改革的重大举措。

国家开发银行的主要任务是:按照国家法律、法规和方针、政策,筹集和引导境内外资金,向国家基础设施、基础产业和支柱产业的大中型基本建设和技术改造等政策项目及其配套工程发放贷款,从资金来源上对固定资产投资总量进行控制和调节,优化投资结构,提高投资效率。其业务范围主要包括:

(1)管理和运用国家核拨的预算内经营性建设基金和贴息资金;

(2)向金融机构发行金融债券和向社会发行财政担保建设债券;

(3)办理有关的外国政府和国际金融机构贷款的转贷,经国家批准在国外发行债券,根据国家利用外资计划筹借国际商业贷款等;

(4)向国家基础设施、基础产业和支柱产业的大中型基建和技改等政策性项目及其配套工程发放政策性贷款;

(5)办理建设项目贷款条件评审、咨询和担保等业务,为重点建设项目物色国内外合资伙伴、提供投资机会和投资信息。

2. 中国进出口银行

中国进出口银行于1994年4月组建并于7月1日正式开业。它由政府预算拨款组建。它的建立是中国外贸体制趋于健全的重要体现,对于深化金融体制改革有着重要意义。

中国进出口银行的主要任务是:执行国家产业政策和外贸政策,为扩大机电产品和成套等资本性货物出口提供政策性金融支持。其经办的主要业务包括:

(1)办理与机电产品和成套设备有关的出口信贷业务(卖方信贷和买方信贷);

(2)办理与机电产品和成套设备有关的政府贷款、混合贷款、出口信贷的转贷、国际银行间及银团贷款业务；

（3）办理短期、中长期出口信用保险、进出口保险、出口信贷担保、国际保理等业务；

（4）经国家批准，在境外发行金融债券；

（5）办理与本行承担的各类贷款、担保、对外经济技术合作等项目的评审，为境内外客户提供有关本行筹资、信贷、担保、保险、保理等业务的咨询服务。

3. 中国农业发展银行

中国农业发展银行于 1994 年 11 月成立。其成立为完善我国农村金融服务体系，更好地贯彻落实国家产业政策和区域发展的政策，促进农业和农村经济的健康发展具有重要的意义。

中国农业发展银行的主要任务是：按照国家的法律、法规和方针、政策，以国家信用为基础，筹集农业政策性信贷资金，承担国家规定的农业政策性金融业务，代理财政性支农资金的拨付，为农业和农村经济发展服务。其主要业务范围是：

（1）办理粮、棉、油等主要农副产品的国家专项储备贷款；

（2）办理粮、棉、油等主要农副产品的收购、调销、加工贷款；

（3）办理国务院确定的扶贫和农业综合开发贷款；

（4）办理国家确定的小型农、林、牧、水利基本建设和技术改造贷款；

（5）办理业务范围内开户企事业单位的存款和结算；

（6）发行金融债券；

（7）办理境外筹资。

以上三家政策性银行在从事业务活动中，均贯彻不与商业性金融机构竞争、自主经营与保本微利的基本原则。贷款拨付等业务的具体经办，国家开发银行、中国进出口银行主要委托国有商业银行为其代理，故除个别情况外，一般不再设经营性分支机构。中国农业发展银行的业务经办则是以自营为主、代理为辅，所以，除在北京设总行外,还在各省、自治区、直辖市设立分行,在计划单列市和农业大省的地(市)设立分行的派出机构,在农业政策性金融业务量大的县(市)设立支行。

三、中国的商业银行

(一)国有独资商业银行

在我国金融机构体系中处于主体地位的是四家国有独资商业银行:中国工商银行、中国农业银行、中国银行和中国建设银行。国有独资商业银行的主体地位是在其作为专业银行时期就奠定了的。目前,国有独资商业银行无论在人员总数、机构网点数量上,还是在资产规模及市场占有份额上,均在我国整个金融领域中处于绝对举足轻重的地位,在世界上的大银行排序中也处于较前列的位置。同时现有的国有独资商业银行是从计划经济体制下的统一的一家银行体系,通过改革演化过来的,垄断经营、机构臃肿、人员过多,严重阻碍着效率的提高。

按照我国商业银行法的规定,国有独资商业银行的业务经营范围包括:

(1)吸收公众存款;

(2)发放短期、中期和长期贷款;

(3)办理国内外结算;

(4)办理票据贴现;

(5)发行金融债券;

(6)代理发行、代理兑付、承销政府债券;

(7)买卖政府债券;

(8)从事同业拆借;

(9)买卖、代理买卖外汇;

(10)提供信用证服务及担保;

(11)代理收付款项及代理保险业务;

(12)提供保管箱服务;

（13）经中国人民银行批准的其他业务。

（二）其他商业银行

1986 年,国家决定重新组建股份制商业银行——交通银行的前后,在四家国有独资大商业银行之外,陆续建立了一批商业银行:中信实业银行、中国光大银行、华夏银行、中国投资银行、中国民生银行、广东发展银行、深圳发展银行、招商银行、福建兴业银行、上海浦东发展银行、海南发展银行(已于 1998 年清理)、烟台住房储蓄银行、蚌埠住房储蓄银行。

这些商业银行在筹建之初,绝大多数是由中央政府、地方政府、国有企业集团或公司、集团或合作组织等出资创建,近几年先后实行了股份制改造。交通银行筹建伊始,即明确为股份银行:原定国家股份占 50％;公开招股占 50％,由地方政府、企事业单位和个人认购入股,个人股在资本总额中不得超过 10％,但个人股一直未募集。深圳发展银行是我国银行业中第一家股票上市公司。在该银行的股权结构中,国家股的比例不到 50％,私人股份占有较大的比重。之后,上海浦东发展银行、中国民生银行、华夏银行和招商银行也先后上市。中国民生银行是我国第一家民营银行,其股份构成主要来自民营企业、集体企业、乡镇企业等,服务对象也以民营企业为主。

这些商业银行是依照国际通行规则和市场原则开展各项银行业务活动,进行自身经营管理的。因此,尽管它们在资产规模、机构数量和人员总数等方面还远不能同国有独资商业银行相比,但其资本、资产及利润的增长速度已经高于国有独资商业银行,呈现出较强的经营活力、强劲的增长势头和良好的经营效益,成为中国银行体系和国民经济发展中的一支生力军。

1998 年,从北京开始,陆续出现了以城市名命名的商业银行。它们是由各城市原来的城市合作银行更名而成,而原城市合作银行则是在原城市信用合作社的基础上,由城市企业、居民和地方财政投资入股组成的地方性股份制商业银行。这些城市商业银行的主要功能是为本地区经济的发展融通资金,重点为城市中小企业的发展提供金融服务。

四、中国的信用社

中国现行的信用合作社有两大类,即农村信用合作社和城市信用合作社。

1. 农村信用合作社

我国的农村信用社普遍建立于 20 世纪 50 年代,一度是作为国家银行的基层机构而存在,并由农业银行管理,在相当大程度上丧失了它原来应有的合作制性质。1996 年对其进行了改革,一是与农业银行脱钩,农业银行不再领导、管理农村信用合作社,而由县联社负责农村信用合作社的业务管理,农村信用合作社与农业银行可在平等自愿基础上,继续发展业务往来;二是规范了农村信用社,恢复了其合作制的性质。农村信用合作社作为农村集体金融组织,其特点集中体现在由农民入股、由社员民主管理、主要为入股社员服务三个方面。其主要业务活动是经营农村个人储蓄以及农户、个体经济户的存款、贷款和结算等。在上述活动中,贯彻自主经营、独立核算、自负盈亏、自担风险原则是基本要求。

2. 城市信用合作社

城市信用合作社作为城市集体金融组织,是实行独立核算、自主经营、自负盈亏、民主管理的经济实体。在我国,城市信用社的经营业务有:办理城市集体企业和个体工商户的存、放、汇业务;办理城市个人储蓄存款业务;代办保险及其他代收代付业务及中国人民银行批准的其他业务等。实践中,由于绝大部分城市信用社从一开始其合作的性质就不明确,因而改组成地方性商业银行是必然的出路。改组之初,采用了“城市合作银行”的过渡性名称,现已更名为“城市商业银行”。

五、其他非银行金融机构

(一)中国的保险公司

在中国的保险市场上,保险公司大致有三类:中资保险公司、外资保险公司分公司及中外合资保险公司。保险公司的业务范围分为两大类:一是财产保险业务,具体包括财产损失保险、责任保险、信用保险等业务;二是人身保险业务,具体包括人寿保险、健康保险、意外伤害保险等业务。根据我国《保险法》的规定,同一保险人不得同时兼营上述两类保险业务。保险公司的资金运用,除用于理赔给付外,其余只限于银行存款、买卖政府债券和金融债券以及国务院规定的其他资金运用形式。1995年《保险法》开始施行,1998年中国保监会成立,加强了对保险公司的监管。1999年,保险公司获准通过购买证券投资基金间接进入证券市场。2000年,入市资金占保险公司总资产的比例从5%扩大到10%,入市资金总额也从1999年底的65.5亿元扩大到2000年底的134亿元。

1998年以前,我国保险业由中国人民保险公司独家经营。1999年7月,中国人民保险公司改建为中国人民保险(集团)公司(简称中保集团)。中保集团下设三个专业子公司,其中,中保财产保险有限公司专门经营各类财产保险业务;中保人寿保险有限公司专门经营长期寿险和短期人身保险业务;中保再保险有限公司经营系统内部的再保险业务以及集团对外的分出、分入业务,并代理国家法定再保险职能。现有的海外保险机构作为独立的实体直属中保集团,继续经营海外保险业务。中保集团及三个专业子公司均为企业法人,中保集团以控股公司的形式对其子公司投资,并实施领导、管理和监督。

改革开放以来,我国保险业迅速发展,市场主体不断增加。截至1999年11月,中国保险市场上共有31家保险公司,其中国有独资公司4家、股份制公司9家、中外合资公司8家、外资保险公司10家,保险市场初步形成以国有商业保险公司为主体、中外保险公司并存、多家保险公司竞争的新格局。

（二）中国的投资公司

在我国，投资公司一般称为投资基金，其产生于20世纪80年代后期，十多年来，得到了迅速的发展。1997年11月，经国务院批准，中国人民银行发布了《证券投资基金管理暂行办法》，使中国的基金市场进入了一个新的阶段。

从1998年3～7月，规模分别为20亿元的第一批5家试点证券投资基金陆续发行和上市。此后，又不断有新的、规模更大的证券投资基金推出。到2000年12月底，中国已有证券投资基金34种，总规模达550亿元。

新基金的诞生有助于维持我国证券市场的增量资金，改善投资者的结构，同时，也有助于推进证券市场管理的市场化、信息披露的规范化，促进投资理念由短期炒作转向中长期投资。

2000年10月8日，中国证监会发布《开放式证券投资基金试点办法》，对开放式基金的公开募集、设立、运作及其相关活动作出规定，标志着我国证券投资基金试点即将进入开放式基金试点的新阶段。

（三）中国的财务公司

中国目前的财务公司基本上是由企业集团投资兴办的、专门从事企业集团内部资金融通业务的非银行金融机构。如华能集团财务公司、中国化工进出口财务公司、中国东风汽车工业公司财务公司、四通集团财务公司、中国有色金属工业总公司财务公司等。

我国财务公司的特点：

（1）财务公司是产业和金融业相结合的经济实体，是实行独立核算、自负盈亏的独立企业法人。

（2）服务对象限于企业集团内部的成员单位，不对集团以外的单位经办存、贷款等业务。这一点与一般西方国家财务公司概念不同。

（3）公司在行政上隶属于对其投资的企业集团，但作为实际的金融机构，业务活动则必须接受中国人民银行的领导、管理、监督与稽核。

（4）公司可以同银行及其他金融机构建立同业往来关系。

我国财务公司的业务有：

（1）企业集团内部各成员单位的人民币业务，如企业存款、计划内贷款，集团内转账结算，职工储蓄，信托存款、贷款和投资，融资性租赁，房地产开发，票据贴现和有价证券抵押贷款，由企业集团有关主管部门签证的债务担保与见证，代理发行、保管及咨询等。

（2）企业集团内部各成员单位的外汇业务：外汇存款、贷款与投资，国际融资租赁，外汇信托存款、贷款与投资，外汇担保与见证等。

（3）经中国人民银行批准向社会发行金融债券。

（4）代表企业集团统一向金融机构借款，再向成员单位转贷。

（5）财务公司发生临时性资金困难时，可以进行同业拆借，或向中国人民银行申请短期借款，但拆入资金不得发放固定资产贷款。

从今后规范要求的角度来看，财务公司的特点所在就是为集团内部成员提供金融服务，其业务范围、主要资金来源与资金运用都应限定在集团内部，而不能像其他金融机构一样到社会上去寻找生存空间。

（四）中国的信托投资公司

中国的信托投资公司是在经济体制改革后开始创办起来的。从初创归属来看，相当大部分的信托投资公司属银行系统所办，此外，或是国务院、或是各主管部委，更多的则是各级地方政府以及计委、财政等部门出面组建的。自1995年以来，根据分业经营与规范管理的要求，陆续铺开对信托投资公司的调整改组、脱钩及重新登记工作。到目前为止,银行系统所属的信托投资公司、信托投资公司所属的银行都已基本脱钩完毕,其中绝大部分信托投资公司直接被撤销、转让或转为银行的分支机构。各级政府、计委、财政、银行和其他党、政、群部门所办信托投资公司也基本撤销。1998年,中国人民银行对信托投资公司进行了全面的清理整顿。这次清理整顿就是要彻底解决信托业的功能定位,重新规范信托业的业务,明确发展方向。根据信托的基本属性以及我国资本市场发展的需要,把信托投资公司规范为真正从事受托理财业务的金融机构,实现信托业与银行业、证券业严格的分业经营、分业管理。

规范后的我国信托投资公司的业务内容主要是:

(1) 信托业务。如信托存款、信托贷款、信托投资等;

(2) 委托业务。如委托存款、委托贷款、委托投资等;

(3) 代理业务。如代理保管、代理收付、代理有价证券的发行和买卖、信用担保等;

(4) 咨询业务。如资信咨询、项目可行性咨询、投资咨询和金融咨询等;

(5) 兼营业务。如金融租赁、证券业务、房地产开发、国际融资性租赁项目下的进出口业务等;

(6) 外汇业务,如外汇信托存贷款、投资以及在境内外发行和代理发行、买卖和代理买卖外币有价证券等等。

规范后的信托投资公司以手续费、佣金等为主要收入来源,使信托业真正成为受人之托、代人理财的无风险金融机构。

(五) 中国的租赁公司

中国的金融租赁业起始于20世纪80年代。1981年4月,中国第一家租赁公司——东方租赁有限公司正式成立。该公司为中国国际信托投资公司、北京市机电设备公司和日本东方租赁有限公司合资创办。1981年8月,中国第一家国营现代租赁公司——

中国租赁有限公司正式成立。投资者为中国国际信托投资公司、国家物资总局、中国工商银行、中国农业银行、中国人民建设银行、中国人民保险公司、水电部、轻工部、电子工业部、化工部等。此后,中国租赁业得到迅速发展。目前,已有各类租赁机构数百家,初步形成业务齐全、机构遍布全国的融资租赁网络。

中国租赁机构的业务经营方式同其他国家大致相同。主要包括:

(1)自营租赁:租赁公司以出租人身份,根据承租人(企业单位)的要求,自行出资购买承租人所选定的设备,然后以租赁方式出租给承租人使用。

(2)合办租赁:租赁公司与物资、生产部门合办租赁业务。承租人根据技术改造需要,在与制造厂商订立购货契约后,向租赁公司提出申请,租赁公司同物资、生产部门联合以出租人身份向承租人出租设备。合办租赁中,一般是租赁公司负责提供资金,物资、生产部门负责提供设备,租金按各方出资比例分成。

(3)代理租赁:租赁公司接受企业单位或其他租赁公司等出租人的委托,对其多余、闲置或愿意提供出租的设备代为联系和寻找承租人。租金归出租人所有,由租赁公司代收,租赁公司获取佣金。

(4)直接租赁:租赁公司以出租人身份,根据承租人的需要,出资向设备生产厂商订货,然后由供货人直接将货物发送承租人使用。出租期间,租赁公司对租赁设备的维修和保养不负责任。这是一种典型的融资性租赁。

(5)转租赁:租赁公司首先作为承租人,向其他租赁机构租进最终承租人(用户企业)所需设备,然后作为出租人将设备转租给最终承租人使用。租金由租赁公司收取,然后将其中一部分转付给原始出租人。这种方式较多运用于引进先进设备和技术。

(6)售后回租:租赁公司将承租人所有的设备按账面价格或

重估价格买进后,再以出租方式返还承租人使用。即是说,承租人将其设备出售给租赁公司后再租回使用。这种方式可解决企业的临时资金需求,有利于改善企业财务状况。

中国租赁机构的业务范围包括:

(1)用于生产、科研、文教、医疗、卫生、旅游、交通运输等方面的设备及工厂资本货物的租赁、转租赁业务。

(2)前述租赁业务所涉及标的物的购买业务。

(3)前述租赁业务中出租物资残值的销售处理业务。

(4)与租赁有关的商情商务、金融、技术等咨询业务。

(5)经国家外汇管理局批准,经营进出口租赁业务的融资租赁机构的境内外外币信托存款、境外外币借款、境外发行外币有价证券、外汇担保等业务。

(6)经中国人民银行批准的人民币债券发行业务。

(7)与租赁项目有关的人民币担保业务等。

(六)中国的证券公司

起初,我国的证券公司或是由某一家金融机构全资设立的独资公司,或是由若干金融机构、非金融机构以入股形式组建的股份制公司。20世纪90年代后,随着分业经营、分业管理原则的贯彻及规范证券公司发展工作的落实,银行、城市信用合作社、企业集团财务公司、融资租赁公司、典当行以及原各地融资中心下设的证券公司或营业机构,陆续予以撤销或转让。在要求证券机构彻底完成与其他种类的金融机构脱钩的同时,鼓励经营状况良好和实力雄厚的证券公司收购、兼并业务量不足的证券公司。

我国证券公司的业务范围一般包括:

(1)代理证券发行业务;

(2)自营、代理证券买卖业务;

(3)代理证券还本付息和红利的支付;

(4)证券的代保管;

（5）接受委托，代发证券本息和红利；

（6）接受委托，办理证券的登记和过户；

（7）证券抵押贷款、证券投资咨询业务。

目前，我国的证券公司总数已近 100 家。其中，像申银万国、国泰、华夏、海通、南方等证券公司，无论在分支机构设置、业务量占比等方面，均处于大证券公司前列。

（七）中国的邮政储蓄机构

在我国邮政储蓄是指与人民生活有紧密联系的邮政机构，在办理各类邮件投递和汇兑等业务的同时，办理以个人为主要对象的储蓄存款业务。新中国成立前，在我国曾有邮政储金汇业局。改革开放以来，随着国民经济的不断发展，城乡居民收入不断增加，储蓄事业日益受到重视。为了更有效地利用遍及全国城乡的邮政机构的现有设施，并发挥其点多、面广、相关业务联系密切（如汇款与储蓄、存款与费用支付）和四通八达的电信网络等优势，我国于 1986 年 2 月在全国开办邮政储蓄业务，并在邮政总局设立邮政储汇局。按照目前的规定，邮政储蓄存款是中国人民银行的信贷资金来源，吸收后全部缴存中国人民银行统一使用。此外，随着邮政储蓄业务的发展，部分邮政储蓄网点还经办国债发行和兑付的代理业务以及保险的代理业务等。

（八）资产管理公司

1999 年，经国务院决定，我国相继成立了信达、华融、东方、长城四家资产管理公司，分别负责管理和处置中国建设银行、中国工商银行、中国银行、中国农业银行四家国有商业银行的不良资产。这四家金融资产管理公司的存续期为 10 年。国家向每一家资产管理公司拨款 100 亿元（共 400 亿元）作为资本金，用于收购四家国有商业银行剥离给资产管理公司的不良资产。2000 年 11 月 20 日，国务院颁布了《金融资产管理公司条例》，对公司设立、业务范围、经营管理、终止清算等进一步进行了明确，并对资产管理公司不良贷款收购的范围、额度和资金来源以及如何实施债转股等核心问题作出了明确的规定。

金融资产管理公司的经营宗旨是：

第一，通过向银行系统注入资金，收购、剥离国有商业银行的部分不良资产，增强公众对银行体系的信心；

第二，通过运用有效的资产管理及变现战略，从不良银行资产中尽可能多回收些资产价值；

第三，在尽量减少运用政府资金的前提下，使金融行业实现资产量组，化解金融体系存在的系统性风险；

第四，考虑到政治、经济和社会等因素，尽量减轻银行债务重组对社会整体的震荡及负面影响，促进国民经济结构的战略性调整和重组。

2000年底至2001年初，中国证监会相继向四家资产管理公司颁发了《经营股票承销业务资格证书》。市场准入资格的明确，有利于资产管理公司拓展投资银行业务，全方位地开展不良资产收购、债权追偿、债务重组、资产置换、债转股、资产证券化、债券发行、股票承销等业务，降低资产管理公司的运营成本，提高处置不良资产的效率。此外，四家资产管理公司还分别与外资金融机构磋商，吸引外资参与我国不良资产的处置。

六、在华外资金融机构

目前，在我国境内设立的外资金融机构有以下两类：

1. 外资金融机构在华代表处

这类外资金融机构一般只可设在北京和我国经济特区；如有必要，经批准在北京设立代表处后，也可申请在其他指定城市设立派出机构。外资金融机构在华代表处的工作范围是：进行工作洽谈、联络、咨询、服务，而不得从事任何直接盈利的业务活动。

2. 外资金融机构在华设立的营业性分支机构

这类外资金融机构一般主要设在经济特区等经国务院确定的

城市。目前,根据规定,在华外国银行分行获准可以经营下列业务项目的部分或全部:外汇存款;外汇放款;外汇票据贴现;经批准的外汇投资;外汇汇款;外汇担保;进出口结算;自营和代客户买卖外汇;代理外币及外汇票据兑换;代理外币信用卡付款;保管及保管箱业务;资信调查和咨询;经批准的本币业务和其他外币业务。

复习思考题

1. 简述金融机构及其体系的构成。

2. 简述投资银行的特征和主要业务。

3. 什么是专业银行?它可分为哪几类?

4. 说明政策性银行的基本特征、组织形式、职能、分类和业务特点。

5. 什么是保险公司?其特点、组织形式和分类如何?

6. 为什么说购买共同基金属于间接投资?共同基金具有哪些特点?

7. 什么是公司型基金?什么是契约型基金?

8. 什么是封闭式基金?什么是开放式基金?什么是单位信托?

9. 什么是政策性银行?它与商业银行的主要区别是什么?

10. 信托投资公司与财务公司的主要区别是什么?

11. 说明信用合作社的特点和业务。

12. 简述中国信托投资公司的发展状况。

第五章　商　业　银　行

商业银行是以获取利润为经营目标,以经营存贷款为主要业务,具有综合性服务功能的金融企业。商业银行与其他金融机构相比,它们业务量最大,经营范围最广泛,在金融体系中占支配地位;它们具有创造和收缩存款货币的功能,对社会经济生活影响极大,对国民经济的发展起着重要作用。

第一节　商业银行概述

一、商业银行的性质和职能

（一）商业银行的性质

银行是商品经济高度发展的产物。作为银行制度主体的商业银行则是经营货币资本的特殊企业,即商业银行既具有企业的性质,但又有别于一般的企业。

之所以说商业银行是企业,这是因为:首先,商业银行的业务活动是社会再生产的有机组成部分,是实现商品价值和资本循环周转的一个必要环节。其次,商业银行同其他工商企业、服务性企业一样,其经营活动均以盈利为目标,都要受利润平均化规律的支配。商业银行通过贷出货币资金给企业,参与企业利润的分配。

之所以说商业银行是特殊企业,是因为:它与普通企业的经营对象和经营方式不同。其一,商业银行的经营的对象是货币,更准确地说,是货币资本这种特殊的商品。其二,其经营方式亦非普通的商品买卖,而是货币资本的有条件的暂时让渡。

普通商品销售以后,即发生所有权的转移,商品不再为生产者所有,而银行贷出货币资本,并不改变资本所有权关系,只是暂时让渡资本的使用权,并由此取得利息收入。

由于货币资本是社会再生产过程中所不可缺少的,而商业银行是经营货币资本的企业,它以信用方式融通资金,满足社会生产各部门、各环节的资金需要,因而它比其他企业具有更广泛的社会联系,在社会再生产中处于特殊地位,发挥着其他工商企业无法比拟的特殊作用。

(二) 商业银行的职能

商业银行的职能是由其性质决定的,主要有以下几个方面:

1. 充当信用中介

信用中介职能是指商业银行通过信用活动,充当借贷双方的中间人。商业银行一方面将社会上闲置的货币资本动员集中起来;另一方面又将这些集中起来的货币资本贷放给货币资本短缺者使用,从而成为借贷双方的中介人,发挥着信用中介的职能。信用中介职能商业银行最基本的职能。

银行的信用中介职能对于国民经济的正常运转和发展有着重要意义。它克服了货币资本供求双方直接借贷时,在借贷的数量、时间和空间上不易取得一致等的局限,满足了借贷双方的需要。而且,商业银行通过其中介职能,将社会上的闲置资本充分动员起来,转化为现实的职能资本,使闲置资本得以最充分有效地运用,从而大大提高了全社会对资本的使用效率,促进了生产和流通的发展。

2. 将非资本的货币转化为货币资本

社会各阶层的货币收入是供个人消费的,而储蓄亦是为了将来的消费,所以它们都不是资本,而是作为交换的媒介,或是作为流通手段和支付手段的准备金。如果没有银行存在,这些暂时闲置的货币收入和储蓄只能成为闲散的货币储藏。而有了银行,这些闲散的货币就可以通过银行汇集起来,并贷放给工商企业使用,参加生产周转,或成为生息资本。这样,商业银行通过其业务活动,把社会各阶层的货币收入和货币储蓄的非资本的货币转化为货币资本。

商业银行把非资本的货币转化为货币资本,大大增加了社会资本总额,从而促进社会再生产规模的扩大。

3. 充当支付中介

商业银行接受企业或存户的委托,办理货币收付、结算、汇兑和保管等业务,从而成为委托人或存户的支付中介。

商业银行的支付中介职能,加速了商品价值的实现和资本的周转,节省了流通费用。

4. 创造信用工具

商业银行通过发行银行券和支票等信用工具,代替货币流通,发挥流通手段和支付手段的职能。银行券和支票都是商业银行发行的债务证券。典型的银行券是可以随时兑现的。凡在商业银行开立活期存款账户的存户,都可以在其存款金额内签发支票,指示银行按票面金额付款给指定收款人或持票人。目前,在西方国家,支票已成为存款人之间由于购买或支付行为而进行转账结算的主要工具,其流通量甚至超过纸币。

商业银行通过创造信用流通工具,不仅能超出自有资本和吸收资金的总额而扩大信用,满足社会再生产对流通手段及支付手段的需要,同时可节约现金的使用,从而节约社会流通费用。

5. 提供金融服务

市场经济的高度发展,使得各行各业甚至家庭生活都对金融业提出了更高的服务需求。商业银行通过代理收付、保管、信息咨询等业务,不仅能为客户提供全面的金融服务,而且还能够使商业银行扩展自己的资产负债业务。

在上述商业银行的职能中,信用中介是最基本的职能,因为它最能反映商业银行的性质及特征。支付中介职能是由货币兑换演变发展而来的,其余的职能则由信用中介职能派生而成。这些职能显示了商业银行在国民经济中的重要作用,是社会再生产中不可或缺的环节。

二、商业银行的组织制度

由于各国政治经济情况不同,商业银行的组织制度也有所不同。纵观世界各国的商业银行组织制度,基本可概括为三种类型,即单一银行制度、分支行制度和银行持股公司制度。

1. 单一银行制度

单一银行制是指商业银行业务只由一个独立的银行机构经营而不设立分支机构。美国是这一类型的突出代表。美国长期盛行单一行制是其独特的政治、经济和历史背景的。美国传统的信条是权力分散,反对垄断,倡导企业独立经营,使得美国中小企业星罗棋布。而美国幅员辽阔,资源丰富,亦为这种独立分散经营提供了良好的场所。与此相适应出现了许多独立经营的商业银行,为这些中小企业的生产和经营提供资金支持。独立经营的商业银行势单力薄,为了保护自身免遭收购或兼并的厄运,自然极力抵制分支行制。另外,由于美国各州经济发展不平衡,若采用分支行制,则落后地区的资金就很容易通过银行内部的资金调拨而流向发达地区或大城市,这当然是落后地区的州政府所不愿见到的。因此,1927 年以前,美国联邦政府对商业银行在国内设立分支机构一直控制很严。无论是州立银行还是国民银行,均不许在所在州的境内设置分支行,更不能跨州设立分支机构,从而遏制了分支行制的发展,由此形成了全美 14 000 多家商业银行共存的格局。其中中小规模的银行有 11 000 多家,占银行总数的 82%。

虽然单一行制有利于限制银行业的集中和垄断,但是,在这一体制下,中小银行抵御风险的能力相对较弱。例如,美国在 20 世纪 20 年代经济大萧条时期曾有大批银行倒闭;在 80 年代每年亦有 100 多家银行破产。同时,绝对的单一银行制亦难以适应现代经济发展的需要。因而,美国也在尝试进行改革。70 年代后,美国一些州对商业银行设立分支机构的限制有所放宽,如允许在一个城市内或在州内设立分支机构等。但从总体而言,尚未打破单一行制的框框。80 年代开始,以美国为首的西方国家纷纷进行了以放松管制为特征的金融自由化改革,美国国会于 1994 年通过了《银行跨州经营与跨州设立分支机构效率法案》,规定从 1997 年 6 月开始允许商业银行主要以收购的方式,在全国范围内设立分支机构。这表明美国长期实行的单一银行制,向分支行制发展的趋势已经形成。

2. 分支行制度

所谓分支行制是指银行在大城市设立总行,然后根据需要在国内的其他地区或国外设立不同级别的分支机构。在这种体制下,分支行的业务和内部事务统一遵照总行的规章和指示办理。目前世界各国基本上都采用这种银行组织制度,其中尤以英国最为典型。分支行制是在资本积聚和集中的基础上产生的,它顺应了垄断资本主义发展的内在要求。因为生产的集中和垄断,出现了大企业,而大企业所需之巨额贷款只有大银行方能提供,因此,银行业亦通过相互收购或兼并来扩大自身的规模,由此形成了庞大的分支机构网络。

世界各国的商业银行基本采用分支行制度,这是因为分支行制度具有以下优点:

(1) 能筹措更多的货币资金,实现大规模经营,实现规模效益;

(2) 能在众多的分支行间调度资金,提高资金的使用效率;

(3) 贷放货币资金可选择的对象愈广泛,愈有利于分散信贷风险;

(4) 银行数量少,便于中央银行的监管。

3. 银行持股公司制度

银行持股公司制是指专以控制和收购一家或多家银行股票所组成的公司。被控股的银行在法律上是独立的,但其业务经营活动则由股权公司控制。银行持股公司按持股公司控制银行的数目,可以分为单一银行持股公司和多银行持股公司。前者是只控制一家银行的持股公司;后者则是控制两家以上银行的持股公司,又称集团银行。银行持股公司按持股公司的组织者划分,有两种类型,即非银行性持股公司和银行性持股公司。前者是由大企业因拥有银行的股份而组织起来的;后者是由一家大银行组织持股公司,然后持有小银行的股份。

银行持股公司是美国单一银行制度下的特殊产物。银行持股公司出现于 20 世纪初期。由于银行持股公司可以逃避禁止银行跨州设立分支机构的限制,并可以超越商业银行的经营范围开展一些其他金融或与金融有关的业务,因而美国绝大多数商业银行都相继组成了单一银行持股公司和多银行持股公司。大银行利用控股的方法变相拥有和控制其他州的多家银行,即可达到扩大经营范围的目的。目前在美国,几乎所有的大银行都归属于银行控股公司。如花旗银行全资附属于花旗银行公司,美洲银行全资附属于美洲银行公司,大通曼哈顿银行全资附属于大通曼哈顿公司等等。

三、商业银行业务的发展趋势

从西方资本主义各国商业银行发展的历史来看,商业银行的经营业务大致有两种模式,即职能分工型和全能型。

所谓职能分工,是针对一国金融体制而言的。其基本特点是,法律限定金融机构必须分门别类,各有专司,如有专营短期、中长期信贷业务的,有专营有价证券买卖业务的,有专营保险业务的等等。在这种体制下,商业银行主要经营短期、中长期信贷业务,但不得经营证券、保险业务,即实行分业经营。采用这种模式的国家以美国、英国、日本为代表。

全能型商业银行，又称综合性商业银行，是指商业银行在业务领域内没有什么限制。它可以经营所有金融业务，包括商业银行各种业务和全面的证券业务。它的最大特点是不实行商业银行业务与投资银行业务的严格区分，即实行混合经营。德国是实行全能银行制的典型代表。

按照金融业的自然发展状态来讲，无论是从金融服务需求者的便利偏好出发，还是从金融服务供给方规模经济的要求考虑，"全能化"应是金融业发展的内在规律和要求。在 1929～1933 年资本主义经济危机之前的欧洲和美国，所有的金融服务都是通过"全能银行"来提供的，金融业显然处于一种"合"的状态。然而 1929 年开始的经济危机，成千上万家银行倒闭，从而引发历史上最大的一次货币信用危机。不少西方经济学家将此归咎于银行的综合性业务经营。人们普遍认为，商业银行、证券的混业经营是引发大危机的主要原因。为此，美国国会通过了《格拉斯—斯蒂格尔法》，将商业银行业务范围和投资银行业务范围明确划分，实行分业经营。之后，英国、日本等国家和地区也纷纷仿效，先后实行了分业经营。

20 世纪 70 年代开始，美国、英国、日本等主要西方国家，纷纷进行了以放松管制为特征的金融自由化改革，主要内容均涉及放松金融机构业务领域、放松商业银行与投资银行严格分业经营限制等方面。1981 年，日本通过了新银行法，打破了银行业、证券业分离的传统，允许商业银行经营证券业务。1999 年，美国国会通过了《金融服务现代化法案》，允许银行、证券与保险之间联合经营，这意味着在美国实行了近 70 年，并对国际金融格局产生重大影响的金融分业经营制度彻底走向终结，西方发达国家纷纷走上混业经营的道路。各国银行业为了满足客户日益增长的各方面需求，纷纷以各种金融工具与交易方式创新为客户提供多元化和系统化的金融服务,这已成为国际银行业的发展方向。

但是,在我国,1995 年 5 月通过的《中华人民共和国商业银行法》明确规定:商业银行不得从事信托投资及股票业务。1997 年 7 月《中华人民共和国证券法》颁布实施,进一步明确了中国金融实行银行、证券、信托、保险分业经营的基本原则,这是由我国的基本国情决定的。商业银行法、证券法,连同已颁布实施的保险法,构筑了中国金融分业经营的法律基础。

第二节　商业银行业务

商业银行的业务可分为负债业务、资产业务和表外业务三大类。下面分别介绍:

一、负债业务

商业银行负债业务是指形成其资金来源的业务。其全部资金来源包括自有资本和吸收的外来资金两部分。

（一）自有资本

自有资本,又称银行资本或资本金,是指银行为了正常营运而自行投入的资金,它代表着对银行的所有权。

1. 自有资本的构成

商业银行资本的构成主要有:

（1）资本金。资本金是商业银行成立时所招募的股本,是银行资本的主要部分和基础,是银行的原始资本,包括:普通股、优先股。

（2）盈余。盈余是由于银行内部经营和外部规定而产生的,分为资本盈余和营业盈余两种。资本盈余是商业银行在发行股票时,发行价格超过面值的部分,即发行溢价。营业盈余是商业银行从每年的营业利润中逐年累积而形成的。例如,美国法律规定,商业银行每年应从其利润中提取 10％～20％的公积金,直至所提取的公积金与其股本相等为止。

（3）准备金。准备金是商业银行为了应付意外事件的发生，而从税后收益中提取的资金。

（4）未分配利润。未分配利润则表示历年盈余在派发股息、红利和提取公积金后的余额。

2. 自有资本的功能

在现代银行中，自有资本往往是商业银行资金来源的一小部分，而其资金来源的大部分主要是靠外来资金。外来资金的形成渠道包括吸收存款和借款。资本账户的资金构成主要是股东投资和留存收益滚存，通常在商业银行的资金来源中所占比重很小，但它在保护存款人的利益和保持银行业务的持续发展方面具有重要作用。一般来讲自有资本具有三大功能：

（1）保护性功能，即保护存款人利益。由于商业银行的经营资金绝大部分来自存款，当银行资产遭受损失时，自有资本可以及时补充，起到缓冲器的作用，以便保护存款人的利益。

（2）经营性功能。自有资本是银行经营的最初资金来源，银行自有资本扣除用于购置固定资产后的剩余资金可作为银行的营运资金。营运资金的多少对银行业务的发展和盈利的大小有一定的影响。

（3）管理性功能，即金融管理当局通过规定和调整自有资本的各种比率，限制银行任意扩张其资产规模，实现对商业银行的监督、管理。

一般而言，拥有较大的资本，不仅有助于银行的安全，而且有助于银行业务的发展。因为资本代表补偿损失的资金，从而显示银行向债权人偿还债务的能力。较高的资本比率，使存款人对银行感到放心，有利于银行吸收存款。而工商企业更乐意向实力雄厚的银行借款。因此，银行可以通过发行额外股票，即扩股或扩大留存收益的方式使资本账户增值。然而，这并不意味着银行资本越多越好,当资本与总资产之比超过一定限度时,追加资本而产生的边际收益会转趋下降,这也是银行的股东们所难以接受的。因此,每家银行都必须考虑资本对资产的最适比率。

另外,各国的银行监管当局亦将商业银行资本对资产之比率即资本充足率作为衡量其经营稳健性的一个重要指标。目前西方国家普遍采用巴塞尔协议所规定的银行资本充足率标准,即银行资本与其风险资产之比率应不低于8%。

(二)吸收存款

吸收存款是商业银行的传统业务,也是商业银行最重要的负债业务。可以说,吸收存款是银行与生俱来的基本特征。银行的自有资本总是有限的,如果没有存款,银行的经营将受到极大限制,也不可能获得较高的收益。

西方各国商业银行存款种类划分很灵活,各国银行划分标准也不尽相同。一般来说,常用的传统分类是将存款概括为活期存款、定期存款和储蓄存款三大类。

1. 活期存款

活期存款是一种不需要事先通知,凭支票便可随时提取或支付的存款,因而也称"支票存款"。开立活期存款账户一般是为了交易和支付,所以存款人主要是企业和个人。活期存款的特点是,存户可以随时存取、流动性强。由于活期存款存取频繁,银行需要花费较多的人力、物力来处理此项业务,成本较高,因此,在多数国家,银行通常不计付活期存款利息或以较低的利率支付利息,有的甚至还要收取手续费。所以,银行在吸收活期存款时,不能以利率作为竞争手段,只能以优质服务取胜。

2. 定期存款

定期存款是存户预先约定期限,到期前一般不能提取的存款。定期存款的特点是稳定性强、流动性低。定期存款是商业银行获得稳定资金来源的重要手段。定期存款的利率与存款期限的长短有密切的关系,一般存款期限越长,利率越高。在存款到期前,若存款人要求提前支取,则对提前支取的部分按活期存款的标准计付利息。存款期限因银行而异,较常见的有 3 个月、6 个月、1 年、2 年等。

定期存款多采用定期存款单的形式,也有采用存折形式的。传统的定期存款单是不能转让的。20 世纪 60 年代以后,由于金融业的激烈竞争,商业银行为了更广泛的吸收存款,推出了"可转让"的定期存单,这种存单于到期日前可在市场上转让。

3. 储蓄存款

储蓄存款是城乡居民个人将其货币收入的结余存入银行而形成的存款。储蓄存款分为活期和定期两种。储蓄存款通常由银行发给存户存折,以作为存款和提款的凭证,一般不能签发支票,支用时只能提取现金或先转入存户的活期存款账户。

近年来,某些西方国家的商业银行为了招揽客户,推出了一些兼有活期存款和储蓄存款优点的新存款品种。例如"可转让支付命令账户"(NOW 账户),这是一种银行须计付利息的支票存款账户。存款人可以使用可转让支付命令代替存折提取存款,银行按账户平均余额向存款人支付利息。再如"自动转账账户",这是一种将储蓄账户的款项自动转入支票账户的服务账户。即客户同时在银行开立一个储蓄账户和支票账户,但后者的余额总是保留在最低限,当银行收到存款人开出的支票时,再按支票金额把款项从储蓄账户转到支票账户上支付。这样,客户既可获取利息,又便于支付。

(三) 银行借款

各类非存款性借入款也是商业银行负债业务的重要构成部分。银行用借款的方式筹集资金,其途径主要有以下几条:

1. 向央行再贴现或借款

中央银行作为银行的银行,必须执行最后贷款人的职能,所以,当商业银行资金不足时,可以向中央银行借款。西方国家中央银行对商业银行所提供的贷款一般是短期的。商业银行向中央银行借款一般采取再贴现和抵押借款两种方式。再贴现系指商业银行以对工商企业贴现而来的合格票据向中央银行申请再贴现,即把票据转让给中央银行,由此获得资金。

在美国,商业银行一般不太愿意向中央银行办理再贴现,因为联邦储备银行对票据的审查非常严格,手续复杂,有时还要求审查贴现企业的财务报表。同时,银行亦担心企业误认为银行办理再贴现是财务计划不周的表现,从而影响银行的信誉。所以,商业银行通常都以政府债券或合格票据作担保来抵押贷款。

向中央银行借款按现行的贴现率计息。在贷款紧缩时,由于中央银行提高再贴现率,商业银行向中央银行取得资金成本提高,在此情形下,商业银行会尽可能地通过其他低成本的渠道借入资金。

2. 银行同业拆借

银行同业拆借是指商业银行之间以及商业银行与其他金融机构之间相互提供的短期资金融通。在这种拆借业务中,借入资金的银行主要是用以解决本身临时资金周转的需要,期限较短,多为1～7个营业日。利息按日计算,利率根据市场资金供求状况随行就市。同业拆借一般不需要抵押品,全凭银行信誉。

传统的同业拆借是为了调剂准备。拆借资金主要来源于超额准备,拆借目的是为了补充法定准备的不足。如今,同业拆借已成为商业银行调节短期资产和负债的重要手段。现在许多商业银行已减少持有短期高流动性资产,而通过同业拆借来解决额外的偿付,且把同业拆借作为扩大资产业务的途径。早期的同业拆借仅限于商业银行之间,近年来,其他银行、非银行金融机构及外国银行在境内的分支机构亦加入,使同业拆借的规模不断扩大。

同业拆借一般都通过各商业银行在中央银行的存款准备金账户,由拆入银行与拆出银行之间,用电话或电传方式进行。

3. 证券回购协议

证券回购协议是指商业银行通过出售证券,取得即时可用资金。但同时银行又以书面协议,承诺在将来的某一日期按原来议定的价格重新购回这些证券。从性质上说,此类交易实际上是银行以证券担保而获得的一种借款。

大多数的证券回购协议是以政府债券为交易对象的,期限从1天至几个月不等。通常的做法是,交易双方同意银行按相同的价格出售及购回证券,同时约定银行在购回时所应支付的利息。另一类做法是,交易双方约定的购回价格高于售出价格,但银行不需另支付利息。

与商业银行订立证券回购协议的主要是企业、政府机构和境内外金融同业。因为它们通常都会保持相当数额的活期存款,通过证券回购协议将暂时闲置资金短期贷放给商业银行,从而赚取利息收益,当然是它们乐意采用的方式。对商业银行而言,虽然其负债并未增加,但由于以政府债券为担保的证券回购协议不属于中央银行所界定的存款,因而无需提取存款准备金,这就使利用此类借款的成本减少。近年来,商业银行已经普遍利用证券回购协议取得资金。此类交易不仅成为商业银行调整短期准备金头寸的有力工具,而且还被某些银行视为取得长期贷款资金的一条重要途径。

4. 国际货币市场借款

近年来,各国商业银行在国际货币市场上尤其是在欧洲货币市场上广泛地通过办理定期存款,发行大额定期存单,出售商业票据、银行承兑票据及发行债券等方式筹集资金,以扩大国内的贷款和投资规模。欧洲货币市场自形成之日起,就对世界各国商业银行产生了很大的吸引力。其主要原因在于它是一个完全自由、开放的、富有竞争力的市场。欧洲货币市场资金调度灵活、手续简便、各国的管制宽松,同时该市场不受存款准备金和存款利率最高额的限制,因而其存款利率相对较高,贷款利率相对较低,所以具有交易量大、成本低、利润高等特点。

5. 发行金融债券

发行金融债券是商业银行筹集资金来源的主要途径。金融债券具有不记名、可转让、期限固定、收益较高的特点。对银行来说,发行金融债券有利于筹集稳定的长期资金,提高负债的稳定性,从而提高银行资金使用效率和效益。

6. 结算过程中的临时资金占用

结算过程中的临时资金占用是指商业银行在办理中间业务及同业往来过程中,临时占用的他人资金。以汇兑业务为例,从客户把一笔款项交给汇出银行起,到汇入银行把该款项付给指定的收款人止,中间总会有一定的间隔时间,在这段时间内,该款项汇款人和收款人均不能支配,而为银行所占用。随着银行管理水平和服务效率的提高,特别是电子计算机运用于资金清算调拨,使银行占用客户或同业资金的周期不断缩短,占用机会也相对减少。但由于商业银行业务种类不断增加,银行同业往来更加密切,因而占用资金仍然是商业银行可供运用的资金来源。

总之,近年来商业银行的负债业务已不限于消极地接受活期存款,并以此作为其唯一的资金来源,而是既积极吸收存款,又在存款以外的负债业务上显示出很大的创新精神。这一切,对于商业银行在持有较高比例的生息资产的同时又保证其资金流动性,具有重要的意义。

二、资产业务

商业银行资产业务,是指商业银行对通过负债业务所集聚起来的资金加以运用的业务,是其取得收益的主要途径。商业银行的资产业务主要有现金资产、贷款、贴现和证券投资。

（一）现金资产

现金资产，也称第一准备，是满足银行流动性需要的第一道防线。现金资产是银行资产中最具流动性的部分，是银行的非盈利性资产。现金资产包括库存现金、在中央银行的存款、存放同业资金和托收中的资金。

1. 库存现金

库存现金是银行金库中的现钞和硬币，主要用于应付日常业务支付的需要（如客户以现金形式提取存款等），因为库存现金属于不生利的资产，因此，银行一般只保持必需的数额。库存现金太多，影响银行收益；太少，不能应付客户提取现金的需求，甚至造成挤提存款，增加银行风险。

2. 在中央银行的存款

在中央银行的存款是指商业银行的法定存款准备金和超额准备金。法定存款准备金是商业银行按法定存款准备金比率，把吸收的存款缴存中央银行的部分。规定缴存存款准备金的目的主要有两个：最初是为了保证商业银行有足够的资金应付客户的存款提现，保证存款人的利益和维护银行业的稳定。现在调整法定存款准备金比率，是中央银行进行宏观金融调控的一种重要的政策工具。超额准备金是商业银行的总准备金减去法定存款准备金的差额。由于法定准备金一般不能动用，商业银行能动用的只是超额准备金部分。通常，超额准备金的多少，决定了商业银行能够再度进行贷款和投资规模的大小。商业银行保留超额准备金的目的，主要是为了银行之间票据交换差额的清算，应付不可预料的现金提存和等待有利的贷款和投资机会。

3. 存放同业资金

存放同业资金是银行为了自身清算业务的便利，在其他银行经常保持一部分存款余额而相互开立的活期性质的存款账户。

4. 托收未达款

托收未达款是指银行应收的清算款项。具体来讲,是商业银行收到以其他商业银行为付款人的票据,已向票据交换所提出清算或已向其他商业银行提出收账但尚未正式记入存放同业或记入在中央银行存款账户中的款项。这部分款项在收妥前不能抵用,但收妥后,或增加同业存放的存款余额,或增加该银行在中央银行准备金账户上的存款余额,成为可以动用的款项,因此与现金的作用差不多。

(二) 贷款

贷款是银行将其所吸收的资金,按一定的利率贷放给客户并约期归还的业务。贷款是商业银行最主要的、也是传统的资产业务。贷款是商业银行利润的主要来源。从社会的角度看,银行也有扶助工商业、促进社会经济发展的义务。银行如果不放款,则不啻丧失其社会功能。所以,商业银行有 50% 以上的资产是用于放款。商业银行贷款最初是以"短期自偿性放款"为对象,即补充企业再生产过程中发生的流动资金暂时不足。随着银行贷款理论的发展及现代经济发展的要求,商业银行贷款的对象愈来愈广泛,种类也愈来愈多。

1. 按贷款的期限划分

按贷款的期限划分,商业银行贷款可分为短期贷款、中期贷款和长期贷款三种。

短期贷款是指贷款期限在 1 年以内的贷款,如季节性贷款、临时性贷款。这种贷款,反映了最初的商业贷款理论,即贷款应是短期的、能自动清偿的。现在,虽然商业银行发放了许多期限较长的贷款,但短期的流动资金贷款或季节性工商业贷款仍然占很大的比重。

中期贷款的期限为 1 年以上,通常可长达 8～10 年。这种贷款一般是在贷款期内分期偿还。

长期贷款一般是指超过 10 年的贷款。商业银行的长期贷款主要是不动产抵押贷款。

短期贷款属于周转性贷款,中长期贷款属投资性贷款。短期贷款的流动性比较强,风险比较小,但利息收入也比较少。中长期贷款流动性比较差,风险较大,但可能获取较多的利息收入。因此,将贷款划分短期、中期和长期的作用就是有利于银行掌握资产的流动性,使商业银行长、短期贷款保持适当的比例,避免为了追求盈利性而牺牲流动性,或单纯为了流动性而放弃盈利的时机这两种偏向。

2. 按贷款的保障程度划分

按贷款的保障程度划分,商业银行贷款可分为抵押贷款、担保贷款和信用贷款三种。

抵押贷款是指以借款人以特定的抵押品作抵押保证的贷款。抵押品包括商品或商品凭证(如提单、钱单)、不动产和动产以及各种有价证券等。贷款需要抵押品,是为了保护贷款的安全,使银行免遭损失。如果借款人不依约偿还借款,银行有权处理用作担保的抵押品,以此抵偿贷款。通常抵押品的价值必须大于贷款的金额,抵押贷款根据抵押品不同又分为票据抵押贷款、商品抵押贷款和证券抵押贷款若干种。

担保贷款是指由借贷双方以外的有相应经济实力的第三方为担保人而发放的贷款。这种贷款无需提供抵押品,银行凭借客户与担保人的双重信誉而发放。如果借款人不能按期偿还贷款,由担保人承担偿还责任。

信用贷款是指银行完全凭借客户的信誉而没有抵押品作担保的贷款。也就是说,这种贷款完全以借款人的信誉、财务状况、预期未来收益和过去的偿债记录为依据。从理论上说,这种贷款风险比较大,但实际上银行发放的贷款有相当大部分是无担保品的信用贷款。银行之所以会发放这类贷款,主要是因为许多客户与银行保持经常性的往来关系,包括存款、贷款和使用银行其他各种服务。银行了解这些客户的实力、资信状况、获利能力等。对于资本雄厚、资信良好、获利能力强的客户,银行可以提供信用放款,既简化手续,又有利于与客户建立良好的信用关系。

这种种类的主要作用是,有利于银行加强贷款安全性或风险性的管理。由于这几种贷款从银行安全性角度讲各有优缺点,因此,商业银行在选择贷款方式时,在满足客户合理贷款需求的同时,还要根据贷款项目风险的大小,确定贷款的信用性质结构。

3. 按贷款对象的不同划分

按贷款对象的不同划分,商业银行贷款可分为工商业贷款、农业贷款、不动产贷款和消费者贷款若干种。按照贷款对象的不同来划分贷款种类,也是西方国家商业银行比较通行的划分方法。

(1)工商业贷款。工商业贷款是指商业银行对工商企业发放的贷款。这种贷款一般在商业银行贷款总额中比重最大,是商业银行最主要的贷款,商业银行通常把这种贷款看作是优先项目。工商业贷款适用对象很广泛,包括季节性的短期商品库存贷款,对机器、设备、建筑物的基本建设投资的长期贷款等。

(2)农业贷款。农业贷款是指商业银行发放给农业企业、个体农户和农村个体工商户的贷款。短期的农业贷款主要用于资助农民的季节性开支,如购买种子、化肥、农药、饲料等。中长期农业贷款主要用于改良土壤、水利设施、购置各种机器设备等。从整个商业银行体系来看,农业贷款的比重是比较小的。发放农业贷款的,主要是那些专门从事农业贷款的专业银行和一些政府金融机构。

(3)不动产贷款。不动产贷款是以土地、房屋等不动产作为抵押品而发放的贷款。这类贷款主要用于土地开发、住宅公寓、大型设施购置等方面。这类贷款包括对建房承包人的短期贷款,一般在房屋建成或出售后还贷,贷款以建筑项目作抵押。土地开发贷款是用于取得未开发或已稍作开发的土地,然后将土地细分出售,作为建筑用地。土地开发贷款期限一般比较长,属中长期贷款,以不动产作抵押。不动产贷款的特点是期限长(最长可达30年),风险较大,但收益高。商业银行的不动产贷款中有相当部分是住宅抵押贷款。贷款的归还通常采取加速摊还的方式,即每一块建筑用地的出售,所归还的贷款都要高于其分摊额,这样,在最后一块场地出售之前,银行已全部收回贷款。

(4)消费者贷款。消费贷款是指商业银行发放给个人消费者用于生活消费方面的贷款。大多数消费贷款是用于购买高档耐用消费品,如住房、汽车等,而且这些耐用消费品又成为贷款的抵押品。消费者贷款按用途可分为住宅贷款、汽车贷款、助学贷款、度假旅游贷款等。消费者贷款又可分为直接和间接两种形式。前者是直接发放贷款给消费者,后者是银行以资金融通给工商企业购买赊销合同,支持消费者以分期付款的形式购买消费品。间接消费者贷款的好处在于,可以节省银行的人力和财力,扩大贷款数额。但同时也增大了银行的风险,若消费者无力偿付,商业企业就要收回已出售的商品,银行贷款也就无法收回。消费贷款是商业银行在第二次世界大战以后发展的新业务,随着金融业竞争的日益激烈及人民生活水平的提高,消费信贷发展很快,在经济发达的国家和地区,已成为商业银行贷款的重要组成部分。目前,消费者贷款在许多发达国家商业银行贷款中的比重已占到20%～30%,在有些国家,如美国,消费贷款的比重更是达到了40%左右。

(三)贴现

票据贴现是一种特殊的贷款,是指银行买入未到期的票据,借以获取利息收益的一种信贷业务。票据特有人在票据到期之前急需现金,可以将票据转让给银行,从而获得银行的资金融通。从表面上看,这是一种票据的购买,实际上是银行资金的贷出,因为银行要等到票据到期时,才能向票据的债务人收回款项,所以,银行要向票据贴现的申请者收取一定的利息,即贴现息或折扣。

贴现业务是商业银行重要的资产业务。贴现业务的做法是，银行应客户的要求，买进未到期的票据，银行从买进日起至到期日止，计算票据的贴现利息，从票面金额中扣除贴现利息以后，将票面余额付给持票人，银行在票据到期时，持票向票据载明的付款人索取票面金额的款项。

从资金运用的角度看，银行票据贴现实际上是一种短期贷款，但它与一般的短期贷款又有区别：

（1）资金投放的对象不同。贷款以借款人为对象；贴现则以票据为对象，是一种票据的买入。

（2）资金使用范围和条件不同。贴现使贴现人获得了资金使用权和所有权，其使用不受贴现银行的任何限制；贷款的所有权没有改变，银行为了能到期安全及时收回贷款，往往都在贷款合同中明确规定了资金用途。

（3）信用关系的当事人不同。贷款业务的当事人有借款人、贷款银行、贷款担保人；贴现的当事人则为银行、贴现人及票据上的各个当事人，如出票人、付款人、背书人等。

（4）资金贷放与融通的期限不同。贷款的期限可以长达 1 年或数年，均须到期才能收回；贴现期限一般较短，不超过 6 个月，且贴现可以向其他银行转贴现，向中央银行再贴现，能随时收回资金。

（5）利息率和利息收取不同。贴现的利率一般都比贷款的利率要低，贴息是由贴现银行在买入票据交付本金的同时就从其款项中扣除。而银行贷款的利息都在贷款到期时或按约定时期收取，先贷款后收息。

（6）资金的安全程度不同。贴现的票据期满，付款人很少有违约情形，即使主债务人违约，也可向其他债务人索取票款，不至于造成资金损失；而普通贷款常因借款者经营失败而不能收回资金，造成损失。

（7）对社会资金总量的影响不同。贴现的实质是资金在不同人手中的转移，是商业信用向银行信用的转化，并不改变社会总资金的规模；贷款是生息资本转化为职能资本，使生产和流通领域中的资金总量增加，从而使社会资金总量的增加。

（四）证券投资

证券投资是指商业银行在金融市场上运用其资金购买有价证券。证券投资是商业银行重要的资产业务，也是利润的主要来源之一。商业银行进行证券投资的目的有三个：

1. 提高资产的流动性

由于政府债券和其他流动性较强的有价证券，可以在几乎不受损失的情况下及时抛售出去，换回现金，所以投资有价证券可以提高资产的流动性，即充当二级准备，当一级准备不足支付时，可以及时变现以补充一级准备。而且投资有价证券有收益，这比增加库存现金和在中央银行的存款来维持流动性更为有利，可以提高银行资金的营运效率。

2. 为了取得较高的收益

商业银行通过证券投资可以把资本投向能够取得较高利息或股息的金融资产上，以取得较高收益。同时，在贷款需求下降或贷款收益率较低时，证券投资也是商业银行维持盈利水平的重要途径。

3. 实现资产多样化以分散风险

商业银行的贷款往往局限于其经营所在地，如果银行将全部资金都用于发放贷款，则银行的业务经营在很大程度上要依赖于当地经济，有可能因地区性经济困难和顾客种类集中而招致风险。而银行投资于有价证券，既不受地区的限制，亦不受行业限制，可以使投资风险得到普遍分散。

商业银行投资的有价证券主要有政府债券、公司债券和股票三种。政府债券的最大特点是安全性好，流动性强，特别是短期的政府债券如国库券,期限在1年以内,还本付息期短,又有活跃的二级市场,可以随时变现,是商业银行调节资产流动性的绝好工具。而且在国外,政府债券的收益可以免税,其实际收益率往往要高于公司债券。所以,政府债券是商业银行投资的主要对象,通常占其证券投资总额的60%以上。

事实上,商业银行的证券投资要受政府有关法令的约束。美、英、法等许多国家都严格限制银行对股票的投资。例如,美国政府规定国民银行只许购买本地区联邦储备银行、经批准的附属公司和某些联邦机构的股票,对债券投资也有一定限制。美国货币管理当局把银行可投资的债券分为三类:

第一类为美国政府债券,包括州和所属机构的债券;

第二类为世界银行、泛美开发银行、亚洲开发银行等的证券;

第三类为公司债、外国政府公债和外国公司债券等。

在以上三类证券中,银行对第一类证券的投资不受任何限制,政府鼓励银行大量购买,对第二、第三类证券,银行购买同一债权人所发行的债券不得超过本行资本和盈余的10%。

目前,我国商业银行投资的证券主要有国库券、中长期国债、地方政府债券、政府机构债券和公司债券等若干种。

三、表外业务

商业银行表外业务是指商业银行所从事的未列入银行资产负债表内,且不影响资产负债总额的业务。表外业务的实质,是在保持资产负债表良好外观的条件下,商业银行利用其在信息、技术、资金、人才、信誉等方面的优势,扩大银行的资金来源与资金运用,以增加银行的利润收入。表外业务种类很多,广义的表外业务包括四大类,即传统的中间业务、担保业务、承诺业务以及金融工具创新业务(表外业务创新)。狭义的表外业务通常专指金融工具创新业务。这里要介绍的表外业务是广义表外业务内容。

（一）商业银行传统的中间业务

商业银行传统的中间业务包括结算业务、代理业务、信托业务、租赁业务、银行卡业务、信息咨询服务等。

1. 结算业务

结算业务是银行接受客户的委托，根据各种收付凭证，为客户办理各种货币收付。按照收款客户和付款客户所在地的不同，结算业务可分为国际结算和国内结算两种，国内结算又分为异地结算和同城结算两种。银行结算的方式有以下几种：

（1）支票结算。支票结算是客户根据其银行的存款和透支限额开出支票，命令银行从其账户中支付一定款项给受款人，从而实现资金划转、支付，了结债权债务关系的一种结算方式。现代支付制度以支票为基础，若支票收付双方在同一银行开户，银行即将支票所载金额从付款人账户转到收款人账上，这是最基本的支票结算。但买卖双方可能不在同一家银行开有支票存款账户，这样，当客户对某家银行开出支票，命令它对另一家银行的账户支付时，银行之间就必须进行账户结算。银行结算的方式依地域范围而不同。同城结算是通过票据清算所进行支票结算。票据交换所是进行银行之间支票清算的机构，银行在每天营业中总要收进若干支票，付出若干资金，为了实现收付双方不在同一银行的支票结算，商业银行需要将每天应收进和应付出的支票提交票据交换所。由票据交换所转给有关的银行，达到交换的目的。对于商业银行来说，票据交换所是它们进行支票结算的条件。科技革命的发展，对银行业务和货币结算技术产生了重大影响，随着电子计算机引入银行，西方国家于20世纪50年代创造了支票快速清算的"磁性墨水字码辨认法"标准系统，它能使支票通过高速识别处理得到分类。

商业银行在异地结算中主要采用汇兑、托收、信用证和电子资金划拨系统等几种结算方式。

（2）汇兑结算。汇兑结算是银行接受客户（付款人）的委托，将款项汇给异地指定收款人的一种结算方式。银行（承汇行）通过银行汇票或支付委托书向收款所在地的本行分支机构或有代理行关系的他行（承兑行）发出支付命令，命令其向收款人支付一定的款项。汇兑结算中一般涉及四个当事人，即汇款人、收款人、汇出行和汇入行。开展这一业务要用特殊的汇兑凭证，如银行汇票、电信支付委托书等。这些凭证都是承汇银行向另一家银行或其分支行发出的命令，命令后者向第三者支付一定数额的款项。

根据承汇行通知承兑行付款的方式不同，汇兑业务分为票汇、信汇和电汇三种。承汇行开出汇票，由客户寄给异地收款人，再由持票人向承兑行取款，称为票汇。承汇行以邮信方式寄送支付委托书通知承兑行付款，称为信汇。承汇行以电报或电传方式通知承兑行付款，称为电汇。在当今银行业务广泛使用电子技术的情况下，资金划拨已是瞬间可以解决的问题。目前，大笔资金划拨基本上是通过电子调拨系统处理的。

（3）托收结算。托收结算是由债权人或售货人向银行提出委托收款申请，由银行通知债务人或购货人所在地的本行分支机构或有代理行关系的他行代收款项，当委托行收到被委托行收妥款项的通知后，即将托收款项付给委托人的一种结算方式。托收结算中一般涉及四个当事人，即委托人、托收银行、代收银行和付款人。

根据委托人是否提交委托收款的依据，托收业务分为跟单托收和光票托收两种。委托人在提出委托收款申请的同时提交货运单据，为跟单托收；没有提交货运单据的，为光票托收。

（4）信用证结算

信用证是由客户（购货商）预先把款项存入银行，作为结算保证金，而后携带银行开出的信用证采购商品，售货商发货后，则凭购货商提交的信用证到其开户行提取货款。信用证结算方式的特点是:第一,以银行信用为基础,开证银行用自己的信用作付款保证,承担第一付款人责任。第二,它虽源于贸易合同,但不依附于贸易合同,开证银行只对信用证负责。第三,信用证业务处理以单据为依据,而非货物。信用证作为商业活动中重要的结算工具,在异地采购,尤其是在国际贸易中得到广泛的发展,成为贸易货款的主要结算方式之一。

(5) 电子资金划拨系统

随着计算机大型化和远距离通讯网络化,实现了商业银行通过电子资金系统进行异地结算,使资金周转速度大大加快,业务费用大大降低。西方国家较有名的电子资金划拨系统有:美国联邦储备局主办的"联邦储备通讯系统",美国、加拿大多家商业银行组织的"银行通讯系统"。跨国的电子资金划拨系统有中心位于纽约的"票据清算所同业支付系统"和由遍及北美、欧洲和亚洲的50多个国家与地区的1 000多家银行组成的国际性银行资金清算系统"全球银行间金融电讯协会"(SWIFT)。SWIFT作为国际性银行资金清算机构。其主要特点为:

① 为会员银行间多种货币的资金调拨、汇兑、外汇买卖、对账、托收以至于信用证业务的通讯便利等提供多种服务。

② 对收发电讯规定了一整套的标准化统一格式,这样,可以避免会员银行间文字或翻译上的误解或差错。

③ 能够直接、快速、准确、安全地处理各种业务电讯。

④ 机构设置严密、合理。SWIFT每日可完成30万笔交易,每笔业务从发出到确认只需一两分钟时间。作为一种高效能、大范围的国际电讯网络系统,SWIFT确实是具备了快速、可靠、准确和保密的特点。

结算业务是存款业务派生的,同时又被商业银行作为争取存款、贷款客户的主要手段,是商业银行一项重要的服务性金融业务。

2. 票据承兑业务

票据承兑业务是银行根据客户的请求,在客户所开出的票据上签章承诺,保证到期一定付款,即承兑。票据一经银行承兑后,银行就成为票据的付款人,负有到期付款的责任。就银行来讲,经营这种业务一般并不需要投入货币资金,而是用客户的资金办理。所以,这种业务实际上只是银行的一种担保行为,是以其自身的信誉来加固客户的信用。就企业来说,商业票据经银行承兑后,信誉提高,持票人凭承兑银行的付款信用保证,可以随时在货币市场上把该票据转让出去,或请求任何一家银行进行贴现,出票人和持票人都可获得资金融通。就银行来说,银行经营承兑业务,并不需要投入自己的资金,而是利用自己的信誉获取一定收入,因为客户必须在票据到期之前将款项送交银行,以便支付。

事实上,票据承兑业务是银行的特种信用业务。由银行承兑的票据上的金额,对票据持有人来说是银行的负债;但对请求银行办理承兑业务的客户来说,又是银行的资产,所以是一种混合性的信用业务。

银行经营票据承兑业务无需提供资金而可加强与客户的联系,有利于银行业务的开展。同时,银行还可以在短期内占用客户的资金。

3. 代理业务

代理业务是商业银行接受客户委托,以代理人的身份代理委托人指定的经济事务的业务。商业银行经办代理业务时,即形成了委托人与商业银行之间的一种基于法律行为或法律规定的"代理关系"。在这种由于代理行为产生的代理关系中,必须以被代理人和代理人双方互相信任为基础,代理活动要受到信用契约的法律约束。代理业务主要包括:

(1)代理收付款业务。代理收付款是商业银行利用自身的结算便利,以委托人的名义代办各种指定款项的收付业务。

（2）代保管业务。代保管业务又分为保管箱业务和代客保管业务。前者是银行利用本身安全可靠的信誉和条件，设置各种规格的保险专柜，供客户租用以保管贵重物品的业务；后者是指委托人将贵重物品、证券文件等交商业银行代为保管，并不自租保管箱。

（3）代客买卖业务。代客买卖业务是商业银行接受客户委托，代替客户买卖有价证券、贵金属和外汇的业务。在银行的代客买卖业务中最重要的是代理发行有价证券的业务。银行在开办这项业务时，可按一定比例从发行总额中得到一笔相当可观的收益。

4. 信托业务

信托业务是指商业银行作为受托人接受委托人委托，代为经营、管理或处理托管的资金、财产或其他事项，为信托人谋取利益的一种业务。信托业务一般涉及三方面当事人，即受托人、委托人、受益人，他们之间在法律上的关系，称为信托关系。信托关系是一种包括委托人、受托人和受益人在内的多边关系。在这个关系中，委托人提出委托行为，请求受托人代为管理或处理其财产，并将由此得到的利益转移给受益人。受益人就是享受财产利益的人，如果没有受益人，信托行为就无效。委托人可以同时是受益人，但在任何情况下，受托人本人均不得同时是受益人。银行信托按其服务对象分为个人信托和公司信托两种。

个人信托业务主要有代管财产，办理遗产分配买卖，保管有价证券和贵重物品，代办人身保险和纳税等。

公司信托业务主要有代办投资，代办公司企业的筹资，如公司股票的发行、还本付息、转让、过户登记等事宜，代办合并或接管其他企业，代为经营管理职工福利基金和养老基金等。

银行经营信托业务只收取有关的手续费，至于在营运中获得的收入，归委托人所有。信托业务对银行具有重要意义：一是可增加银行收入；二是可占用一部分信托资金用于投资、放款业务；三是银行通过信托业务掌握大量的企业股票,从而取得对一些企业的控制权。

5. 租赁业务

租赁是指由所有权和使用权的分离而形成的一种借贷关系,即是由财产所有者(出租人)按契约规定,将财产的使用权暂时转让给承租人,承租人按期缴纳一定租金给出租人的经济行为。现代租赁是由美国在 20 世纪 50 年代开始形成的,并在欧洲、日本等国家和地区得到了迅速发展。除了传统的经营性租赁外又产生了融资租赁(即金融租赁)。目前,世界上许多公司企业已将利用租赁来筹资视作一种重要的融资手段。商业银行租赁业务是以资金形态与商品形态相结合的信用形式,它把"融资"和"融物"结合为一体,在向企业出租设备的同时,也解决了企业的资金需求。银行租赁业务与银行借贷业务不同的是,借贷借出的是货币资金的使用权,租赁借出的是有形资产的使用权,实质是一样,但具体形态不同。银行租赁业务的形式主要有以下几种:

(1)融资性租赁:融资性租赁是以融通资金为目的的租赁。具体做法是:先由承租人直接向制造厂商选好所需设备,再由出租人购置后出租给承租人使用,承租人按期交付租金。这种租赁由于是由出租人支付了全部资金,等于向承租人提供了全额信贷,因此又叫融资性租赁或资本性租赁。融资性租赁具有以下特点:

第一,不可解约性。即在契约有效期内,出租人与承租人均不得单方面撤销契约,只有当设备毁坏或被证明已丧失使用效能的情况下才能中止契约的执行。

第二,全额清偿。即出租人在基本租赁期内只能将设备出租给一个特定用户,并在租期内通过收取租金形式收回购买设备时所投入的全部资金,包括成本、利息和利润。

第三,设备的所有权与使用权长期分离,出租人只负责资金,所有关于设备的安装、保管、维修等,均由承租人负责。

（2）杠杆租赁:杠杆租赁也称"代偿贷款租赁"。具体做法是:由承租人选定所需的机器设备,并谈妥条件,然后找出租人要求租赁。出租人只需筹集购买该设备的一部分资金(一般为机器设备全部资金的 20%～40%),其余部分可以向银行申请贷款,并将此设备作为抵押品以取得贷款,并用该设备的租金来偿还贷款。杠杆租赁是金融租赁的一种高级形式,其中交易程序,当事人的权利与义务及法律结构都较为复杂。杠杆租赁适用于金额大、期限长的大型机器设备,可以满足承租人对高度资本集约型设备的融资需求。

（3）操作性租赁:操作性租赁,也称服务性租赁,即银行作为出租人买下设备、车船、电子计算机等,然后向承租人提供短期使用服务。操作性租赁通常适用于那些需要专门技术进行保养、技术更新较快或使用次数不多的设备。在租约期间,出租人负责设备的保养、维修、管理等,承租人交付的租金包括维修费。设备的租期往往又短于设备的预期寿命,承租人在经过一定的预约时间后可以中途解约,其租金一般比融资性租赁租金高。对承租人来说,使用这种租赁,可以租用技术更新,时期较短或使用频度不高的设备,当有新产品问世时可以立即淘汰。

（4）转租赁:转租赁,也称再租赁。转租赁是将设备进行两次重复租赁的金融租赁方式。具体做法是:一般由出租人根据用户需要,先从其他租赁公司(通常为国外的公司)租入设备,然后再转租给承租人使用。采用转租赁方式要签订两个有着内在联系租约,同时并存有效。由于要签订两个租约,承租人一般要支付高于直接租赁的租金,因此,承租人往往是在迫切需要国外只租不卖的先进技术设备时,才选择这种方式。

6. 银行卡业务

银行卡是由银行发行,供客户办理存取款业务的新型金融服务工具的总称。它包括信用卡、支票卡、记账卡和智能卡等。目前使用最高的是信用卡。信用卡,是由银行签发的,证明持有人信誉良好,可以在约定的商店或场所进行记账消费的信用凭证。信用卡业务开办初期由于持卡人少,特约商户少,而使银行成本较高,一般中小银行承担困难,即便是长期经营,在经济效益方面也不可能十分理想。事实上,银行信用卡要得以顺利发展,取得期望的经营效益,必须具备两个条件:一是要有足够多的客户愿意使用这种信用卡,使特约商户有利可图;二是要有足够多的特约商户愿意接受这种信用卡,使持卡人使用十分方便。于是信用卡发行机构在发展中必然出现联合和兼并。随着信用卡业务在世界各地不断发展和现代通讯条件及电子技术在银行的应用,信用卡已成为一种国际通用的支付方式,因此,信用卡联营是信用卡发展的一种客观趋势。目前国际上最大的两个信用卡集团,一是以美洲银行为主,有 30 多个国家银行参加的维萨集团发行的维萨卡(VISA);二是由美国联合银行信用卡协会组成的万事达集团发行的万事达卡。

中国的银行信用卡业务起步较晚,但发展很快。从 1985 年中国银行发行第一张信用卡开始,十几年来我国的银行卡业务蓬勃发展。但从目前来看,我国银行卡发卡量、交易额、人均持卡比例、使用率及银行卡业务的经济效益与发达国家相比都还有一定差距,与我国国民经济发展的整体水平还不相适应,银行卡应有的作用还远未发掘出来。因此,我国银行业应充分利用现有资源,进一步改善用卡环境,以促进信用卡业务的发展。

7. 信息咨询服务

在现代市场经济中,任何一个企业要想在激烈的竞争中取得主动权,必须借助于灵敏的信息网络。商业银行机构多、分布广,在信息获取方面具有得天独厚的条件。银行通过对资金流量的记录和分析,对市场商情变化有着灵活的反映,同时商业银行具有先进的电子设备和优秀的人才,使得银行成为一个名副其实的信息库。西方大商业银行都设立了专门的机构,为企业提供必要的市场信息、投资决策、财务分析、技术培训等等咨询服务业务以满足企业需求，同时，银行在大力发展信息咨询服务业务中，也给自身带来了丰厚的利润。

（二）金融工具创新业务

金融工具创新业务大致可分为担保业务（备用信用证），承诺业务，贷款出售及资产证券化等资产转换业务，衍生工具的交易以及与证券的发行、承销等有关的投资银行业务。这里只介绍前三类表外业务，后两类表外业务在本书的其他章节介绍。

1. 担保业务

商业银行的担保业务是指商业银行作为担保人所作出的在缔约一方不履行或违反合同条款时而代付一笔确定款项的承诺。担保业务有一部分属于传统的中间业务，如票据承兑、跟单信用证等。这些传统的银行担保业务不会影响到银行资产负债业务的质量。但近年来的银行担保业务中非常流行的备用信用证，则会对银行资产负债业务构成潜在的影响。

备用信用证，也称担保信用证，是指开证银行向受益人签发的一种特殊信用证，它本质上是履约担保书，若申请开证的客户没有履行合同，备用信用证的受益人可以从开证行获得支付。由于备用信用证具有保证性质，因而其所涉及的信用风险较大。而且，备用信用证也是一种不可撤销的信用证。所以银行应其客户要求而签发备用信用证时，其所要求提供的抵押品、信用等级标准等程序，均与直接贷款相同，以期减轻因开出备用信用证所产生的信用风险。所以，担保业务在一定条件下会转化为贷款业务。但只要风险实际不发生，担保业务就不会影响到银行的资产负债业务，而为银行创造大量的担保费收入。

备用信用证主要有以下两种类型：

（1）契约履行担保，即银行担保某一建设项目或其他工程会如期完工。

（2）违约担保，即当借款人无法偿付时，银行负责偿还违约公司的债务。这些备用信用证使借款客户获得低成本且期限更具灵活性的条款，但为了成功出售这些担保，银行必须拥有比客户高的信用等级。

备用信用证和商业信用证的区别是，在商业信用证业务中，银行承担的是第一性的付款责任，只要收款人提供合格的单据，银行就必须按合同履行支付义务；而在备用信用证业务中，银行承担的是连带责任，在正常情况下，银行与受益人并不发生支付关系，只有在客户未能履行其付款义务时，银行才代替客户履行付款责任。

通常，担保是以开具保函的形式进行的，在世界各国经济交往中，产生了各类保函（担保），如投标保函、履约保函、还款保函、付款保函、赔偿保函等。

2. 承诺业务

承诺是银行与借款客户达成的一种具有法律约束力的正式契约。银行将在正式的有效承诺期内，按照双方商定的金额、利率，随时准备应客户需要提供信贷便利，同时，作为提供承诺的报酬。银行通常要向借款人收取一定的承诺佣金。承诺可分为可撤销承诺和不可撤销承诺两种。前者主要指信贷便利，后者主要指票据发行便利（简写 NIFs）。

（1）信贷便利：信贷便利主要有以下两种形式：

一是信贷额度。信贷额度是一种非合同化的贷款限额，在这个额度内，商业银行将随时根据企业的贷款需要进行放款。但是，信贷额度一般都是银行与其老客户之间的非正式协议，银行虽然在大多数情况下都会满足客户的贷款需要，但并不具有提供贷款的法定义务，银行通常也不向客户收取承诺费，而只要求客户在本银行保留一定比例的支持性存款。

二是贷款承诺。贷款承诺是一种正式的、合同化的协议，银行与客户签订贷款承诺协议以后，要随时满足客户的贷款需要，在承诺期内,不论客户是否提出贷款申请,银行都要按承诺额的一定比率收取承诺费。贷款承诺主要有备用信贷承诺和循环信贷承诺两种形式。前者是银行与客户签约,在合约期内,客户有权要求银行在合约规定的额度内提供贷款;后者是指在一个较长的合约期内,借款人在满足合约规定的条件下,循环使用贷款额度,随借随还,还后能再借。

(2) 票据发行便利:票据发行便利是替发行票据的公司、政府机构提供筹资承诺。即商业银行代理借款者发行票据,然后将发行票据所筹资金交付借款者使用。而一旦通过发行票据筹集资金的计划不能如期实现,银行便需按约向票据发行者提供贷款,以满足其资金需要。

承诺与担保的区别在于:承诺通常只涉及银行及其客户双方,一般只会在未来的某一段时间使银行面临信用风险;而担保则要求银行满足第三方对客户的债权要求,银行就担保作出之日起,就承担着信用风险。

3. 贷款出售

贷款出售是指银行将已发放的贷款出售给其他金融机构或投资者。贷款售出后,银行要为买方提供售后服务,如代收利息、监督贷款资金的运用、对抵押品进行管理等。按有无追索权划分,贷款出售分为有追索权的贷款出售和无追索权的贷款出售两种形式。有追索权的贷款出售是贷款出售的一般形式。有追索权的贷款出售,一旦出现借款人无力偿债的情况,买方对银行的其他资产具有一般追索权,银行必须承担对买方还本付息的责任,因此,贷款售出后,该笔贷款即从银行的资产负债表中移出,成为银行的或有负债。无追索权的贷款出售,银行则没有什么风险,只是简单地把原有贷款从资产负债表中转出,代之以收回货币资金。

表外业务与负债业务、资产业务共同构成现代商业银行的三大支柱。目前,世界上一些发达国家和地区的大商业银行的表外业务对银行的发展起着举足轻重的作用,其形成的利润已占总利润的 50％以上,有的甚至更高。从国际金融业的发展来看,商业银行表外业务一直是发展最快、对市场影响最大的业务领域。同时商业银行表外业务又是同业竞争的重要领域。20 世纪 70～80 年代以来,国际上商业银行竞争一直处于白热化的状态,而竞争的主要手段和内容就是加快表外业务发展,以争取市场,扩展发展空间。

第三节　商业银行的经营原则与管理

商业银行作为企业的性质决定了其经营的动机和目标是追求最大限度的利润。但是,商业银行又是特殊企业,资金来源中绝大部分是负债。营运对象的特殊性使商业银行的经营原则和管理方法都有别于一般工商企业。

一、商业银行经营原则

商业银行作为企业必然以盈利作为自己的经营目标。同时,银行在经营活动中也会面临着许多风险,因而要尽量规避风险,保证资金的安全。另外,商业银行还要应付客户提款,贷款及自身经营管理中对现金的需要,又必须保证其资产的流动性。因此,商业银行在经营活动中必须遵循三条原则:盈利性、安全性和流动性。

1. 盈利性

所谓盈利性是指商业银行在其业务经营活动中必须力求获取最大限度的利润。追求盈利是商业银行的经营目标,是其改进服务、开拓业务和改善经营管理的内在动力。只有在保持理想盈利水平的情况下,商业银行才能够充实资本,增强经营实力,提高竞争能力。商业银行的盈利水平通常用资产盈利率来表示,即商业银行在一定时期内的利润总额与资产总额的比率。

2. 安全性

所谓安全性是指银行在经营中要尽可能避免资产遭受风险损失。商业银行在经营活动中所遇到的风险主要有信用风险和市场风险。信用风险是指借款人不能如期还本付息造成银行无法收回贷款的可能性。市场风险是指由于市场利率的变化而引起贷款收益下降或证券价格下跌的可能性。商业银行实现安全经营，这不仅关系到存款人的利益，而且直接关系到银行的生存和发展。

3. 流动性

所谓流动性是指银行能随时应付客户提取存款的支付能力。商业银行为了使经营活动能够顺利进行，必须保证具有足够的流动性。因为商业银行的主要资金来源是吸收存款负债，如果银行不能及时满足客户提款要求，就会对银行信誉度造成严重损害，甚至有破产倒闭的危险。商业银行要保持资产的流动性，必须做到建立分层次的准备金，掌握一定数额的现金资产和流动性较强的其他金融资产。衡量商业银行流动性高低的指标通常为流动比率，即能够较快变现的流动性资产与负债总额的比率。

上述三个原则既相互联系，又相互制约。一方面，它们共同保证银行经营活动正常、有效地进行，其中，安全性和流动性是前提和条件，盈利性是目的，只有保证资金的安全和流动，才能获得预期的利润。另一方面，它们又存在相当程度的矛盾，因为最富有流动性、因而较安全的资产，一般都只能提供较低的收益；而盈利性最大的资产，往往安全性和流动性都比较差。所以，要提高资金的安全性和流动性，往往会削弱盈利性；而要提高盈利性、安全性和流动性必然受到影响。由此可见，从某种意义上来说，银行资产负债管理的核心或立足点，就是协调处理这三者之间的关系，或者说，使安全性、流动性和盈利性达到最佳组合。

二、商业银行资产管理理论与管理方法

（一）资产管理理论

在商业银行产生以后相当长的一段时期内，由于其资金来源

渠道比较固定和狭窄,主要是吸收活期存款,所以,商业银行管理的重点主要放在资产方面,通过不断调整资产结构,来实现银行的经营方针,由此形成了资产管理理论。由于经济环境的变化和银行经营业务的发展,资产管理理论经历了以下三个不同发展阶段:

1. 商业贷款理论

商业贷款理论是最早的资产管理理论,产生于 18 世纪的英国,盛行于 20 世纪 60 年代。该理论认为,银行应根据资金来源的流转速度来决定资产的分配,银行资产与负债必须保持期限对称关系。由于商业银行主要是经营活期存款业务,因而其资产业务应集中于发放短期的、自偿性贷款,即基于商业行为而能自动清偿贷款。因为这类贷款能随着商品周转、产销过程的完成,从销售收入中得到偿还,从而保证银行资金的流动性。同时该理论还认为,自偿性贷款会随着贸易额的增减变化而自动收缩,因而对货币和信用量也有自动调节的作用。

商业贷款理论适应了商品交易对银行信用的需要,在自由竞争资本主义时期,对保证银行资金的安全性和流动性,促进金融业稳健发展,也起了积极的作用。但是,由于该理论产生于银行发展初期,也存在一定缺陷:

首先,该理论没有考虑贷款要求的多样化。随着经济的发展,企业对借入长期资金的要求越来越大,社会公众接受了举债消费的观念,消费贷款的需求不断增加。如果商业银行固守这一理论,不仅不能满足社会需求,而且也使银行自身的发展受到限制。

其次,该理论忽视了银行存款的相对稳定性。尽管活期存款随存随取,但一般总会保持一个较稳定的余额,利用这一稳定的余额发放一部分长期贷款,不会影响银行资产的流动性。

第三,该理论没有考虑到贷款清偿的外部条件。贷款清偿能力的关键在于企业生产的正常周转,在经济不景气时期,即使是短期贷款,也会因企业产品卖不出去而无法收回,使银行资金的流动性受到影响。

2. 转换理论

转换理论产生于 20 世纪初。该理论认为,银行资产流动性的高低,是由资产的可转让程度决定的。银行要保持资产的流动性,可以持有那些易于在市场上随时变现的资产,特别是那些信誉高、期限短、流动性强、易于出售的短期债券,如国库券等。

转换理论为银行提供了保持资金流动性的新方法,为商业银行拓展资产业务提供理论依据。根据这一理论,商业银行除了经营短期性放款业务之外,还可以从事有价证券的买卖,这样,既不影响银行资金的流动性,又可以获得更大的收益。正因为如此,转换理论得到广泛的推行。但是,可转换性理论也存在明显的不足,当市场不景气,证券价格下跌,人们纷纷抛售有价证券时,银行持有的有价证券将难以转手而使流动性受到影响,或由于价格下跌而遭受损失。

3. 预期收入理论

预期收入理论产生于 20 世纪 40 年代末。该理论认为,贷款最终能否按期偿还主要取决于借款人的还款能力,只要借款人的预期收入有保证,无论借款期限长短,都不会影响银行资产的流动性。也就是说,贷款的流动性和安全性取决于借款人的预期收入。如果一项贷款的借款人的预期收入有保证,即使期限较长,银行也可以接受;反之,如果预期收入不可靠,即使期限较短,银行也不应发放。该理论还认为,如果采取分期收贷的方式发放长期贷款,只要借款人将来收入有保证,也不会影响银行资金的安全性和流动性。

预期收入理论提出清偿贷款来源于借款人的预期收入的观点,深化了对贷款清偿的认识,这是银行信贷经营理论的一大进步。同时,它为银行进一步开拓新的业务领域提供理论依据。根据这一理论,商业银行不仅可以发放短期商业性贷款,而且可以发放长期设备贷款、住房抵押贷款和个人消费贷款等，从而促进商业银行贷款形式多样化。它的不足之处在于，银行将资产经营建立在对借款人未来收入的预测上，而在未来一段时期内借款人的经营环境可能发生变化，其预期收入难以把握，所以也难以保证银行资产的流动性、安全性。

（二）资产管理的一般方法

1. 资金汇集法

资金汇集法是 20 世纪 30～40 年代西方商业银行资金管理中普遍运用的一种传统的资产管理方法。其主要做法是：把存款和各种来源的资金汇集起来，然后再将这些资金在各种资产之间按优先权进行分配。这种方法要求银行首先确定资产流动性和盈利性需要的比例，然后把资金分配到最能满足这些需要的资产上。

资金分配的次序如图 5-1 所示。

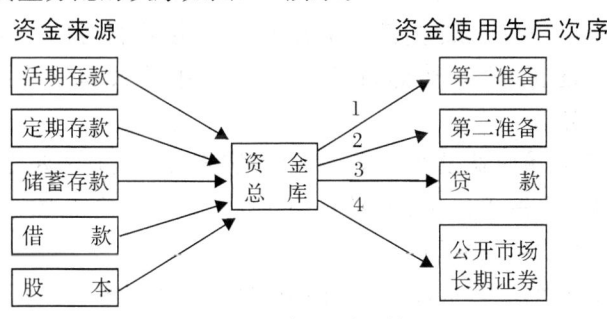

图 5-1　资金汇集法简图

首先，建立第一准备。第一准备是指商业银行的库存现金和缴存中央银行的法定存款准备金以及存放在其他存款机构的存款，主要用于满足法定存款准备标准、应付客户提款和支票清算等其他日常即付的可预期的流动性需求。从银行经营的角度来看，它们构成了保障安全的第一道防线。因为第一准备属于现金资产，具有十足的流动性。适度的现金资产在银行经营管理上占有极重要的地位。但是,现金资产通常是无收益的,如果比重过高,则形成资金闲置,使银行收益降低。

其次,建立第二准备。第二准备是指将一部分资金投向短期的流动性较强的资产,如短期政府债券、银行承兑票据和通知放款等,用来满足短期但不是即付的流动性需求,主要功能是补充第一准备的不足。短期政府债券、银行承兑票据和通知放款的流动性和安全性虽不及现金资产,但仍很高。如国库券具有活跃的二级市场,可以随时变现;通知放款也称活期放款,银行可随时收回贷款。所以,当银行一级准备不足时,这些资产可以随时变现,作为一级准备的补充,为银行安全经营提供第二道防线。二级准备是有收益的资产,但其收益率比较低。

第三,贷款。贷款在资金分配中享有第三优先权。对银行来说,贷款是银行总资产中最重要的部分,也是主要的盈利资产,只要建立了充足的一级和二级准备,对于一切合法的贷款申请,在资金力量范围之内都应予解决,这于银行自身的利益和社会义务都是应当的。当然,银行业务活动中的大部分风险也来自贷款业务。

第四,谋求收益投资。银行在满足客户合理贷款需要之后,剩余的资金就可用于公开市场的长期证券上,一方面取得收益,另一方面可以补充二级准备。

有些学者认为,资金汇集法过分强调流动性,忽视了不同资金来源具有不同的流动性需求,因而影响了银行资金的充分运用,减少了银行的盈利。

2. 资金分配法

资金分配法是 20 世纪 50 年代在商业银行资金管理中被广泛运用的方法。资金分配法的主要特点是根据不同资金来源的流动来决定资产分配的方向和比例。具体做法是:在银行资产与债务的各个项目之间根据不同的流动性建立对应关系。如图

5-2 所示。

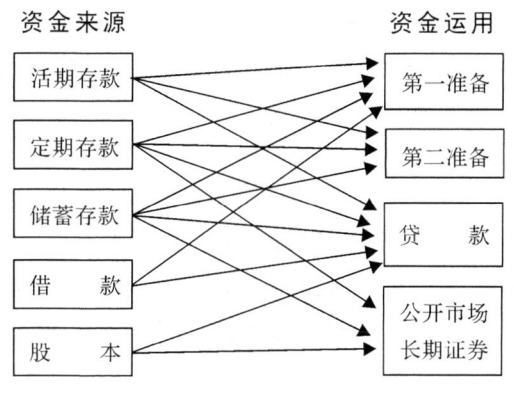

图 5-2 资金分配法简图

具体来说,具有较高周转速度的存款应主要分配到短期的、流动性高的资产项目上;反之,具有较低的周转速度的存款则应主要分配到相对长期、收益高的资产项目上。如活期存款流动性比较高,法定准备要求也比较高,因此,应将其大部分用于第一准备即现金资产,小部分作为第二准备,其长期稳定的余额可用于发放贷款。定期存款和储蓄存款流动性较活期存款低,法定准备要求也比较低,可以较小部分用作第一准备和第二准备,大部分用于贷款和证券投资。借入款根据偿还期限,可用于补充一级准备之不足和满足增加的贷款需求。股本一般不会被提走,也无需缴存准备金,应将其主要用于长期贷款、证券投资和购置固定资产上。

资金分配法可以说是对资金汇集法的发展,根据不同资金来源配置资产,这样既保证银行流动性的需要,又能将更多稳定的资金投放于盈利资产中,提高资金的使用效率,从而增加银行的收益。但是,该方法以周转速度作为判断资金易变性的标准,难以区分特定存款的周转速度与该存款最低存款余额之间的关系。例如,从实际经营角度看,活期存款会形成一部分稳定的资金,即最低不动余额,而这部分资金可以谨慎地用于长期的、高收益的证券。资金汇集法和资金分配法共同的特点是,承认现有的负债结构和水平,并通过调整资产负债表中的资产方项目来实现银行流动性、安全性、盈利性的经营原则。

三、商业银行负债管理理论

负债管理理论产生于 20 世纪 60 年代初。具体说,起源于 50 年代美国联邦基金市场,于 60 年代初美国花旗银行大额可转让定期存单(CD_S)的发行和流通转让市场的创立而开始盛行。20 世纪 60 年代以前,商业银行的资金来源除了自有资本外,主要是吸收存款,银行无法主动安排负债。从 60 年代开始,金融市场利率节节高升,存款者发现直接购买国库券、商业票据或债券等能获得更高的收益,于是纷纷提款直接购买带有各种市场利率的有价证券,从而使得存款机构的存款大量流失,信用收缩,盈利减少。面对现实,为了增强自身的实力,各国商业银行纷纷采用负债管理的方式来扩大资金来源,保持资金的流动性。

上述资产管理理论着眼于银行如何通过调整资产结构来维持较高的流动性,而负债管理理论则认为,银行资产的流动性不仅可以通过加强资产管理获得,而且也可以由负债管理提供。银行可以通过在货币市场上融资来满足增长的贷款需求和其他流动性需求。

负债管理理论是对传统的资产管理理论的重大突破,它将流动性管理的重点由资产业务转到负债业务上,标志着银行在流动性管理上更富有进取性,为扩大银行资金来源,从而扩大资产规模提供新方法。但是,负债管理提高了银行负债成本。因为通过借款方式来筹集资金,其成本要高于吸收存款。而且由于成本提高,商业银行为了实现其利润目标,必然将资产业务的重点放在收益较高的贷款和投资上,而高收益的贷款和投资往往伴随着更高的信用风险和流动性风险。

四、资产负债综合管理理论与管理方法

(一)资产负债综合管理理论

资产负债综合管理理论产生于 20 世纪 70 年代中期。在 60 年代,商业银行普遍采用负债管理方法,依靠负债来支持资产规模的扩大,保证资产的流动性。随着时间的推移,特别是 70 年代后期,由于市场利率大幅度上涨,负债管理在提高负债成本和增加银行风险等方面的缺陷越来越明显,于是,一种将资产管理理论和负债管理理论进行综合,从整体上考虑银行经营管理的理论,即资产负债综合管理理论应运而生。该理论认为,银行应根据经营环境的变化,运用现代技术方法对资产和负债进行分析,进行全面的综合管理,使两方面保持协调,不可偏重一方,从而在保证银行资产流动性和安全性的前提下,实现利润最大化。

资产管理与负债管理,尽管着力点不同,但动机相同,都是为了保持适度的流动性。在对待流动性、安全性和盈利性上,是以流动性为主,盈利性从属于流动性。

商业银行的经营原则是保持三性的协调。这就要求把流动性、安全性和盈利性放在同等层面上去考虑,而单独的资产、负债管理无法解决这一矛盾,因此,就必须把资产管理和负债管理总合应用。由此看出,资产负债综合管理理论是对过去 30 年商业银行管理各种方法的总结和综合运用。

(二)资产负债综合管理的一般方法

资产负债管理的核心变量是净利差,即利息收入和利息支出之差额。净利差是商业银行利润的主要来源,它受资金额、利率和两者混合的影响,但其中利率是关键,对银行净利差的影响最大。因此只有控制利率敏感性资产(或称可变利率资产)与利率敏感性负债(或称可变利率负债),才能控制住银行净利差。西方商业银行创造了许多控制利率敏感性管理的方法,其中最主要的是"资金缺口管理"方法。

所谓资金缺口是指利率敏感性资产与利率敏感性负债之间的差额。它有如下三种可能的情况：

(1) 零缺口，即利率敏感性资产等于利率敏感性负债；

(2) 负缺口，即利率敏感性资产小于利率敏感性负债；

(3) 正缺口，即利率敏感性资产大于利率敏感性负债。

缺口管理的运用，使商业银行根据对市场利率趋势的预测，及时发现并改正在固定利率和可变利率的资产和负债之间的任何不平衡，并适时地对两者进行调节，以保持银行盈利，同时降低风险。具体分析如下：

当预测利率将处于上升阶段时，资金管理者应为商业银行构造一个资金正缺口。这样，大部分资产将按较高利率重新定价，而只有较小部分资金来源按高成本定价。如图 5-3 所示。

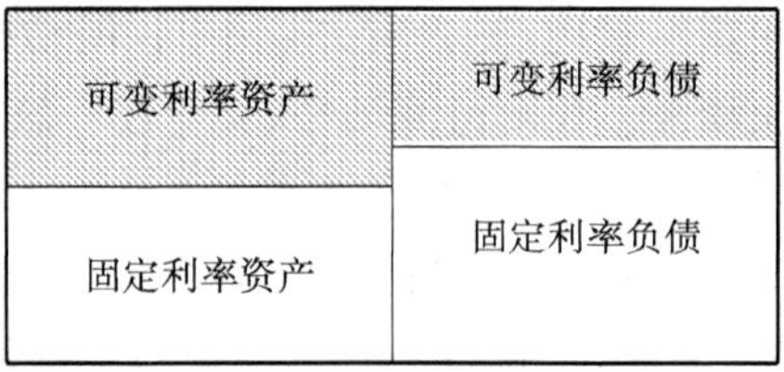

图 5-3　资金缺口管理(正缺口)简图

当预测利率将处于下降阶段时，资金管理者应为银行造成资金负缺口，使更多的资产维持在较高的固定利率水平上，而资金来源中却有更多的部分利用了利率不断下降的好处。如图 5-4 所示。

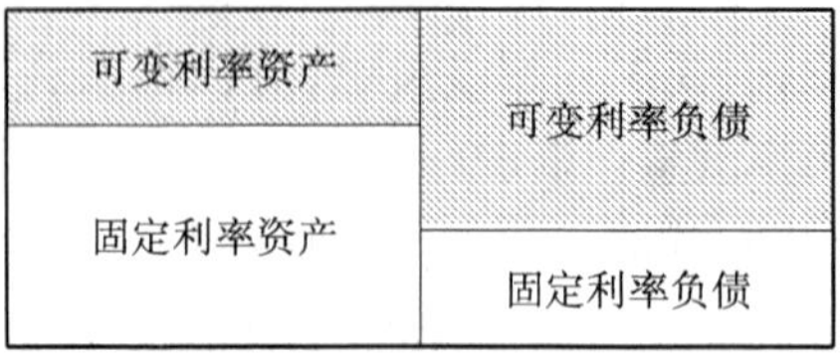

图 5-4　资金缺口管理(负缺口)简图

资金缺口管理对商业银行降低成本、增加利润的效果是明显的,但银行在运用该方法时应注意以下两点:一是必须对缺口绝对大小进行控制,使其随着利率变化而扩张或收缩;二是重视利率预测的准确性。银行是按利率预测的结果进行资金的缺口管理,一旦利率的预测失败,将会给商业银行带来极大的风险。

复习思考题

1. 商业银行有哪些特性? 它的主要职能有哪些?

2. 商业银行的资金来源由哪几部分构成? 其中,支票存款和非交易存款在成本和流动性方面对银行经营有何不同影响?

3. 商业银行的资产可分为哪几类? 现金是收益率最低的资产,那么,现金资产占总资产的比例是不是越少越好? 为什么?

4. 为什么说商业银行通过证券投资既可以满足流动性需求,又能增加收益、分散风险?

5. "三性"原则的内容是什么? 如何实现"三性"管理的要求?

6. 西方商业银行资产负债管理经历了哪几个阶段?

第六章　中央银行与金融监管

中央银行是现代金融体系的核心,是统领一国金融体系、控制全国货币供给、执行货币政策、实施金融监管的最高金融机构。因此,无论一国经济采取何种模式或形态,无论一国的货币制度发展到何种程度或阶段,都已普遍建立了中央银行。本章专门论述中央银行的性质、职能和地位,以及中央银行对银行业的监管。

第一节　中央银行概述

一、中央银行的产生和发展

(一)中央银行产生的客观经济基础

中央银行是在商业银行的基础上,经过长期发展逐步形成的。中央银行的形成有其客观的经济基础。在18～19世纪,随着资本主义经济的发展,各国都先后设立了银行。银行数量的增加,虽然扩大了商品生产和商品流通,促进了资本主义的经济繁荣,但也带来了一系列问题。

1. 银行券的发行问题

在银行业发展初期,没有专门发行银行券的银行,许多商业银行除了办理存、放款和汇兑业务以外,都有权发行银行券。但许多小银行资金实力薄弱,发行的银行券往往不能兑现,造成了货币流通的混乱;同时,小银行的经营范围有限,其发行的银行券只能在狭小的范围内流通,给生产和流通造成很多困难。因此,客观上要求在全国范围内由享有较高信誉的大银行来集中发行货币,以克服分散发行造成的混乱局面。

2. 票据交换和清算问题

随着银行的发展，银行业务不断扩大，银行每天收受票据的数量也逐渐增多，各个银行之间的债权债务关系复杂化了，由各个银行自行轧差进行当日结清已发生困难。这样，不仅异地结算矛盾很大，即便是同城结算也有问题。这就在客观上要求建立一个全国统一而且有权威、公正的清算中心为之服务。

3. 最后贷款人问题

随着资本主义的发展和流通的扩大，对贷款的要求不仅数量增多，而且期限延长。商业银行如果仅用自己吸收的存款来提供放款，就远远不能满足社会经济发展的需要，如将吸收的存款过多地提供贷款，又会削弱银行的清偿能力，使银行发生挤兑和破产的可能。于是就有必要适当集中各家商业银行的一部分现金准备，在有的商业银行发生支付困难时，给予必要的支持。这在客观上要求有一个银行的最后贷款者，能够在商业银行发生困难时，给予贷款支持。

4. 金融监管问题

商业银行是以盈利为目的的金融企业，它经营的是特殊的货币资金，与社会上千家万户有着密切的关系，如果商业银行在竞争中破产、倒闭就会引起社会经济的动荡。因此，客观上需要有一个代表政府意志的专门机构从事对金融业的监督和管理，以保证金融业的健康发展。

中央银行正是为解决上述几个方面的客观要求而产生的，但上述几个方面的客观要求并非同时提出的，中央银行的形成也有一个发展过程。

（二）中央银行的发展历程

历史上，中央银行制度由产生、发展到基本完善，经历了三个阶段：中央银行制度的初创时期（17～19 世纪）、中央银行制度的普遍推行时期(19 世纪末至 20 世纪中叶,即第二次世界大战后)、现代中央银行制度的形成时期(20 世纪中叶以后)。综观世界各国中央银行的形成基本上循着两条道路:一是由商业银行逐步演变而成的传统功能型的中央银行,英国的英格兰银行就是一个典型的例子;二是成立之时就履行中央银行职责,20 世纪以后建立的中央银行多是这种形式。

1. 初创阶段

17 世纪到 19 世纪 70 年代是世界中央银行制度的初创时期。在这一时期,资本主义生产力迅速发展,商业银行制度逐步形成,从而为中央银行制度的产生提供了必要的前提。一方面,由于银行券分散发行,货币流通紊乱,银行破产和信用纠葛,迫使政府客观上必须对银行业及其金融活动进行有效的监督管理;另一方面,经济活动中已经出现一些大银行,它们拥有大量资本并在广泛的范围内享有较高的信誉,在一定程度上垄断着全国的货币发行,控制着中小银行。因此,一旦政府意识到必须对银行业及其金融活动家施监控而谋求一个代理人时,就会出面使这些大银行的特殊地位和作用合法化。这样,中央银行制度便应运而生了。

最早设立的中央银行是 1656 年的瑞典银行,它原是由私人创办的欧洲第一家发行银行券的银行,1668 年由政府出面改组为国家银行,1897 年瑞典政府通过法案,将货币发行权集中于瑞典银行,此时瑞典银行才成为真正的中央银行。而比瑞典银行晚 38 年的英格兰银行,却被人们公认为近代中央银行的鼻祖,是世界上第一家中央银行。1694 年,当时适逢英法战争,政府开支日增,遂由国会通过法案授予英格兰银行两项特权:一是该行给政府贷款以支持战争经费,政府存款在该行;二是作为交换条件,政府允许英格兰银行发行纸币。以后,英国政府通过法令,取消其他银行的发行权,规定英格兰银行发行的银行券为全国唯一的法偿货币。英格兰银行实际上垄断了货币的发行权。随着英格兰银行发行权的扩大,作为特殊银行的地位更加巩固,许多私营银行也乐于把自己的现金准备一部分存入英格兰银行,作为交换、清偿之用途。这样,英格兰银行就逐步成为全国银行业的现金保管和清算中心,并承担"最后贷款者"的义务。至此,英格兰银行实际上已从商业银行中分离出来,成为掌管货币发行、管理金融业和为政府服务的银行了。到 19 世纪后期,英格兰银行已成为中央银行的典范,世界各国纷纷效仿,先后建立中央银行,如荷兰、比利时、奥地利、挪威、丹麦、西班牙、俄国、德国、日本等。

美国的中央银行成立稍晚,直至 1907 年发生金融危机后,美国政府才意识到中央银行的重要性,遂于 1913 年通过"联邦储备法案",确立了中央银行制度。

2. 成长阶段

中央银行发展的第二阶段是从第一次世界大战到第二次世界大战结束,这是中央银行的成长时期。第一次世界大战以后,主要资本主义国家先后放弃了金本位制。由于金融恐慌,货币制度混乱,各国面临着重建货币制度的问题。这时,大多数国家开始意识到建立中央银行对稳定金融、活跃经济的重要性。特别是 1920 年的布鲁塞尔国际经济会议决定,凡是还未成立中央银行的国家,应尽快成立中央银行。已经成立中央银行的国家,要进一步发挥中央银行的作用,强化中央银行的职责和地位。此后,除少数国家外,几乎世界各国都先后组建了中央银行。

3. 成熟阶段

从第二次世界大战以后至今,是中央银行发展的第三阶段,也是各国对中央银行进一步加强控制的时期。这一时期随着国家对经济干预的加强,也加强了对中央银行的控制。中央银行和国家职能进一步结合,成为国家调控和管理经济的重要组成部分。首先,表现在中央银行的组织结构上的国有化,如法兰西银行于 1945 年、英格兰银行于 1946 年被国家收归国有,有些国家的中央银行虽然在股权上仍保留部分私股,但大部分股权则保持在国家手里,中央银行的国有性质并未受到影响。其次,表现在中央银行职责上的法律化,许多国家纷纷制定新的银行法规,明确中央银行调控宏观经济的任务。例如,日本于 1942 年制定的新银行法,规定日本银行的职责是:以谋求发挥全国的经济力量,适应国家的经济政策,调节货币,调整金融及保持并扶持信用制度为目的。德国中央银行则明确宣称其目的是为了"保卫马克"。美国的充分就业法规定联邦储备银行的职责是,促进经济增长、充分就业、稳定货币和平衡国际收支。

这些组织措施和法律规定为中央银行保持相对的独立性,实施对金融的宏观调控提供了保障,同时也标志着中央银行制度的完善。

我国最早具有中央银行性质的银行可以追溯到清朝的户部银行,后改名为大清银行。国民党政府时期设置的中央银行由政府经营,并授予钞票发行、银币铸造、经理国库、募集公债四项特权。

1949 年建国以来,我国长期采取"大一统"的银行体制。中国人民银行担负着中央银行和一般商业银行的双重职能和业务。这种银行制度,在解放初期财政经济困难、通货膨胀严重的历史条件下是必要的,也和高度集中的计划经济管理体制相适应。但随着商品经济的发展,这种状况与日益深化的经济金融体制改革和建立市场经济体制的要求不相适应。鉴于此,1983 年 9 月,国务院决定中国人民银行专门行使中央银行职能,集中力量进行金融宏观调控与管理,研究和制定金融方针政策。中国人民银行原来承办的信贷和储蓄业务交由商业银行办理。至此,我国建立了中央银行与商业银行并存的二级银行体制。

二、中央银行的性质

中央银行的性质是由它在国民经济中所处的地位决定的,并随着中央银行制度的发展而不断变化。现代中央银行已成为代表国家管理金融的特殊机关,处于一国金融业的领导地位。因此,现代中央银行有区别于其他金融机构的独特性质。

1. 不以盈利为目的

中央银行虽然也从事货币信用业务,但其经营目的不是为了盈利,而是为了维护国家货币与金融制度稳定,如防止通货膨胀和金融危机、保障充分就业、促进经济增长、平衡国际收支等。

2. 不经营普通银行业务

中央银行在原则上不经营一般商业银行业务,因为中央银行在一国金融体系中处于特殊地位,享有许多特权,而且还承担着控制全国货币信用,对商业银行实施监管的职责。所以,不对社会上的企业、单位和个人办理存贷、结算业务,只与政府或商业银行等金融机构发生资金往来。

3. 资产应具有最大的清偿性

中央银行的资产业务主要是再贷款和再贴现以及政府债券。中央银行开展资产业务的目的:一是向商业银行提供短期周转资金,弥补其流动性不足;二是调节市场货币数量,稳定币值,促进经济发展。这些目标决定了中央银行不能将其资金占用在投资期限长、风险大的资产上,而必须保持资产的流动性和安全性。

4. 中央银行处于特殊地位

中央银行的特殊地位是指其在执行业务时,应不受行政和其他部门干预。在市场经济条件下,货币供应量的变动及信用成本的高低,对经济活动会产生重大的影响。而中央银行又正处于货币供应和信用创造的控制地位,所以中央银行只有处于特殊地位,才可能使货币政策不受政府财政收支状况的干扰,才可能避免周期性的通货膨胀,从而最大限度地促进经济稳定。

三、中央银行的职能

中央银行作为一国实行货币政策和监督管理金融业的特殊金融机构,其职能可概括为:

1. 中央银行是发行的银行

目前,除个别国家或地区外,世界各国的中央银行都被法律授予垄断货币发行的特权,成为全国唯一的货币发行机构。中央银行对货币发行权的独占,有两方面的作用:一是可以避免因货币分散发行造成货币制度的紊乱;二是有利于调节和控制货币流通,保持货币的稳定。

2. 中央银行是银行的银行

中央银行一般只与商业银行和其他金融机构发生业务往来,并不与工商企业及个人发生直接的信用关系,所以是银行的银行。具体表现在:

(1)中央银行是商业银行的现金准备中心。为了防止发生信用危机,保持经济和金融稳定,各国都以法律形式规定商业银行必须向中央银行缴存存款准备金。中央银行统一保管商业银行的存款准备金有两方面的作用:一是可以提高商业银行的清偿能力,以备客户提现,从而增强商业银行的信誉;二是中央银行可以发挥这部分资金的基础货币作用,成为调控货币供应量的重要手段。

(2)中央银行是全国清算中心。各商业银行因业务关系,每天都发生大量资金往来,必须及时清算。通过在中央银行开立的活期账户进行转账和划拨,可以迅速、方便地完成清算。这样,中央银行就成为全国的清算中心。

(3)中央银行充当最后贷款者。商业银行一方面向中央银行上缴存款准备金,形成中央银行的主要资金来源;另一方面当资金短缺时可向中央银行借款。中央银行凭着自己是发行银行的雄厚实力而成为商业银行的最后贷款者。

3. 中央银行是政府的银行

政府的银行是指中央银行代表国家贯彻执行财政金融政策,代办管理国家财政收支以及为政府提供各种金融服务。

（1）代理国库。中央银行收受国库存款，代理国库，办理政府的各种收付和清算业务，因而成为国家财政的总金库。

（2）代理政府债券的发行。政府为了筹措资金经常需要发行债券，中央银行通常代理国家发行债券以及债券到期时的还本付息事宜。

（3）为国家筹集资金。一是直接给国家财政以贷款或透支；二是购买政府公债。《中国人民银行法》第二十八条规定，中国人民银行不得对政府财政透支，不得直接认购、包销国债和其他政府债券。

（4）代表政府参加国际金融组织和国际金融活动，处理有关的国际金融事务。

（5）代理政府进行黄金与外汇交易，并管理国家的黄金外汇储备。

（6）货币政策的制定者和执行者。中央银行独立地制定和执行货币政策，指导、管理、检查、监督各金融机构和金融市场活动，为国家经济发展的长远目标服务。

第二节 中央银行制度

一、中央银行的组织形式

就各国的中央银行制度来看，大致可归纳为四种类型：单一中央银行制度、复合中央银行制度、准中央银行制度和跨国中央银行制度。

（一）单一中央银行制度

单一中央银行制度，即国内只建立一家统一的中央银行，国家授权其全面履行中央银行职责。这种基本类型下又有两种情况：一种是机构设置采取总分行制，在总行下根据管理和运行效率的要求设立若干层次的分支机构，目前包括中国在内的大部分国家都实行这种体制;另一种是在国内建立相对独立的中央和地方两级中央银行机构,中央和地方两级机构在执行货币政策方面是配合一致的,在具体开展业务方面,地方级机构比总分行制下的分支机构享有更大的权力,具有较强的独立性。实行这种体制的国家一般为联邦制国家,如美国和德国等。

（二）复合中央银行制度

复合中央银行制度,即不设专门行使中央银行职能的银行,而是由一家经营一般银行业务的大银行兼任中央银行职责,这种银行同时具有商业银行和中央银行双重特征。这种体制一般存在于中央银行发展初期和一些实行计划经济体制的国家。变革前的苏联和东欧国家以及1984年以前的中国,都曾实行这种体制。

（三）准中央银行制度

准中央银行制度,即不设全面行使中央银行职能的机构,而是由政府授权专门机构行使对金融业的监督和管理职能,如金融管理局和货币局等,但这种专门机构只执行部分中央银行职能,中央银行的另一些职能如货币发行、准备金保管、调节货币流通等,则由政府授权大商业银行行使。实行这种体制的是一些经济开放度较高的小国或地区,如:新加坡和中国的香港特别行政区等。香港特别行政区的政府金融监管机构是香港金融管理局,而港币的发行机构是汇丰银行、渣打银行和中国银行。

（四）跨国中央银行制度

跨国中央银行制度,即由多个国家联合组织一家中央银行,在成员国范围内发行共同货币,制定和执行统一的货币政策,办理成员国商定和授权的金融事项。它是参加货币联盟的所有国家共同的中央银行,而不是某个国家的中央银行。一些发达国家为了联合起来争取在世界经济格局中的有利地位,正在以经济一体化走向货币一体化,如欧盟中央银行,它们发行共同的货币——欧元,执行统一的货币政策和外汇政策,监督各国金融制度。还有一些不发达的发展中国家,在地域上相邻,在贸易方面与某一发达国家有紧密联系,希望本国货币能与该发达国家的货币保持规定平价,制止通货膨胀,促进经济发展。如西非货币联盟、中非货币联盟、东加勒比海通货管理局等。

二、中央银行的隶属体制

中央银行的隶属制度可以分为以下三种情况:

1. 中央银行隶属于财政部

这种中央银行的独立性较差,如意大利中央银行直接受财政部的监督和控制,财政部有权派人列席中央银行的董事会议。董事会的决议,财政部有权暂缓执行。

2. 中央银行名义上隶属于财政部

这种情况下,中央银行实际上具有较高的独立性,如英格兰银行,它虽收归国有,但不同于一般国有企业,也不是一个独立的政府部门。根据英格兰银行法的规定,财政部有权向英格兰银行发布命令,但历史上财政部从未向英格兰银行发布过命令。日本银行虽隶属于大藏省,但在金融政策的决定上仍有相当大的独立性,这主要表现在日本银行政策委员会是一个独立性很强的决策机构,在该委员会的会议上,代表政府部门的委员没有表决权。

3. 中央银行隶属于国会

如德国联邦银行有权独立制定与执行货币政策。财政部可以派人参加中央银行委员会,但没有表决权。财政部如对中央银行的决议有异议,只有权令其推迟两周执行。美国联邦储备系统也隶属于国会,其独立性很强。主要表现在:

(1) 联邦储备委员会7名理事须经参议院同意才能由总统任命,而且任期长达14年,使金融政策不受政府换届的影响,从而有很好的连续性;

(2) 联邦储备委员会有权独立制定和执行金融政策;

（3）联邦储备系统对财政只有短期的一般支持义务；

（4）联邦储备系统的经费独立，不需财政拨付。

第三节　中央银行的主要业务

一、中央银行的资产负债表

中央银行资产负债表的一般格式如表 6-1 所示。

表 6-1

中央银行资产负债表

资　　产	负　　债
黄金外汇储备	流通中现金
放款	各项存款
各种证券	其他负债
其他资产	资本项目
资产合计	负债合计

（一）负债项目

（1）流通中现金。是指中央银行发行的由社会公众持有的以及各金融机构库存的纸币和辅币，其比重是负债项目中最大的。

（2）各项存款。包括国内商业银行存款、政府部门存款、外国存款等，其中商业银行的存款比重最大。

（3）其他负债。是指以上负债项目中未列入的负债，如邮政储蓄存款等。

（4）资本项目。中央银行的自有资本，一般包括股本、盈余结存以及财政拨款。

（二）资产项目

（1）黄金外汇储备。包括黄金、外汇以及特别提款权等。管理黄金外汇储备是中央银行应负的责任。储备黄金和外汇要占用中央银行的资金,因而构成中央银行资金运用项目的一部分。

(2)放款。在资产项目中,放款所占比重最大。放款既包括中央银对商业银行的再贴现和再贷款,也包括对财政以及国内外其他金融机构的放款,但主要是对商业银行的放款。

(3)各种证券。主要是中央银行持有的政府债券,这些政府债券一部分是中央银行在公开市场上买进的;另一部分是商业银行要求放款时的抵押。除本国政府债券外,此项目还包括企业债券以及外国政府债券。

(4)其他资产。指以上三项未收入的资产,如土地、房屋、设备以及待收款等。其中待收款是指中央银行办理清算业务时形成的应收未收款。

由于各国信用制度和信用方式存在一定的差别,各国中央银行的资产负债表的具体内容和项目也不尽相同。表 6-2 是 2002年 4 月我国货币当局的资产负债表。

表 6-2

中国货币当局资产负债表

2002 年 4 月　　　　　　　　　　　单位:亿元

资　　　产		负　　　债	
国外资产	19 979.97	储备货币	40 530.82
其中:外汇	18 977.74	其中:货币发行	17 133.22
货币黄金	256.00	金融机构存款	16 831.40
其他国外资产	746.23	存款货币银行	16 536.71
对政府债权	2 657.70	其他金融机构	294.69
其中:中央政府	2 657.70	非金融机构存款	6 566.20
对存款货币银行债权	9 970.30	发行债券	0.00
对其他金融机构债权	9 715.68	国外负债	484.23

资　　产		负　　债	
对非金融机构债权	216.98	政储存款	3 841.95
其他资产	4 908.48	其中：中央政府	1 650.78
		自有资金	355.21
		其他负债	2 236.90
总资产	47 449.11	总负债	47 449.11

资料来源：中国人民银行网。

二、中央银行的负债业务

中央银行负债是指中央银行以负债形式所形成的资金来源，负债业务是形成中央银行资产业务的基本业务，主要有货币发行业务、存款业务等。

（一）货币发行

货币发行业务是中央银行最主要的负债业务，这是中央银行与一般商业银行重要区别之一。

流通中纸币都是由中央银行发行的。中央银行的纸币是通过再贴现、贷款、购买证券、收购金银外汇等渠道投入市场，从而形成流通中纸币，以满足经济发展对货币的需要。虽然它是中央银行对社会公众的负债，但对纸币持有者来说，并不认为他拥有对中央银行的债权（因为纸币已不可兑现），而是认为拥有社会财富，持币人不是持纸币到中央银行索偿，而是到市场上换取商品和劳务，因而中央银行的这种负债事实上成为长期的无需清偿的债务，从而成为其对经济进行宏观调节的成本最低的一种资金来源。

1. 货币发行的原则

货币发行构成中央银行最主要的资金来源，又是中央银行独家垄断的，但这绝不意味着中央银行的货币发行是毫无约束、毫无原则的。中央银行货币发行的约束来自对货币政策目标的追求。

稳定物价或通货是中央银行的主要目标,而要实现稳定通货的目标,就必须对货币发行量进行严格的控制。货币发行必须遵循两条基本原则:

(1)货币发行必须要有可靠的信用保证。中央银行发行纸币不能光靠国家信用,而必须建立某种准备金制度。当今各国中央银行发行货币的准备大致有两类:一是现金准备。现金准备包括外汇、黄金等流动性极强的资产。现金准备所发行的货币具有现实的价值基础,有利于货币的稳定,但发行弹性较差。二是证券准备。证券准备包括短期商业票据、国库券、政府公债等。以证券作为货币发行的准备,有利于货币发行具有适应经济运行需要的弹性,但发行货币的稳定性差一些,对中央银行货币发行的管理和调控的要求较高。

(2)货币发行量要有高度的伸缩性和灵活性。中央银行要根据经济情况,不断向市场注入或抽回货币,使市场的货币供应随国民经济情况的变化而伸缩,具有一定的弹性。

以上两条发行原则,前者被称为“消极原则”,后者被称为“积极原则”。

2.货币发行的程序

以人民币现金发行程序为例:人民币的具体发行是由中国人民银行设置的发行基金保管库(简称发行库)来办理的。所谓发行基金是中国人民银行保管的已印好而尚未进入流通的人民币票券。发行库在人民银行总行设总库,不设分库、支库。

各商业银行在对外营业的基层行处设立业务库。业务库保存的人民币,是作为商业银行办理日常收付业务的备用金。为避免业务库过多存放现金,通常由上级银行和同级中国人民银行为业务库核定库存限额。

具体的操作程序是:当商业银行基层行处现金不足以支付时,可到当地中国人民银行在其存款账户余额内提取现金。于是人民币从发行库到商业银行基层行处的业务库,这意味着这部分人民币进入流通领域,称为货币发行。当商业银行基层行处收入的现金超过其业务库库存限额时,超过的部分应送交中国人民银行,这部分人民币进入发行库,意味着退出流通领域,称为货币回笼。

具体过程如图 6-1 所示。

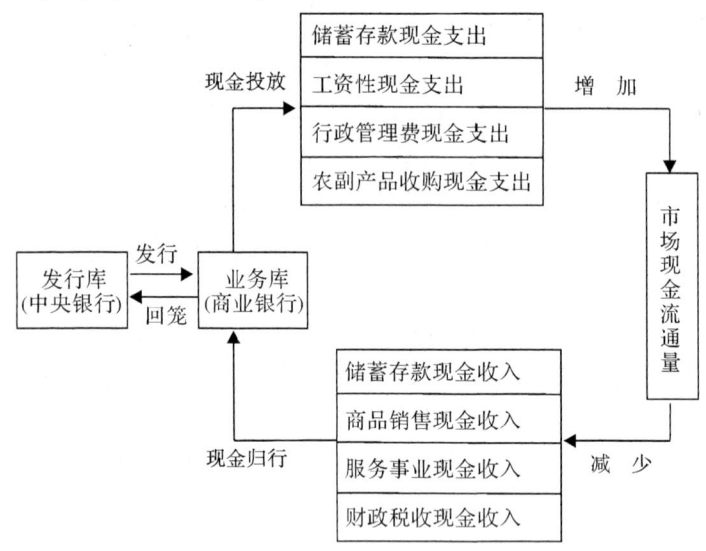

图 6-1　现金发行程序

（二）存款业务

存款业务也是中央银行的主要负债业务之一,仅次于货币发行业务。

1. 商业银行存款

商业银行存款是指商业银行交纳的存款准备金。存款准备金可以分为两部分:一部分是法定准备金;另一部分是超额准备金或自由准备金。

法定准备金由存款总额和法定准备金率决定,流动性较高的存款,法定准备率较高;反之,就较低。当法定准备金不足时,一般都是以商业银行的超额存款准备金或库存现金来补。

超额准备金是相对法定准备金而言的,商业银行在中央银行存款账户上保持的超过法定存款准备的存款,可用于进行票据清算或同业资金往来。

法定准备金和超额准备金都是商业银行在中央银行的存款,所不同的是,法定准备商业银行不能自由运用,而超额准备属于自由准备,商业银行有权动用;中央银行对法定准备金往往不支付利息,对超额准备金却要支付利息。

2. 财政性存款

它包括财政存款和政府、公共部门在中央银行的存款,其数额仅次于商业银行的存款。

由于财政金库大都由中央银行代理,因此财政部在中央银行设有专门账户。当财政部征收税款、国有企业利润以及发行政府债券等,收入款项都记在财政部的存款账户上;当财政部拨付政府各项经费和资金给指定部门时,就直接从财政部的存款账户上划拨到有关单位存款账户。

政府和公共部门的资金是由财政拨付的,所以也属于财政性存款。

3. 外国存款

它指外国中央银行或外国政府的存款。外国中央银行或外国政府持有这些存款构成本国的外汇,随时可用于贸易结算和清算业务。

4. 其他存款

凡是未列入上面三类存款项目的中央银行的存款都归入这个项目,其内容因各国情况不同而差异较大。在美国,主要是非会员银行为使用联邦储备体系的清算而存入的存款,而在我国则表现为邮政储蓄存款、非银行金融机构存款等。

中央银行在吸收存款时必须遵循这样一条原则:尽量不吸收

脱离中央银行控制的存款。因为脱离中央银行控制的存款,其增加或减少有可能与中央银行执行的货币政策相悖,结果导致货币政策效果不良甚至失效。正是根据这条原则,中央银行一般不接受个人和工商企业的存款。

三、中央银行的资产业务

(一)贷款业务

中央银行作为银行的银行、政府的银行,必要时必须对商业银行和政府发放贷款。

1. 对商业银行的贷款

对商业银行的贷款,也称最后贷款,中央银行由此而获得最后贷款人的称呼。中央银行对商业银行的贷款共有三种形式:

(1)信用贷款。这是凭商业银行信用情况而提供的贷款,只有少数信用极佳的商业银行才能得到。

(2)抵押贷款。即再抵押。抵押对象多为政府债券和商业票据。

(3)贴现贷款。即再贴现。这是中央银行最基本、最普遍的贷款形式,再贴现率也因此成为金融市场上一项重要的基准利率。再贴现从形式上看是一种票据买卖,但实际上是一种特殊的贷款。

中央银行对商业银行的贷款有严格的限制,一般只发放短期贷款,只能用于解决临时性的资金周转困难,绝不能用于证券投资和发放长期贷款。商业银行提出贷款申请时,必须报送资金营运或财务情况报告,说明贷款的理由。中央银行审查批准具体的数额、期限和利率,有的还规定用途。

《中国人民银行法》第二十七条规定,中国人民银行对商业银行的贷款期限不得超过1年。

2. 对财政部的贷款

对财政部的贷款可分为两种情况:一是直接贷款,方法与商业银行贷款大体相似;二是透支。

3. 其他贷款

其他贷款主要是中央银行对外国中央银行和国际性金融机构的贷款。

（二）证券业务

中央银行买卖证券是为了调节和控制货币供应量，实现货币政策目标，而不是为了盈利。

在证券市场比较发达的国家，证券买卖业务是中央银行主要的资产业务之一。中央银行买卖证券一般都是通过公开市场进行的。买卖的证券主要有国库券、公债券以及一些信誉很高的商业票据、公司债券等，其中主要的是国库券。

买卖证券一般有以下两种形式：

1. 一次性买卖

当中央银行认为需要增加或压缩商业银行的超额准备金时，就会一次性购买或出售某种证券，直到购足或售足为止。

2. 附有回购协议的买卖

它是在购买时就定下协议，卖者必须在指定的日期按商定价格再购回所卖出的证券；反之，在出售时，中央银行就在指定的时间按商定价格购回那些出售的证券。这种形式一般用于对商业银行的准备金的临时性调节。

为了避免财政依赖中央银行而滥发国债，造成货币发行失控，很多国家都规定中央银行不得在一级市场购买国债。《中国人民银行法》第二十八条明确规定，中国人民银行不得直接认购、包销国债和其他政府债券。

（三）管理、买卖储备业务

集中管理储备资产是中央银行的一项重要职能，这一职能的实现必须通过储备资产买卖业务来进行。中央银行买卖外汇、黄金等储备资产，可以调节国家的国际储备，促进国际收支的平衡，保持汇价与币值的稳定。

中央银行在买卖外汇、黄金储备资产时：一要确定合理的储备数量，国际储备过多是对资源的浪费，过少则有可能丧失国际支付能力。因此，确定合理的持有水平是一个十分重要的问题，一般认为一国外汇储备应相当于3个月的进口额。二要确定合理的储备结构，一般国家都是从安全性、收益性和可兑换性这三个方面来考虑储备资产的构成比例。

四、中央银行的支付清算业务

支付清算业务是中央银行的一项传统业务，是指商业银行每日彼此应收应付的票据，由票据交换所清理并轧差后，其应收、应付的差额通过中央银行汇兑转账结清。由于商业银行把它们的存款准备金都存在中央银行，在中央银行开立存款账户，因此银行间的清算业务能非常及时而且方便地在中央银行的账户上完成。

中央银行的支付清算业务大致有三类：

（1）集中票据交换。一般由中央银行组织票据交换所，各商业银行将本行应付票据参加交换，但形成的差额还是要通过中央银行转账。

（2）集中清算交换的差额。各商业银行之间清算的差额，可以通过在中央银行的账户结算。

（3）组织异地之间资金转移。全国各地区不同的商业银行之间的资金转移，需通过中央银行的电子资金划拨系统办理。

中央银行担负支付清算业务，对加速资金周转，提高银行工作效率，掌握资金运动趋势，进行金融管理和监督都有重要意义。

第四节　金融风险与金融监管

一、金融风险的特性与分类

（一）金融风险的含义

所谓金融风险是指在金融活动中，由于各种随机因素的存在，金融机构、投资者等参加金融活动的各个经济主体的实际收益与预期收益发生背离的不确定性或资产遭受损失的可能性。由于金融活动的核心领域是商业银行和金融市场，所有的金融活动几乎都是围绕着商业银行的业务经营和金融市场的交易活动来展开的，所以，通常说的金融风险实际上主要指的是银行业的风险和金融市场的风险。

（二）金融风险的分类

从银行经营者和金融市场参与者的角度看，金融风险主要有以下几种：

1. 信用风险

信用风险是指债务人不能履行约定的偿还债务的承诺而造成的风险。由于投资失误、市场变化或债务人有意不偿还债务会造成企业、银行或个人的呆财损失。据日本金融监督厅透露，到1998年3月底，日本金融机构的不良债权额达120多万亿日元，约占贷款总交额的15％，其中70％是回收困难或根本收不回来的。正是巨额的不良债权使得日本的银行、证券公司和企业纷纷倒闭，其中不乏北海道拓殖银行、山一证券之类的大银行、大证券公司。

2. 流动性风险

流动性风险是指金融机构因支付能力不足而引发的风险。金融机构特别是银行应保证存款人随时提现。如果银行现金和可变现资产准备不足或者存款人挤兑，则会引发流动性风险。1929年美国股市崩溃，银行投资股票的资金损失惨重，人们为保全存款纷纷到银行提款，银行无法应付，最后只得由新上任的罗斯福总统宣布全国银行放假一周。

3. 利率风险

利率风险是指市场利率变动带来的风险。20世纪80年代拉美债务危机爆发前，拉美国家借了大量浮动利率的美元债务，后来美国为反通货膨胀而实行了高利率政策,拉美国家的还债负担大大增加,使债务危机更加严重。

4. 汇率风险

汇率风险是指外汇汇率变动带来的风险。20 世纪 90 年代初,我国大部分以美元计价偿还的日元外债到期,当时正值日元汇率大幅升值,由签约时的 200 多日元换 1 美元,据升到 90 多日元兑换 1 美元,企业由此遭受巨额损失,偿付了比原始债务高 1 倍以上的债务。

5. 政策风险

政策风险是指国家宏观经济政策不当造成的金融风险。宏观经济政策决策失误或执行不当会造成金融业经营发展的不稳定,甚至引起金融危机。1977 年东南亚爆发金融危机的原因之一就是国家经济政策不当。这些国家为了实现 21 世纪初建成发达工业国的宏伟目标,不顾内部经济结构的失调而片面追求经济的高速增长,为了大量引进外资过早、过快地开放了资本市场,同时又坚持僵硬的固定汇率制度,最后在国内泡沫经济破灭、资本外逃和国际投机商冲击的内外夹攻之下,只好宣布本币与美元脱钩,任凭本币汇率狂泻。一场第二次世界大战以来最严重的金融危机爆发了。

6. 通货膨胀风险

通货膨胀风险是指由于物价大幅上涨引发严重通货膨胀的风险。严重的通货膨胀会破坏国民经济的平稳运行,使经济发展速度放缓、停滞甚至倒退。如 1988 年我国发生严重的通货膨胀,结果引发全国的"抢购风",最后国家不得不进行治理整顿,导致 20 世纪 80 年代末 90 年代初国内市场的普遍疲软,经济发展停滞。

7. 国际收支风险

国际收支风险是指国际收支失衡引发的风险。20 世纪 90 年代初,墨西哥政府为遏制通货膨胀,稳定比索汇率而实行了高利率政策。但由于墨西哥比索定值过高,国际收支状况恶化,经常项目逆差每年约 230 亿美元,占 GDP 的 7％,超过国际公认 5％的警戒线,外国投资者信心不足并开始抽逃资本,最后墨西哥政府不得不在 1994 年 12 月 21 日宣布比索贬值 15％,从而引发了震动全球的墨西哥金融危机。

8. 控制风险

控制风险是指金融结构在经营活动中,由于决策失误、资产负债结构比例安排失当、过度使用金融衍生工具、内部管理失控等各种原因导致损失的可能性。

二、金融监管

(一)金融监管的目的

由一个国家(或地区)的中央银行或其他金融机构依据国家法律的授权对金融业实施监督和管理,简称为金融监管。在现代市场经济体系中,金融是一个竞争最激烈、风险性最高的领域,是整个国民经济的神经中枢。在其他行业的任一风险出现时,都很难产生累及国民经济全局的经济影响,只有金融领域,一旦出现了较大的危机就会给一国的经济发展造成巨大的影响。正由于此,各国政府都非常重视通过中央银行对金融活动实施严厉的监管,而监管的目的只有一个,就是保证金融业的安全、稳定和效率,保护货币所有者的利益。

(二)金融监管的基本原则

由于政治、经济、法律、历史、传统乃至特定时期体制的不同,各国在金融监管的诸多具体方面存在着不少的差异。但有些一般性原则却贯穿在各国金融监管的各个环节与整个过程之中。

1. 依法管理原则

各国金融管理体制各有不同,但在依法管理这点上是共同的。这有两重含义:一方面金融机构必须接受国家金融管理当局的监督管理,要有法来保证,不能有例外;另一方面管理当局实施监管必须依法而行。非如此则难以保持管理的权威性、严肃性、强制性和一贯性,也就不能保证监管的有效性。

2. 合理、适度竞争原则

竞争是市场经济条件下的一条基本规律,是优胜劣汰的一种有效机制。金融管理当局的管理重心应放在创造适度竞争环境上,既要避免造成金融高度垄断,排斥竞争从而丧失效率与活力,又要防止出现过度竞争、破坏性竞争从而波及金融业的安全和稳定,甚至引起经常性的银行业破产倒闭及社会经济生活的剧烈动荡。为此,金融管理的目标应是创造一个公平、高效、适度、有序的竞争环境。

3. 自我约束与外部强制相结合原则

外部强制管理再缜密严格也是相对有限的,如果管理对象不配合、不愿自我约束而是千方百计设法逃避、应付、对抗,那么外部强制监管也难以收到预期效果;相反,如果将希望全部放在金融机构本身自觉自愿的自我约束上,则难以有效避免种种不负责任的冒险经营行为与道德风险的发生。因此,时时要把创造自我约束环境和加强外部强制管理结合起来。

4. 安全稳健与经济效益相结合原则

要求金融机构安全、稳健地经营业务历来都是金融监管的中心目的,为此所设的金融法规和一系列指标体系都是着眼于金融业的安全稳健及风险防范。但金融业的发展毕竟在于满足社会经济发展的需要,追求发展就必须讲求效益。因此,金融监管必须切实把防范风险同促进金融机构效益协调起来。

此外,金融监管还应注意如何顺应变化了的市场环境,对过时的监管内容、方式、手段等及时进行调整。进入 20 世纪 90 年代以来,金融自由化浪潮一浪高过一浪,金融衍生工具风险、金融业间的收购兼并风潮、风险的国际扩散等,已成为金融管理当局高度关注的问题,监管力度的松紧搭配和管理的更加审慎已逐渐上升为基本原则的一个重要延伸部分。

（三）金融监管的内容

金融监管的主要内容包括：

1. 市场准入和退出管理

市场准入管理包括两方面内容：一是对新设金融机构从业资格的规定和审批，如最低注册资本要求、金融服务基础设施、管理者的任职资格等；二是对申请者进入市场程度的规定和审批，即规定业务范围。

市场退出管理是通过制定破产标准，让经营失败的金融机构依法得到清理，退出市场竞争，以保证金融业的正常市场秩序和效率。

2. 价格限制

为了防止金融机构之间出现恶性的价格竞争，许多国家都曾规定过最高存款利率、最低贷款利率和最低手续费率。

3. 资产流动性管理

为防止金融机构资金周转失灵而出现支付危机，各国金融当局都对金融机构的流动性资产占总资产的比例或流动性资产与流动性负债的匹配比例作出规定。

4. 资本充足度管理

自有资本是金融机构信誉的基础，是抵御经营中潜在风险的重要保障，因此，金融当局要求金融机构必须保持充足的资本比率。

5. 行为方式管理

为约束金融机构在追求利润最大化过程中的信贷过度扩展行为，对许多国家的金融机构在追求最大化过程中的信用过度扩展行为，许多国家的金融当局对金融机构的业务活动作出限制性规定。如：规定银行对某一行业或单一客户的贷款规模，限制银行向关联企业、银行董事、经理和职员等发放各种"内部贷款"，要求银行对有问题的贷款提取准备金、对银行涉足证券投资、外汇交易的种类和数量作出限制性规定等。

6.保护性管理

它是指在监管对象即将或已经发生风险的情况下,采取保护性管理措施。保护性管理措施主要包括中央银行最后贷款人制度和存款保险制度。前者是指在商业银行面对存款人和其他债权人集中的支付要求,而自身的短期筹资能力有限,清偿力发生较大困难时,中央银行负责向商业银行提供紧急资金援助,帮助其渡过危机;后者是指建立存款保险公司或存款保险基金,凡参加存款保险体系的投保商业银行,在资金周转出现严重困难时可得到保险基金的资金援助,在银行发生倒闭时,可由保险公司安排或直接接管,以保证存款人的利益受到最大限度的保护。

三、《巴塞尔协议》和《银行业有效监管核心原则》

20世纪80年代以来的金融国际化趋势,使得跨国银行和国际资本的规模及活动日益扩大,呈现纵横交错、无所不及的格局。随之而来,银行业风险的国际扩散威胁着各国的金融稳定。然而,对跨国银行的国际业务,单单依靠母国管理当局的监管实难完全奏效。对此,大力推动金融监管的国际合作,制定国际统一的银行监管标准,加强银行风险管理,成为迫切需要。

1.1988年《巴塞尔协议》

早在1975年,由十国集团国家的中央银行行长建立了"巴塞尔银行监管委员会"。1987年12月国际清算银行召开中央银行行长会议通过"巴塞尔提议"。在"提议"的基础上,于1988年7月由巴塞尔银行监管委员会通过的《巴塞尔协议》,就是国际银行监管方面的代表性文件。其目的在于:

(1)通过制定银行的资本与其资产间的比例,定出计算方法和标准,以加强国际银行体系的健康发展。

(2)制定统一的标准,以消除在国际金融市场上各国银行之间的不平等竞争。

该协议的主要内容有：

第一，关于资本的组成。把银行资本划分为核心资本和附属资本两档：第一档核心资本包括股本和公开准备金，这部分至少占全部资本的50％；第二档附属资本包括未公开的准备金、资产重估准备金、普通准备金或呆账准备金。

第二，关于风险加权的计算。协议订出对资产负债表上各种资产和各项表外科目的风险度量标准，并将资本与加权计算出的风险挂钩，以评估银行资本所应具有的适当规模。

第三，关于标准比率的目标。协议要求银行经过5年过渡期逐步建立和调整所需的资本基础。到1992年底，银行的资本对风险加权化资产的标准比率目标为8％，其中核心资本至少为4％。

这个协议的影响广泛而深远，面世几年来，不仅跨国银行的资本金监管须视协议规定的标准进行，就是各国国内，其货币当局也要求银行要遵循这一准则，甚至以立法形式明确下来。中国即如此，在《商业银行法》中规定商业银行的资本充足率不得低于8％。

2. 1997年《银行业有效监管核心原则》

进入20世纪90年代，特别是90年代中期以来，许多国家银行系统的弱点逐渐暴露出来，银行系统的巨额坏账、银行违规操作造成损失、倒闭乃至连锁的破坏性反应，严重威胁到各国和全世界的金融稳定。严格银行监管，强化各国金融体系成为国际上高度关注的焦点。1997年9月，巴塞尔银行监管委员会正式通过了《有效银行监管的核心原则》，为规范银行监管提出国际统一的准则。

这个原则涉及面广，确定了一个有效监管系统所必备的25项基本原则，共分7大类：

（1）有效银行监管的先决条件；

（2）发照和结构；

（3）审慎法规和要求；

（4）持续性银行监管手段；

（5）信息要求；

（6）正式监管权力；

（7）跨国银行业。

核心原则的主要内容，概括而言有：

——必须具备适当的银行监管法律、法规；监管机构要有明确的责任、目标、自主权等。

——必须明确界定金融机构的业务范围，严格银行审批程序；对银行股权转让、重大收购及投资等，监管者有权审查、拒绝及订立相关标准。

——重申《巴塞尔协议》关于资本充足率的规定；强调监管者应建立起对银行各种风险进行独立评估、监测、管理等一系列政策和程序，并必须要求银行建立起风险防范及全面风险管理体系与程序，以及要求银行规范内部控制等。

——必须建立和完善持续监管手段，监管者有权在银行未能满足审慎要求或当存款人安全受到威胁时采取及时的纠正措施，直至撤销银行执照。

——对跨国银行业的监管，母国监管当局与东道国监管当局必须建立联系，交换信息，密切配合；东道国监管者应确保外国银行按其国内机构所同样遵循的高标准从事当地业务。

巴塞尔委员会认为，达到核心原则的各项要求将是改善一国及国际金融稳定的一个重要步骤。但各国实现这一目标的时间会不尽相同。另外，核心原则只是最低要求，各国需针对其金融体系的具体情况与风险加以强化或补充。

复习思考题

1. 在中央银行制度产生、发展到基本完善的三个阶段中，中央银行的职能有什么区别和联系?

2. 简述中央银行的性质和地位。

3. 为什么中央银行必须在政府中保持相对独立性? 如何强化我国中央银行在政府中的相对独立性?

4. 中央银行有何职能? 试分析中央银行在现代经济中的作用。

5. 试对单一全能机构监督体制和多重机构监督体制进行比较分析。

6. 简述现阶段中国人民银行的金融监管内容。

7. 请设计我国中央银行对银行业实施监督管理的运行模式。

第七章　货币供求与均衡

货币供求理论是当代货币理论的重要内容,也是中央银行决定实行何种货币政策的依据。货币供求的均衡与否与社会总供求的均衡与否密切相关。因此,货币供求及其均衡具有非常重要的理论意义和实践意义。

第一节　货　币　需　求

一、货币需求及影响因素

(一)货币需求的概念

关于货币需求概念可以从不同的角度去考虑,考虑的角度不同,对这个问题答案的表述也自然存在差异。通常经济学家是从货币需求主体和货币对经济的影响这两个角度来考察。

1. 微观货币需求与宏观货币需求

从货币需求主体的角度来看,货币需求可分为微观货币需求与宏观货币需求。

(1)微观货币需求。是指个人、家庭或企业在既定的收入水平、利率水平和其他经济条件下,从自己的利益、动机、持有货币的机会成本来考虑手中持有多少货币最合算或称效用最大。这是研究微观主体的行为及其对货币持有量的影响,有人将其称之为个人货币需求。

(2)宏观货币需求。是指一个国家或地区根据一定时期内经济发展的要求考虑的货币需要量。可见,这是研究宏观主体的行为及其对货币持有量的影响,有人将其称之为社会货币需求。

2. 名义货币需求与实质货币需求

从货币数量变动对经济活动的影响这一角度来看,货币需求分为名义货币需求与实质货币需求。

所谓名义货币需求是指个人、家庭或企业等经济单位或整个国家或地区对名义货币数量的需求,即不考虑价格变动时的货币持有量。

所谓实质货币需求是指对名义货币数量除以物价水平的货币数量的需求,即各经济主体所持有的名义货币量扣除物价因素之后的余额。

由上可见,名义货币需求与实质货币需求主要是从微观主体的角度来研究货币需求。西方货币需求理论主要是从微观上来研究货币需求的动机、影响因素及其与货币需求的关系等问题。

(二) 货币需求的影响因素

1. 收入状况

收入状况是货币需求各个决定因素中最主要的一个因素。它对货币需求的决定作用具体表现在以下两个方面:

(1) 在其他情况一定的条件下,收入水平的高低与货币需求成正比。也就是说,收入水平越高,货币需求越多;反之,收入水平越低,货币需求越少。

(2) 在收入水平一定的条件下,人们取得收入的时间间隔与货币需求也成正比。也就是说,人们取得收入的时间间隔越长,货币需求就越多;反之,人们取得收入的时间间隔越短,则货币需求也就越少。

2. 市场利率

在市场经济中,市场利率也是一种价格,它是人们在一定时期内使用资金的价格。在现代货币经济中,资金的表现形式是货币。所以,资金的供求关系通常表现为货币的供求关系。于是,在正常情况下,市场利率与货币需求成反比。也就是说,市场利率上升,货币需求减少;市场利率下降,则货币需求增加。具体讲,市场利率对货币需求的影响表现在以下两个方面:

（1）市场利率决定人们持有货币的机会成本。市场利率将在一定程度上决定或影响非货币金融资产的收益率,从而决定或影响着人们持有货币的机会成本。市场利率上升,意味着人们持有货币的机会成本(即因持有货币而放弃的收益)增加;市场利率下降,则意味着人们持有货币的机会成本减少。因此,市场利率上升,货币需求将减少;市场利率下降,则货币需求将增加。

（2）市场利率影响人们对未来利率变动的预期。在一般情况下,市场利率与有价证券的价格成反比。市场利率上升,有价证券的价格就下跌;市场利率下降,有价证券的价格就上升。因此,当利率上升时,特别是上升到一定高度时,人们往往预期利率将下降,从而有价证券的价格将上升,于是,他们将减少货币的持有量,相应地增加有价证券的持有量,以期日后取得资本溢价的收入;反之,当利率下降时,特别是下降到一定低度时,人们又通常预期利率将回升,从而有价证券的价格将下跌。由此可见,市场利率的变动将通过影响人们对未来利率变动方向的预期而改变他们的资产持有形式,从而对货币需求产生负的影响。

3. 信用的发达程度

在信用制度健全、信用比较发达的经济中,货币需求量相对较少。这是因为在这样的经济中,相当一部分交易可通过债权、债务的相互抵消来了结和清算,于是,就减少了作为流通手段和支付手段的货币的必要量,人们的货币需求量亦因此而减少。所以,在一般情况下,信用的发达程度与货币的需求成负相关的关系。

4、消费倾向

消费倾向是指消费在收入中所占的比例。与消费倾向相对应的是储蓄倾向。在收入一定时,储蓄倾向与消费倾向互为消长。

消费倾向大,则储蓄倾向小;消费倾向小,则储蓄倾向大。

那么,消费倾向与货币需求有何关系呢？在一般情况下,消费倾向与货币需求成同方向的变动关系,即消费倾向越大,则货币需求就越多;反之,则反是。消费倾向与货币需求之所以有着这样一种同方向的变动关系,是因为在现代货币经济中,人们为了实现消费,必须以货币作为购买手段。所以,在一定时期内,人们计划的消费越多,则他们必须持有的货币也越多。

5. 货币流通速度

所谓"货币流通速度",是指一定量的货币在一定时期内的平均周转次数。对一国经济而言,货币流通速度与整个经济中的货币需求成反比。也就是说,在其他情况不变的条件下,货币流通速度越快,则货币需求就越少;反之,货币流通速度越慢,则货币需求就越多。

6. 社会商品可供量

社会商品可供量就是待实现的商品总量。在现代货币经济中,自给自足的自然经济及直接物物交换的简单商品经济所占的比例极小。因此,就整个经济而言,生产的产品几乎都被作为商品而进入流通领域,而且商品交换都将以货币作为媒介。所以,社会商品可供量越多,则流通中所需要的货币也越多;反之,则反是。

7. 一般物价水平

在金属货币流通的条件下,所有的商品都是带着价格进入流通的。对一国经济而言,在社会商品可供量和货币流通速度一定时,一般物价水平就决定了流通中的货币必要量。一般物价水平越高,流通中所需要的货币量越多;反之,则反是。

8. 人们的预期和偏好

货币需求除了决定于上述各种客观因素之外,还在相当程度上受到人们的主观意志和心理活动的影响,特别是受到人们对未来经济情况的预期以及对各种金融资产的偏好的影响。其中,人们对未来经济情况的预期主要包括对市场利率的预期、对物价水平的预期以及对投资收益率的预期。而人们对各种金融资产的偏好,则主要是指他们对货币和其他非货币金融资产的不同偏好,这种偏好主要取决于人们对货币和其他非货币金融资产优缺点的不同评价。

由于人们的心理活动本身是复杂的,因此,它对货币需求的影响也是复杂的。一般地说,人们的心理活动与货币需求之间存在着以下关系:

(1)预期市场利率上升,则货币需求增加;预期市场利率下降,则货币需求减少。

(2)预期物价水平上升,则货币需求减少;预期物价水平下降,则货币需求增加。

(3)预期投资收益率上升,则货币需求减少;预期投资收益率下降,则货币需求增加。

(4)人们偏好货币,则货币需求增加;人们偏好其他金融资产,则货币需求减少。

在现实经济生活中,除了上述几个比较重要的因素之外,实际上还有许多其他因素决定或影响货币需求。这里不再一一论述。

二、马克思的货币需求理论

在马克思之前,许多经济学家就注意到了货币流通数量的问题,并作了多方面的理论分析。但在当时只有马克思对这个问题的分析无论在理论上还是在表述上均达到了比较完美的境界。

为了分析方便,马克思是以完全的金币流通为假设条件。以这个假设条件为背景,他的论证过程是:(1)商品价格取决于商品的价值和黄金的价值,而价值取决于生产过程,所以商品是带着价格进入流通的;(2)商品价格有多大,就需要有多少金币来实现它,比如值5克金的商品就需要5克金来购买;(3)商品与货币交换后,商品退出流通,黄金却留在流通之中可以使另外的商品得

以出售,从而一定数量的金,流通几次,就可使相应倍数价格的商品出售。因此:

$$执行流通手段职能的货币=\frac{商品价格总额}{同名货币的流通次数}$$

公式表明:

(1)一定时期流通中的货币量取决于价格的水平、进入流通的商品数量和货币的流通速度这三个因素,即货币量与商品价格总额成正比,与货币流通速度成反比。

(2)这个公式从量的方面具体表明了货币流通与商品流通之间的关系,即反映了商品流通决定货币流通这个基本原理,货币是适应商品交换的需求而产生,因商品的交换进入流通,并且流通所需要的货币量取决于待交换商品的价值量。

(3)马克思的分析主要是以金币流通为对象的。在金币流通条件下,经济中存在着一个数量足够大的黄金储藏,流通中需要较多的金币,黄金就从储藏中流出;流通中有一部分金币不需要了,多余的金币退出流通,转化为黄金储藏。也正是由于假设存在有这样一个调节器,所以流通需要多少货币,就有多少货币存在于流通之中。

马克思进而分析了纸币流通条件下货币量与价格之间的关系。他指出,纸币是由金属货币衍化来的。纸币所以能流通,是由于国家的强力支持。同时,纸币本身没有价格,只有流通,才能作为金币的代表。因此,纸币一旦进入流通,就不可能再退出流通。如果说,流通中可以吸收的金量是客观决定的,那么流通中无论有多少纸币也只能代表客观所要求的金量。假设流通中需要 10 万克黄金,如投入面额为 1 克的 10 万张纸币,那么 1 张纸币可以代表 1 克黄金,如投入 20 万张,则每张只能代表半克黄金,从而价格为 1 克金的商品,用纸币表示,就要两张面额为 1 克的纸币,即物价上涨 1 倍。也就是说,纸币流通规律与金币流通规律不同,在金币流通条件下,流通所需要的货币数量是由商品价格总额决定的;而在纸币为唯一流通手段的条件下,商品价格水平会随纸币数量的增减而涨跌。

(4)马克思的货币量公式反映的是人们对货币的交易需求,即人们进行商品与劳务交换时所需要的货币量。

马克思的货币量公式揭示了决定货币需求量的本质,反映了货币需求的基本原理。

三、传统货币数量说的货币需求理论

所谓货币数量说,是指以货币的数量来解释货币的价值或一般物价水平的一种理论。根据这种理论,在其他情况不变的条件下,一个国家物价水平的高低或货币价值的大小,完全决定于这个国家货币数量的多少。也就是说,货币数量的变动必将引起一般物价水平作同方向且等比例的变动。在货币数量理论的发展过程中,最具代表性的是欧文·费雪的现金交易说和阿弗里德·马歇尔的现金余额说。

(一)欧文·费雪的现金交易说

美国经济学家费雪1911年出版的《货币的购买力》一书,是现金交易数量说的代表作。在该书中,费雪提出了著名的"交易方程式"。他假定某一时期内各种商品的平均价格分别为 P_1 , P_2 ,…, P_n ,他们的交易总量分别为 Q_1 , Q_2 ,…, Q_n ,于是可用下式表示该时期内全社会的商品交易总额,即货币支出总量:

$$P_1Q_1 + P_2Q_2 + \cdots + P_nQ_n = PT$$

其中:P 代表所有交易中商品的平均价格即一般物价水平。T 代表全部商品交易量。若以 M 代表同期内流通中货币的平均数量。V 代表这些货币的平均流通速度,则可得如下交易方程式:

$$MV = PT$$

这一方程式表明,物价水平 P 的变动与流通的货币量 M 的变

动、货币的流通速度 V 的变动成正比,而与商品交易量 T 的变动成反比。其中强调的是第一个关系,它构成了所谓的"货币数量说"。

为什么 P 的变动与 M 的变动关系组成了货币交易数量说呢?在费雪看来,交易方程式中的另外两个变数 V 和 T 在长期中都不受 M 变动的影响。V 是由制度因素所决定的,具体地说,它决定于人们的支付习惯、信用的发达程度、运输与通信条件及其他"与流通的货币量没有明显关系"的社会因素。而 T 则取决于资本、劳动力及自然资源的供给状况和生产技术水平等非货币因素。正因为 V 和 T 都是独立于 M 决定的,所以根据交易方程式,"货币量增加所产生的正常影响,就是引起一般物价水平的完全同比例的上升"。值得指出的是,费雪并非强调 V 和 T 为不变的常数,而是强调这两个变数不会因 M 的变动而变动。交易方程式本是一个在任何情况下都能成立的恒等式。这个恒等式只有在一定的假设条件下才能显示出它的理论意义。这一假设条件就是 V 和 T 不受 M 变动的影响。可见,这一假设对于费雪的货币数量说是非常重要的。

(二)剑桥学派创立的现金余额说

现金余额说是马歇尔等剑桥学派创立的。从货币需求理论的角度看,现金余额数量说比现金交易说影响更大,也更重要。

剑桥学派经济学家并不像费雪那样,探究是什么决定整个社会在一定时期内的货币量,而探究是什么决定个人希望持有的货币量。根据现金余额说,人们之所以保持货币,是因为它们能提供某些服务,其中主要是便利交易和预防意外。从这个意义上说,货币使用者持有货币越多,对他就越有利。但是事实上,个人的货币持有额却受到一系列因素的限制和影响。首先,受个人收入和财富的限制;其次,受持有货币的机会成本的影响,也就是受储蓄以外各种资产的收益的影响;再次,货币持有者对未来收入、支出和物价等的预期,也会影响他的货币持有额。总之,剑桥学派经济学家从个人资产选择的角度,分析了决定货币需求的因素。但他们对此并没有做进一步的研究,而是简单的假设货币需求与人们的财富和名义收入保持一定的比率。这一比率取决于持有货币的机会成本和人们对未来事物的预期等因素。他们还假设整个经济的货币供给和需求会自动趋于均衡。于是可得下式:

$$M=KPY$$

这就是剑桥方程式的最一般的形式。式中 M 代表货币存量,也就是所谓现金余额,Y 代表总产量,P 代表一般物价水平,K 代表货币量与国民收入的比率。如上所述,货币供给无论大于或小于货币需求,都会自行得到调整。为了恢复均衡,就要求 K 和 P 发生变动。根据"古典"学派充分就业的假设,Y 在短期内不变。如果 K 也不变,则 P 将与 M 做同方向同比例的变动。可见,由剑桥方程式同样能得出传统数量说的结论。不过,剑桥方程式本身又预示着对上述结论的否定。因为各种资产的收益率和人们的预期等影响 K 的变量,不论在短期内还是在长期中都不是常数,所以 K 不可能固定不变,P 与 M 变动幅度也就不可能完全一致。

凯恩斯和凯恩斯以后的各种货币需求理论,无一不受到现金余额说的巨大影响,也无一不是这一学说的继承者和发展者。具体地说,现金余额说开创了以下四种分析货币需求的方法:第一,从货币对持有者提供效用的角度去分析货币需求;第二,从货币的机会成本的角度去分析货币需求;第三,从货币作为一种资产的角度去分析货币需求;第四,从货币供给与货币需求的相互关系的角度去分析货币需求。迄今,这四种方法仍是西方货币需求分析的最基本的方法。

货币数量说已有数百年的历史,它为什么能在西方经久不衰?最根本的原因在于:物价水平及与此密切相关的通货膨胀是最重要的经济现象之一,而货币数量说则是对这一现象的直观的较易被人们所接受的诠释。传统货币数量说的产生是由于人们对当时经济现象的误解。但 20 世纪 60 年代以后,现代货币数量说的崛起,除了通货膨胀已上升为主要的经济矛盾这一原因外,从货币制度看,则是因为纸币完全代替了基础货币,而成为主要的流通手段;在纸币流通条件下,货币数量说的再次流行不能说没有它的客观必然性。

四、凯恩斯学派的货币需求理论

(一)凯恩斯的货币需求理论

J·M·凯恩斯在早期是剑桥学派的一员,1936 年他的《就业、利息和货币通论》出版,标志着凯恩斯主义的形成。凯恩斯的货币需求理论就是其著名的流动性偏好理论。所谓流动性偏好,是指人们宁可持有没有收益但可灵活周转的货币的心理倾向。因此,流动性偏好实质上就是人们对货币的需求。

凯恩斯对货币需求理论的突出贡献是关于货币需求动机的分析。他认为,人们的货币需求行为是由三种动机决定的,即交易动机、预防动机和投机动机。

凯恩斯同意这样的看法:交易媒介是货币的一个十分重要的功能,并且,用于交易媒介的货币需求量与收入水平存在着稳定的关系。但他又指出,人们所保有的依赖于收入水平的货币需求不仅出于交易动机,而且还出于预防动机。所谓的预防动机是指为了应付可能遇到的意外支出等而持有货币的动机。

投机动机分析是凯恩斯货币需求理论中最有特色的部分。他认为,人们保有货币除去为了交易需要和应付意外支出外,还是为了储存价值或财富。

凯恩斯把用于储存财富的资产分为两类:货币与债券。货币是不能产生利息收入的资产;债券是能产生利息收入的资产。人们持有货币,货币在持有期间不能给其持有者带来收益,即收益为零。人们持有债券,则有两种可能:如果利率趋于上升,债券价格就要下跌;利率趋于下降,债券价格就要上升。在后一种情况发生时,当然持有者有收益,而在前一种情况发生时,假若债券价格下跌幅度很大,使人们在债券价格方面的损失超出了他们从债券获得的利息收入,则收益为负。如果持有债券的收益为负,持有非生利资产就优于持有生利资产,人们就会增大对货币的需求;在相反情况出现时,人们的货币需求自然会减少,而债券的持有量则会增加。这里,关键在于微观主体对现存利率水平的估价。假若人们确信现行利率水平高于正常值,这就意味着他们预期利率水平将会下降,从而债券价格将会上升。在这种情况下,人们必然倾向于多持有债券。如有相反的预期,则会倾向于多持有货币。因此,投机性货币需求同利率存在着负相关关系。

由交易动机和预防动机决定的货币需求取决于收入水平;基于投机动机的货币需求则取决于利率水平。因此,凯恩斯的货币需求函数如下式:

$$M = M_1 + M_2 = L_1(Y) + L_2(r)$$

式中,M_1 为由交易动机和预防动机决定的货币需求,是收入 Y 的函数;M_2 为投机性货币需求,是利率 r 的函数。

式中的 L_1、L_2 是作为"流动性偏好"函数的代号。凯恩斯的"流动性偏好"概念是指人们的货币需求行为。理由是,货币最具有流动性,有货币在手,则机动灵活;放弃货币也就是放弃机动灵活。由这个判断出发,他还提出了著名的"流动性陷阱假说":当一定时期的利率水平降低到不能再低时,人们就会产生利率上升从而债券价格下跌的预期,货币需求弹性就会变得无限大,即无论增加多少货币,都会被人们储存起来。

(二)凯恩斯货币需求理论的发展

20 世纪 50 年代以后,一些基本上属于凯恩斯主义的经济学家,在深入研究凯恩斯的货币理论的基础上,进一步丰富和发展了凯恩斯的货币需求理论,并成为当代西方货币理论的重要组成部分。早在 20 世纪 40 年代末,美国著名经济学家汉森就凯恩斯关于交易性货币需求主要取决于收入的多少,而同利率基本无关的观点提出了质疑。他指出,当利率上升到相当的高度时,货币的交易余额也会具有弹性。1952 年,美国经济学家鲍莫尔发表了《现金的交易需求:存货的理论分析》一文,第一次深入分析了交易性货币需求与利率的关系。以后,托宾也论证了货币的交易需求同样受到利率变动的影响。这就是为西方经济学界广泛接受的鲍莫尔的存货模型和托宾的资产选择理论。

1. 鲍莫尔模型

鲍莫尔模型的主旨是论证交易动机的货币需求也同样受利率的影响,而且同样是利率的递减函数。鲍莫尔将管理科学中最优存货控制理论运用于对货币需求的研究。根据存货理论,企业持有存货,是为了满足各种生产和交易活动的需要。企业的存货既不能过少,也不能过多。存货过少会影响正常的生产和经营,而存货过多又会增加不必要的成本负担,因为企业保有存货需要耗费一定的成本,如仓储费、保管费以及占有资金所需支付的利息等。因此,在不影响正常生产和交易的前提下,企业应力求将存货保持在最低限度,从而使持有存货所耗费的成本降至最低。同样,人们为应付日常交易而持有的现金余额,也可视为一种存货,这现金余额是没有利息收入的,故持有现金余额也意味着承担一定的机会成本,即放弃将现金余额投向有价证券或其他资产所能获得的利息收入。因此,在保证正常的交易需要的前提下,人们所持有的现金余额也应减少到最低限度。

那么,如何才能做到既满足正常的交易需要,又使现金余额的持有量尽可能地减少呢? 鲍莫尔指出:人们收入的获得和收入的使用一般不会同时发生,且可假设支出的发生是逐渐的和平稳的。

因此,人们没有必要把收入中准备用于日常开支的那部分全以现金形式保留在手中,而可以把其中的大部分暂时不用的货币转化为生息资产,以获得利息收益,然后在需要货币时再将生息资产变现为货币。但是,要将生息资产变现为货币,需要一定的手续费,这就构成了一种交易成本。于是,人们就要在利息收益和交易成本两者之间权衡得失而作出决策,一般地说,只要利息收入超过手续费,就有利可图。利率越高,利息超过手续费的机会就越多,从而就可以更多次地把货币变为生息资本,因此,他们平均持有的现金余额也就越少。可见,即使是交易性的货币需求,也同样是利率的递减函数。

2. 托宾的资产选择理论

托宾的资产选择理论又称托宾模型或资产组合理论。该模型基于凯恩斯的投机性货币需求,着重分析在未来不确定情况下,人们如何选择最优的金融资产组合。托宾认为,人们对未来利率的预期与实际利率往往不同,这就存在资产损失的可能性。为避免风险,取得最好效用,就要进行资产的选择。资产的选择不外乎货币和证券,持有货币不必承担风险(除通货膨胀因素外),但也没有收益。因此货币称作安全性资产,证券则称作风险性资产。一般而言,人们总是在安全性资产和风险性资产之间不断地进行选择和组合。当人们的全部资产为风险性资产时,他的预期收益最大,但风险也最大。这时为了安全,他就会减少持有的风险性资产而增加安全性资产,直到减少到最后一单位风险性资产带来的风险负效用与收入正效用之和等于零时为止。当人们全部资产为安全性资产时,风险和收益均为最小。这时为了获取收益,他会把一部分安全性资产转换成风险性资产,随着风险性资产比例的加大,收益的边际效用递减而风险的负效用递增,直至新增的风险性资产带来的收益正效用与风险负效用之和等于零。托宾认为,人们只有在这种资产组合中获得的效用才最大。这就是资产最优组合原理,也就是托宾模型。这一模型的实质是分析了不确定经济情况下人们同时持有货币和证券的原因以及两者在量上进行选择的理论依据。

托宾模型在讨论风险对资产组合影响的同时,还分析了利率在资产组合中的作用。由于利率是金融资产收益率的代表,因此利率与预期收益率成正相关。利率变动引起预期收益率相应变化,破坏了原有资产组合中风险负效用与收益正效用的平衡,人们重新调整其资产组合,从而导致投资性货币需求的变化。可见,投资性货币需求随着人们资产组合的变化而变化,而利率则是人们资产重组的主要因素。这就再次证明了利率对投资性货币需求的重要作用。

五、弗里德曼的货币需求理论

货币主义学派是一个与凯恩斯主义和凯恩斯学派直接对立的西方经济学流派。弗里德曼是货币主义学派的代表人物,他形成了自己一套独具特色的理论观点和政策主张。在其理论本系中,弗里德曼设计的货币需求函数占有重要的地位。

作为现代货币主义的代表人物,弗里德曼基本上承袭了传统货币数量论的长期结论,即非常看重货币数量与物价水平之间的因果联系;同时,他也接受了剑桥学派和凯恩斯以微观主体行为作为分析起点和把货币看作是受到利率影响的一种资产的观点。对于货币需求的决定问题,他曾用过不止一个函数式,下面是一个具有代表性的公式:

$$\frac{M_d}{P} = f\left(y, \omega; r_m, r_b, r_e, \frac{1}{P} \cdot \frac{dP}{dt}; u\right)$$

式中,$\frac{M_d}{P}$ 为实际货币需求;y 为实际恒久性收入;ω 为非人力财富占个人总财富的比率或来自财产的收入在总收入中所占的比率;r_m 为预期的货币名义利率;r_b 为固定收益的债券名义利率;r_e

为非固定收益的证券名义利率;$1/P \cdot dP/dt$ 为预期物价变动率;u 为反映主观偏好、风尚及客观技术与制度等因素的综合变数。

恒久性收入是弗里德曼分析货币需求中所提出的概念,可以理解为预期平均长期收入。它与货币需求的关系是正相关关系。

弗里德曼把财富分为人力财富和非人力财富两类。他认为,对大多数财富持有者来说,他的主要资产是个人的能力。但人力财富很不容易转化为货币,如失业时人力财富就无法取得收入。所以,在总财富中人力财富所占的比例越大,出于谨慎动机的货币需求也就越大;而非人力财富所占的比例越大,则货币需求相对越小。这样,非人力财富占个人总财富的比率与货币需求则为负相关关系。

r_m、r_b、r_e 和 $1/P \cdot dP/dt$ 在其货币需求分析中被统称作机会成本变量,亦即能从这几个变量的相互关系中衡量出持有货币的潜在收益或损失。

物价变动率同时也就是保存实物的名义报酬率。物价变动率越高,其他条件不变,货币需求量越小。把物价变动纳入货币需求函数,是通货膨胀现实的反映。

在其他条件不变时,货币以外其他资产如债券、证券收益率越高,货币需求量也越小。

u 是一个代表多种因素的综合变数,因此可能从不同的方向上对货币需求产生影响。

弗里德曼认为,货币需求解释变量中的四种资产——货币、债券、股票和非人力财富的总和即是人们持有的财富总额,其数值大致可以用恒久性收入 y 作为代表性指标。因此,强调恒久性收入对货币需求的重要影响作用是弗里德曼货币需求理论的一个特点。在弗里德曼看来,在货币需求分析中,究竟哪个决定因素更重要些,这要用实证研究方法来解决;恒久性收入对货币需求的重要作用就可以用实证方法得到证明。对于货币需求,他最具有概括性的论断是:由于恒久性收入的波动幅度比现期收入小得多,且货币流通速度(恒久性收入除以货币存量)也相对稳定,货币需求因而也是比较稳定的。

第二节　货　币　供　给

一、货币供给的概念

在当今信用货币制度下,货币供给是由中央银行在一定时期内,通过银行体系向经济中投入、创造、扩张(或收缩)货币的行为。其表现为中央银行或商业银行的负债。

货币供给有名义和实际之分。名义货币供给是指一定时点上不考虑物价因素影响的货币存量;实际货币供给就是指剔除了物价影响之后的一定时点上的货币存量。如果将名义货币供给记作 Ms,则实际货币供给为 Ms/P。

货币供给量就是社会上现存的货币量。具体说就是由政府、企事业单位、社会公众等持有的、由银行体系所供给的债务总量。

货币供给量有狭义和广义之分。狭义和货币供给量由流通中现金和商业银行活期存款构成;广义的货币供给量由狭义货币供给量和准货币构成。准货币包括银行的定期存款、储蓄存款、外币存款,以及各种短期信用工具等。

二、货币供给的统计口径

货币供给包括多重口径。在现代发达的商品经济中,由于新的信用工具层出不穷,许多新的信用工具都不同程度地具有"货币性",使货币的形式多种多样,这给货币供给量的统计和中央银行调控货币供给量带来了一系列的问题,为解决这些问题各国中央银行将货币划分为不同层次或口径。现介绍几个国家划分的情况。

(一)美国的情况

(1) M₁ 包括:① 处于国库、联邦储备系统和存款机构之外的通货。② 非银行发行的旅行支票。③ 商业银行的活期存款,不包括存款机构、美国政府、外国银行和官方机构在商业银行的存款。④ 其他各种与商业银行活期存款性质相近的存款,如可转让支付命令存款账户(NOW)、自动转账服务账户(ATS)等。

(2) M_2 包括:M_1 和① 存款机构发行的隔夜回购协议和美国银行在世界上的分支机构向美国居民发行的隔夜欧洲美元。② 货币市场存款账户(MMDA$_s$)。③ 储蓄和小额定期存款。④ 货币市场互助基金金额(MMMF$_s$)等。

(3) M_3 包括:M_2 和① 大额定期存款。② 长于隔夜的限期回购协议和欧洲美元等。

(4) L 包括:M_3 和非银行公众持有的储蓄券、短期国库券、商业票据和银行承兑票据等。

(二)日本的情况

(1) M_1 包括:① 现金,是指银行券发行额和辅币之和减去金融机构库存现金后的余额。② 活期存款,包括企业活期存款、活期储蓄存款、通知即付存款、特别存款和纳税准备金存款。

(2) M_2+CD 包括:M_1 和① 准货币,是指活期存款以外的一切公私存款。② 可转让存单。

(3) M_3+CD 包括:M_2+CD 和邮政、农协、渔协、信用组合和劳动金库的存款,以及货币信托和贷放信托存款。

此外还有"广义流动性",包括 M_3+CD 和回购协议债券、金融债券、国家债券、投资信托、外国债券等。

(三)我国的情况

(1) M_0 包括现金流通量。

(2) M_1 包括 M_0 和活期存款。

(3) M_2 包括 M_1 和准货币。准货币包括定期存款、储蓄存款和其他存款。

从以上介绍的情况来看,尽管世界各国中央银行都有自己的货币统计口径,但是,无论存在怎样的差异,其划分的基本依据和意义却是一致的。

各国中央银行在确定货币供给的统计口径时,都以流动性的大小,也即作为流通手段和支付手段的方便程度为标准。流动性程度越高,即在流通中周转较便利,相应地形成购买力也较弱。显然,这对中央银行进行宏观经济运行监测和货币供给指标时,既要明确控制到哪一层次的货币,又要明确实际可能控制和程度。

三、银行体系与货币供给

（一）商业银行在货币供给中的作用

1. 原始存款与派生存款

从商业银行创造存款的角度看,商业银行存款的来源有两种:一是原始存款;二是派生存款。所谓原始存款,是指客户以现金形式存入银行的款项。这部分存款不会引起货币供给总量的变化,仅仅是流通中的现金变成了银行的活期存款。存款的增加正好抵销了流通中现金的减少。原始存款也是可以充作商业银行存款准备金的存款,因为它流通性最强,随时可以应付客户提存的需要。商业银行面对众多客户,其存款总是有进有出,甲存乙取、乙取丙存,丙取丁存,……有存有取,川流不息。除在经济动乱或金融危机时会出现挤提现象外,正常情况下,客户不会同时向银行提款。因此,商业银行获得存款后,除去按法定准备金率缴存一部分准备金外,其余部分可用于发放贷款或购买有价证券。在支票流通的情况下,商业银行的贷款和证券投资等资产业务又会形成新的存款,这种新的存款就是下面要介绍的派生存款。可见,原始存款是商业银行信用扩张、创造派生存款的基础。

派生存款产生的原理是:商业银行吸收客户的原始存款后,除按法定准备金所要求保留部分法定准备金外(这部分准备金通常存放在中央银行),其余部分可以用于发放贷款或购买证券,从而获取投资利润。在支票流通情况下,现金结算比重很小,这样,客户取得贷款或证券价款后,不用或很少提取现金,而是将全部或大部分贷款或价款存入自己的存款账户,以便开支票对其购货的卖方或债权人支付。这时就整个银行系统而言,在原有的原始存款之外,又出现了一笔新存款。接受这笔新存款的商业银行,除保留部分法定准备金外,剩余部分又可以用来发放贷款或购买证券,取得贷款和证券价款的客户将这部分收入再存入银行,又形成新的存款。取得这笔存款的商业银行,除保留部分法定准备金外,又将剩余部分用于贷款和投资。……上述过程依次持续下去,众多的商业银行通过自己的资产业务(贷款、投资),对原始存款连续地运用,从而创造出数倍于原始存款的派生存款。因此,派生存款是由原始存款经过不同的商业银行的资产运用而创造出来的,它是原始存款的派生和扩大。

一笔原始存款,究竟能创造多少派生存款? 从理论上讲,派生存款的创造并不会无限制地持续下去,当准备金的累积额等于原始存款时,商业银行就不能再从这笔原始存款上创造新的存款。换言之,派生存款的创造过程在准备金累积到等于原始存款时即停止,这便是派生存款创造的理论极限。

派生存款扩大的倍数同存款准备金率的高低成反比。准备金率越高,派生存款的倍数越小;准备金率越低,则派生存款的倍数越高。根据上述关系,我们可以得出派生存款的计算公式:

派生存款=原始存款×(1/法定报备率-1)

原始存款和派生存款的共同之处在于两者都是客户在商业银行的存款。原始与派生之分,其目的在于考察商业银行扩张信用、创造存款货币的能力。原始存款与派生存款的区别有如下两点:

(1)原始存款是中央银行创造的货币(现金转化而成的存款货币);而派生存款则是商业银行创造的货币(贷款和投资转化而

成的存款货币）。

（2）现金转化为原始存款时，只是货币形式发生变化，货币供应量不会增加；而贷款和投资转化为存款，亦即派生存款创造时，会使货币供应量增加。

2. 创造存款货币必须具备的条件

（1）实行部分准备金制度。部分准备金制度是指商业银行在经营活动中，只需要按存款的一定比例保留准备金，包括库存现金和中央银行存款，其余部分可以发放贷款或投资等。在实行部分准备金制度的情况下，商业银行才有可能动用客户存款进行贷款的发放，才可能有存款创造的过程。如果实行全部准备制度，则银行根本不可能利用所吸引的资金去发放贷款。例如，假设某企业存入 100 000 元，则银行的负债增加 100 000 元，同时其资产方的现金准备必须等量增加，银行不能把这笔资金贷放出去，就没有存款创造的过程。

（2）采用转账结算的方式。在转账结算的方式下，企业通过银行完成交易活动款项的支付与收取。这样，一方面，商业银行的负债凭证——存款货币如同法定货币——现金一样发挥流通手段和支付手段作用；另一方面，收款单位将资金存入银行，银行提留法定准备金之后，发放贷款给企业。这样循环往复下去，商业银行的资产与负债规模都得到扩大，也使货币供给量增加。如果不通过银行结算，资金游离在银行系统之外，银行能吸引到的资金减少，限制了贷款的发放，存款创造的能力也受到影响。

仍用上例，如果企业在获得贷款后全部提现，并持有这部分现金，而不存入银行，没有新的存款生成，银行也就不能扩大贷款的规模，存款创造的过程因此受到影响。

3. 存款货币的创造和收缩过程

为了说明商业银行创造存款货币的过程，必须首先作如下假设：

（1）银行只保留法定准备金，其余资金全部贷放出去，超额准备金为零；

（2）客户的资金全部通过银行结算，没有提现的行为；

（3）法定存款准备金率为10%。

现假设有A企业将销售所得100 000元支票存入开户银行甲。当这一支票经过中央银行组织的票据交换后，甲银行在中央银行的存款准备增加100 000元，同时在客户的活期存款账户上增加余额100 000元。甲银行的T形账户如表7-1所示。

表7-1

甲银行的账户情况

资　　　　产		负　　　　债	
存款准备金	100 000	A存款	100 000

按照法定存款准备金率10%的要求，甲银行只需持有10 000元（100 000×10%）的存款准备，其余的90 000元用于发放贷款。若该银行向B企业发放贷款90 000元，B企业得到贷款后支付C企业的购货款，C企业将收到的90 000元支票存入乙银行。其流转程序见图7-1所示。

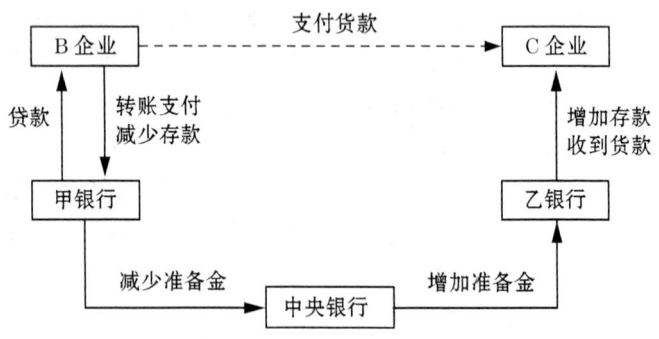

图7-1　商业银行存款创造与收缩过程

该支票经过清算后，甲银行和乙银行的账户情况分别如表

7-2、表 7-3 所示。

表 7-2

甲银行的账户情况

资 产		负 债	
存款准备金	10 000	A存款	100 000
B贷款	90 000		

表 7-3

乙银行的账户情况

资 产		负 债	
存款准备金	90 000	C存款	90 000

乙银行在活期存款增加 90 000 元后,同样留 9 000 元(90 000 ×10%)用于作为存款准备,余下的 81 000 元贷款给 D 企业。D 企业通过银行支付货款给 E 企业,若 E 企业继续将资金存入丙银行,则乙银行与丙银行的账户情况分别如表 7-4、表 7-5 所示。

表 7-4

乙银行的账户情况

资 产		负 债	
存款准备金	9 000	C存款	90 000
D贷款	81 000		

表 7-5

丙银行的账户情况

资 产		负 债	
存款准备金	81 000	E存款	81 000

存款增加的丙银行将会继续上述两家银行的做法,除了保留必要的存款准备金以外,将剩余的款项贷放出去,则其需要保留的存款准备金是 8 100 元(81 000×10%),发放贷款 72 900 元。以此

类推,只要满足存款派生的前提条件,这个过程将循环往复下去,如表 7-6 及图 7-2 所示。

表 7-6

派生存款的创造过程

单位:元

银行(1)	存款总额(2)	法定存款准备金 (3)=(2)×10%	贷款发放数 (4)=(2)-(3)
第一家银行	100 000	10 000	90 000
第二家银行	90 000	9 000	81 000
第三家银行	81 000	8 100	72 900
第四家银行	72 900	7 290	65 610
⋮	⋮	⋮	⋮
总　　计	1 000 000	1 000 000	900 000

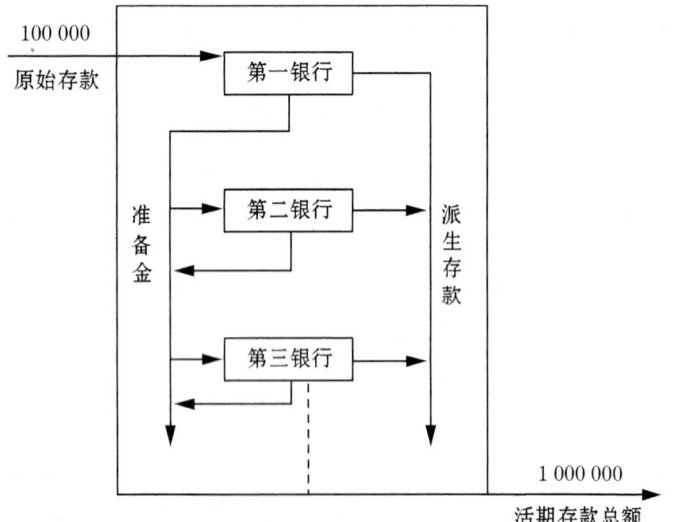

图 7-2　商业银行系统创造存款货币

经过这个派生过程,100 000 元的原始存款使得银行存款总额增加到 1 000 000 元,增加贷款 900 000 元。观察上述过程,各家银行的存款额表现为一个无穷递缩等比数列:100 000 元、90 000 元、81 000 元、72 900 元。该数列的求和可用以下公式:

$$S = \frac{a_1}{1-q}$$

所以,存款总额为:

$$\frac{100\ 000}{1-0.9} = 1\ 000\ 000(元)$$

即原始存款乘上法定存款准备金率的倒数。

根据上述过程,我们可以更清晰地区别原始存款与派生存款。派生存款是商业银行系统资金运用所创造出来的存款,是存款总额超过原始存款的那部分。如果用 D 表示存款总额,以 ΔD 表示经过派生的存款变动额,以 ΔR 表示原始存款的变动额,以 r_d 表示法定存款准备金率,则存在以下计算公式:

$$D = \Delta D + \Delta R$$
$$D = \frac{\Delta R}{r_d}, 即 \frac{D}{\Delta R} = \frac{1}{r_d}$$

$\frac{D}{\Delta R}$ 或 $\frac{1}{r_d}$ 表示存款总额与原始存款之间的倍数,我们用 k 表示。

k 表示单位原始存款的变动可能引起的存款总额的最大扩张倍数,称为派生倍数。它是法定存款准备金率的倒数。法定存款准备金率越低,派生倍数就越高,商业银行存款创造的能力就越强;法定存款准备金率越高,派生倍数就越低,商业银行存款扩张的能力就越弱。

商业银行存款创造的原理在相反方向上也适用,也就是说,如果原始存款减少,可以引起存款总额的成倍减少。仍用上例中的条件,假设 A 企业动用其在甲银行的活期存款 100 000 元提取现金,则甲银行从中央银行提取相应现金,甲银行将减少 A 企业的活期存款余额 100 000 元,并减少在中央银行的存款准备 100 000元。该银行的账户变化如表 7-7 所示。

表 7-7

甲银行的账户情况

资	产	负	债
存款准备	−100 000	活期存款	−100 000

在法定存款准备金率为 10％情况下,甲银行活期存款减少100 000 元,法定准备金最多只能减少 10 000 元。但是,甲银行的准备金已经减少 100 000 元,因而它还缺少 90 000 元准备金,必须通过出售证券或收回贷款的方式予以弥补。假设甲银行收回贷款,收到客户归还的乙银行签发的支票 90 000 元。支票经过清算后,甲银行的账户情况如表 7-8 所示。

表 7-8

甲银行的账户情况

资	产	负	债
存款准备金	−10 000	存款	−100 000
贷款	−90 000		

甲银行处于平衡状态。乙银行的账户如表 7-9 所示。

表 7-9

乙银行的账户情况

资	产	负	债
存款准备金	−90 000	存款	−90 000

乙银行签发的支票经过清算后,活期存款减少 90 000 元,在中央银行的存款准备减少 90 000 元。同样,在 10％的法定准备金率的要求下,乙银行的准备金短缺 81 000 元,它也要通过收回贷

款或出售证券加以弥补。假设乙银行收回贷款 81 000 元，其账户变化如表 7-10 所示。

表 7-10

乙银行的账户情况

资	产	负	债
存款准备金	－9 000	存款	－90 000
贷款	－81 000		

乙银行收回贷款的结果使丙银行减少同量的活期存款与在中央银行的存款准备。丙银行为了弥补准备金的不足，同样也要收回贷款或出售其他资产。在这个过程中，甲银行存款减少 100 000 元，乙银行存款减少 90 000 元，丙银行减少 81 000 元，……存款以无穷递缩等比数列的形式降低。存款减少总额可用求和公式计算，即 1 000 000 元。因此，存款的收缩过程原理与创造过程相同，只是方向变化了。

4. 存款倍数的修正

派生存款创造的过程决定于原始存款和派生倍数。原始存款包括现金和中央银行存款，受中央银行控制；在实际运行过程中，派生倍数受多种因素的影响。

（1）超额准备金。考虑到谨慎经营或应付意外事件，等待更好的投资机会，受客户需求的制约以及经济运行大环境的影响等，除了按照要求缴纳法定存款准备金之外，商业银行还会保留一部分超额准备金。商业银行在原始存款增加后，除了扣除法定准备金之外，还要保留一部分超额准备金，能够用于发放贷款的资金相应减少。如果各家银行都持有一定的超额准备金，则存款派生的能力下降。如果用 e 表示超额准备金与存款总额之比，即超额准备金率，则派生倍数修正为：

$$k = \frac{1}{r_d + e}$$

沿用上述例题,如果甲银行的超额准备金率为 10%,甲银行在原始存款增加 100 000 元的情况下,缴纳 10 000 元的法定存款准备金,保留 10 000 元的超额准备金,其余用于发放贷款 80 000元。如果乙银行在存款增加 80 000 元的情况下,缴纳 8 000 元的法定存款准备金,保留 8 000 元的超额准备金,发放贷款的数量则减少为 64 000 元,以此类推。最终,存款总额增加 500 000 元。比较两种情况,可以看出由于超额准备金的存在,商业银行能够创造的存款总额减少一半,派生倍数也由原来的 10 下降到 5。

(2)现金漏损。客户获得收入后总会从银行提取一部分资金,以现金的形式持有,从而使这部分资金流出银行体系,这就是现金漏损。现金漏损主要受客户的行为、消费习惯以及节假日等因素的影响。例如,在我国逢年过节,银行都要留足资金,以备客户的提现。现金漏损使得原始存款减少,同时在银行体系外的资金增加,银行能够用于贷款发放的金额减少,从而使派生存款的数量降低。现金漏损与存款总额之比称为现金漏损率,用 c' 表示,则派生倍数为:

$$k = \frac{1}{r_d + e + c'}$$

如果上述甲银行的现金漏损率为 5%,则在原始存款增加100 000元的情况下,法定准备金为10 000元,超额准备金为10 000元,现金漏损为 5 000 元,则有 25 000 元不能参加存款的派生,能够用于发放贷款的数量是 75 000 元。比较前后情况,可以看出存款总额增加的幅度明显降低,派生倍数也由原来的 5 降低为现在的 4。

(3)活期存款转化为定期存款。当存款人把一部分活期存款转化为定期存款时,这种转变对存款派生的影响不同于前面讨论过的超额准备金和现金漏损。当商业银行持有超额准备金和发生现金漏损时,这部分资金不能参与存款的派生。而当活期存款转化为定期存款时,这一部分资金仍然在银行系统内,只是为定期存款保留的准备金不能进入存款创造过程,其余部分商业银行仍然可以加以运用,仍然遵循派生存款的创造原理。

假设定期存款的准备金率为 r_t,活期存款转变成定期存款的比率为 t,则派生倍数为:

$$k=\frac{1}{r_d+e+c'+r_t\times t}$$

如果上述甲银行的活期存款有 150% 转变为定期存款,定期存款的准备金率为 8%,则派生倍数为:

$$k=\frac{1}{10\%+10\%+5\%+50\%\times8\%}=\frac{1}{29\%}=3.45$$

由上可知,商业银行吸收一定的原始存款,能够创造多少派生存款货币要受到法定准备金率、超额准备金率、现金漏损率、活期存款转化为定期存款比例等因素的影响,派生倍数 k 是一个受多种因素影响的量。

(二)中央银行在货币供给中的作用

中央银行在货币供给机制中的作用主要是通过提供基础货币来发挥的。

基础货币又称高能货币或强力货币,通常是指流通中的现金和商业银行在中央银行的准备金存款之和。可用公式表示为:

$$B=C+R$$

式中,B 代表基础货币;C 代表流通中现金;R 代表商业银行在中央银行的准备金存款。

从基础货币的构成看,C 和 R 都是中央银行的负债,中央银行对这两部分都具有直接的控制能力。现金的发行权由中央银行垄断,其发行程序、管理技术等均由中央银行掌握。中央银行对商业银行的准备金存款也有较强的控制力,中央银行可以通过调整法定存款准备率、改变商业银行的准备金结构来影响其信贷能力;也可以通过改变再贴现率、再贷款条件等办法来改变商业银行的准备金数量;还可以通过公开市场业务操作,买进或卖出有价证券和外汇来改变商业银行的准备金数量。

中央银行能够直接控制的现金发行和商业银行的准备金存款之所以被称为基础货币,是因为如果没有现金的发行和中央银行对商业银行的信贷供应,商业银行的准备金存款便难以形成,或者说,它用以创造派生存款的原始存款来源就不存在。从这个意义上说,中央银行控制的基础货币是商业银行借以创造存款货币的源泉。中央银行供应基础货币,是整个货币供应过程的最初环节,它首先影响的是商业银行的准备金存款,只有通过商业银行运用准备金存款进行存款创造活动后,才能最终完成货币的供应。货币供应的全过程就是由中央银行供应基础货币、基础货币形成商业银行的原始存款、商业银行在原始存款基础上创造派生存款并最终形成货币供应总量的过程。

四、货币供给模型

引入基础货币这一概念后,货币供应就可以表达为这样一个理论化的模式:一定的货币供应总量必然是一定的基础货币按照一定倍数扩张后的结果,或者说,货币供应量总是表现为基础货币的一定倍数。人们通常把这个倍数即货币供应量与基础货币的比值称为货币乘数。如果以 M 表示货币供应量,以 B 表示基础货币,以 m 表示货币乘数,则有如下货币供应量的理论公式:

$$M = B \cdot m$$

该公式表明,由于货币乘数的作用,中央银行的基础货币扩张为货币供应总量,因此,货币乘数是货币供应机制中一个至关重要的因素。从数学关系上看,货币乘数的大小取决于法定存款准备率、超额准备率以及现金漏损率(指存款总额中提出的现金额占存款额的比重)等的大小,而这些比例值的高低最终要由货币供给机制中的相关主体的意愿和行为决定。因此,货币供给是由中央银行、商业银行和社会公众共同决定的。

(一)基础货币 B 的决定

基础货币 B 作为整个银行体系内存款扩张、货币创造的基础,其数额大小对货币供应总量具有决定性的影响。

既然基础货币由现金和存款准备金两部分构成,而现金是中央银行对社会公众的负债,存款准备金是中央银行对商业银行的负债,两者都是中央银行的负债,所以,通过中央银行资产负债表就能考察影响基础货币变动的因素。中央银行资产负债中的负债主要有准备金存款与流通中的货币;资产项目则主要包括国外净资产、对政府债权净额、对商业银行债权以及其他项目净值。

基础货币的增减变化,通常要取决于四个因素,即国外净资产、对政府债权净额、对商业银行债权和其他项目净值,其中以对商业银行的债权变化最为重要。

国外净资产由外汇、黄金占款和中央银行在国际金融机构的净资产构成。其中,外汇、黄金占款是中央银行用基础货币来收购的。一般情况下,若中央银行放弃稳定汇率的目标,则通过该项资产业务投放的基础货币有较大的主动权;但若中央银行追求稳定汇率的目标,由于需要买卖外汇调节供求关系以平抑汇率,外汇市场的供求状况对中央银行的外汇占款有很大影响,通过该渠道投放的基础货币就有相当的被动性。

对政府债权净额,是指中央银行代理政府发行证券,但中央银行一般不能直接认购;中央银行虽可持有证券,却都是从事公开市场业务的结果。因此,中央银行如果对政府债权净额增加,或是由于直接认购了政府债券,或是贷款给财政弥补了财政赤字,无论哪种方式,都表明中央银行通过财政部门把基础货币注入了流通领域。

中央银行对商业银行债权的增加,意味着中央银行再贴现或再贷款资产的增加,说明通过商业银行注入流通的基础货币增加,这必将引起商业银行超额准备金增加,使货币供给量多倍扩张;相反,如果中央银行对商业银行的债权减少,则意味着中央银行减少了再贴现或再贷款资产,货币供应量必将大幅收缩。一般说来,在市场经济条件下,中央银行对商业银行的债权具有较强的控制力。

其他项目净额主要是指固定资产的增减变化以及中央银行在资金清算过程中应收应付的增减变化。它们都会对基础货币量产生影响。

(二)货币乘数 M_1 的决定

1. 货币乘数

在货币供给过程中,中央银行的初始货币提供量与社会货币最终形成量之间存在着数倍扩张(或收缩)的效果或反应,这就是所谓的乘数效应。乘数效应的实质是要揭示基础货币与货币供应量之间的倍数扩张关系。

2. 决定货币乘数的因素

一般说来,决定货币乘数的因素有五项,即现金比率、超额准备比率、定期存款法定准备率、活期存款法定准备率以及定期存款与活期存款之间的比率。

现金比率是指流通中的现金与商业银行活期存款的比率。现金比率受经济的货币化程度、居民货币收入、储蓄倾向以及对通货膨胀的心理预期等多种因素的影响,不是中央银行所能完全控制的。但它对乘数的确定具有重大影响。一般来说,现金比率高,货币乘数也高;反之,货币乘数就低。

超额准备比率的大小主要取决于商业银行自身的经营决策。超额准备金是指商业银行持有的超过法定准备金比率的准备金;超额准备金与存款总额的比率即为超额准备金率。商业银行愿意持有多少超额准备金,一是取决于超额准备金的机会成本;二是取决于借入准备金的成本大小;三是取决于经营风险和资产的流动性。总之,商业银行持有的超额准备金越多,货币乘数就越小;反之,货币乘数就越大。

定期存款法定准备金率和活期存款法定准备率的大小均由中央银行直接决定。法定准备率越高,货币乘数越小;反之,货币乘数越大。

在法定准备金比率不变的情况下,如果人们改变定期存款与活期存款间的比率,实际的平均法定准备金率也会改变。如果定期存款对活期存款的比率上升,在其他因素不变的情况下,货币乘数变小;反之,货币乘数变大。影响定期存款对活期存款比率的因素主要有定期存款利率的高低以及收入和财富的增长情况等。

五、货币供给的外生性和内生性

货币供应究竟是内生变量,还是外生变量,其实质反映了货币当局与货币供给变量之间的关系。

所谓内生变量,又称非政策性变量。它是指货币供应量这一变量变动不是由货币当局或中央银行决定的,而是纯粹由经济机制内部的经济因素所决定的;所谓外生变量,又称政策变量,是指这一变量的变动不是由客观经济决定的,而是由货币当局或中央银行的货币政策所决定的。

货币供应量首先是一个外生变量。这是因为,当今世界各国无不建立起独享货币发行权的中央银行体制。中央银行既是信用货币的发行者,又是货币供应数量的调节者。它能够按照保证货币稳定并支持经济发展的意图,运用货币信用调节手段,通过对社会信用活动扩张和收缩的调节来伸缩货币数量。因此,流通中货币数量及其结构在很大程度上受到中央银行货币政策的左右。所以货币供应是一个外生变量。

（一）凯恩斯学派的观点

凯恩斯认为，货币供应虽是由中央银行控制的外生变量，它的变化影响着经济运行，但其自身却不受经济因素的制约。他认为货币的生产（货币供应的来源）对私人企业来说是可望而不可及的。因为：

（1）对于商品货币来说，它的生产受自然力量（主要是资源稀缺性）限制，在绝大多数非产金国里，私人企业即使投入大量的劳动力和设备，货币生产能力的扩大也是微乎其微的，货币供应量的增加也是微不足道的。考虑到成本与收益，谁愿意做这种"在地上挖窟窿"的赔本生意呢？

（2）对于管理货币和法定货币，更不是私人企业所能生产的，唯有国家依靠其权力才能发行，强制流通。任何私人企业都无力与之抗衡。无论货币需求多大，或经济中其他变量的刺激多么强烈，由于货币特征的存在，货币供应量不受它们的影响而自行变化。货币供应量的控制权由政府通过中央银行牢牢掌握在手，中央银行根据政府的决策和金融政策，考虑到经济形势变化的需要，可以人为地进行调控，增减货币供应量。

（二）货币主义的外生货币供给论

弗里德曼是倡导货币供给外生变量论的典型代表。他认为：货币供给方程中的三个主要因素——高能货币、存款与准备比率和存款与通货比率，虽然分别决定于货币当局的行为、商业银行的行为和公众的行为，但其中，中央银行能够直接决定高能货币，而高能货币对于存款与准备比率和存款与通货比率有决定性影响。也就是说，货币当局只要控制或变动高能货币，就必然能在影响存款与准备比率和存款与通货比率的同时决定货币供应量的变动。在这种情况下，货币供给无疑是外生变量。

（三）新剑桥学派的观点

新剑桥学派不完全赞成凯恩斯的外生货币供给的观点。他们认为,虽然从形式上看,现有的货币供应量都是从中央银行渠道出去的,但实质上这个量的多少并不完全由中央银行自行决定,在很大程度上是中央银行被动地适应公众货币需求的结果。这是因为,公众的货币需求经常并大量地表现为贷款需求,而银行贷款和货币供应是紧密地联系在一起的。当银行贷款需求增加,就相应地扩大了货币供应量;反之,亦然。因此,对现有货币供应量发生决定性影响的主要是货币需求,而货币需求的大小取决于经济的盛衰及人们的预期。由此可以看出,新剑桥学派虽没有明确地提出内生货币供应理论,但在论述中已包含了这层思想。

事实上,货币供应量的变动不完全受制于中央银行的货币政策,它还受制于客观经济过程,即受经济社会中其他经济主体的货币收付行为的决定。因此货币供应量既是一个外生变量,同时又是一个内生变量。

由于货币供给量的这种内生性质,中央银行对货币供应量的控制和调节变得十分困难。正因为此,货币供给的研究必须同时关注货币供应的这种内生性质和外生性质,既强调中央银行对货币供应的控制和调节作用,又重视政府、企业、个人等不同经济主体经济行为对货币供给的决定影响。

第三节　货币供求均衡

一、货币均衡与不均衡的含义

从理论上定义,货币均衡是指货币供给与货币需求基本相适应的货币流通状态。若以 M_d 表示货币需求量,以 M_S 表示货币供给量,货币均衡则的条件为 $M_S = M_d$。而货币非均衡的条件为 $M_S \neq M_d$。在货币非均衡状态下,可能存在着过大的货币需求,但货币供应短缺;也可能是相对于货币需求来说,货币供给过多。不论哪种情形,均会导致市场价格和币值不稳,对国民经济带来负面影响。

对于货币的均衡概念的理解,还必须着重提出以下几点:

(1)这里的货币供给量(M_S)为名义货币供给量,而货币需求量(M_d)为实际(或真实)货币需求量,因为仅从名义上来看,货币供给量与名义上的货币需求量总是持平的。如果货币供给量一定,不论货币需求如何,社会公众所持有的货币的名义数额不可能超过当时整个经济体系中的货币存量,也不可能少于这个存量。这就是说,在任何一个时点上,货币供给量既代表了当时的货币供给量,又代表当时的货币需求量。但是,这一货币需求量并不就是真实的货币需求量。从个别持币者来看,它的名义持币量不一定代表他的意愿需求量;从社会来看,名义货币总量不一定代表社会的实际货币需求量。否则,均衡就不存在了。

(2)不能将货币均衡理解成为货币供给量与货币需求量的绝对相等,而是大体上相等。这是因为,货币供给量和货币需求量,尤其是货币需求量不可能计算出一个精确的值,所以相等不是绝对,而是相对的。

(3)经济学上说的"均衡"往往是供求对比的一种特例。日常经济生活中供求状况更多地表现为失衡。正是由于失衡的常见性和普遍性,才提出需求均衡。但是,这种均衡也绝不意味着是在某一时点上的静态均衡,而要求是一段时期内的动态均衡。货币均衡的含义也是如此,它并不是货币供给量与货币需求量在某一时点上的偶然相等,而是一种货币供求的动态均衡。

(4)严格地说,货币均衡不仅指货币供求总量上的均衡,还包括货币供求结构上的均衡。例如,从大的方面来说,它要求与货币层次 M_1、M_2 相对应的货币供给量与货币需求量相等。再如,从小的方面来看,要求持有货币的人能顺利地按既定的价格转化为货币,不存在有钱买不到商品或有商品卖不出去的情况。然而,这只是价格意义上的货币均衡,只能是一种理想境界,实际上不可能达到。

(5)货币供求结构均衡问题中,还有一个时间均衡问题,就是货币供应的时间和货币需求的时间要均衡,否则也影响到货币供求的均衡。时间分布的不均衡也会影响商品的供求平衡,影响经济的正常发展。

二、货币均衡与利率

在市场经济条件下,货币均衡和非均衡的实现过程离不开利率的作用。利率与公众和企业的货币需求呈负相关关系。而货币供给,作为一个内生变量与利率呈正相关关系。如图 7-3 所示,货币供求决定均衡利率水平 r_0;或者说,在均衡利率水平上,货币供应与货币需求达到均衡状态。

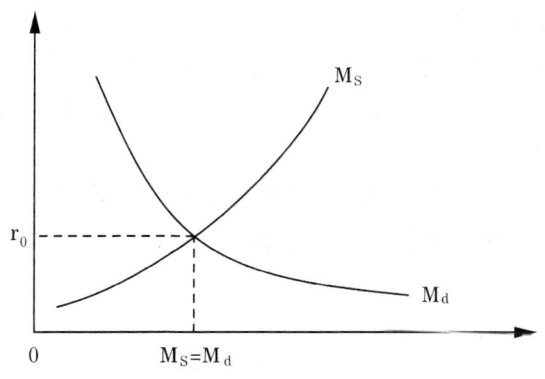

图 7-3 均衡利率下的货币供求

如果设想货币供给是外生变量,即全然由货币当局决定,而且,货币当局并不根据货币需求的变化调节货币供给,这样,货币供给就成了一条垂直于横轴的直线,如图 7-4 所示。而当 M_S 是一条垂直曲线时,货币需求如果增大,利率会由 r_0 上升至 r_1;货币需求若减少,利率则会由 r_0 下降到 r_2。也就是说,货币需求只对利率有影响,但却不能通过利率机制影响货币供给。

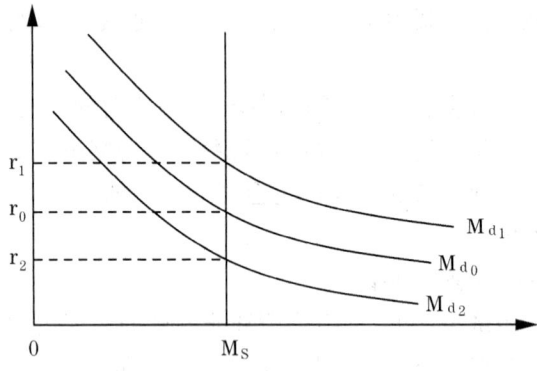

图 7-4　货币供给无弹性下的状况

比较两种情况,在图 7-4 的情况中,利率的变动能够作为货币均衡或非均衡的指示器;在图 7-3 的情况下,则还能成为由货币失衡趋向均衡的自动调节杠杆。

三、货币均衡与社会总供求均衡之间的关系

在现代市场经济中,货币均衡与社会总供求均衡之间的关系可以概括如下:

(1)货币的供给决定了一定时期的社会总需求,因为,在商品经济条件下,任何需求都是有支付能力的需求,并通过货币来实现其需求。

(2)社会需求决定了社会总供给,因为,社会总供给是投资需求与消费需求拉动产业增长的结果,有效需求引导并促进生产的发展和商品供应的增加。

(3)商品总供给决定了货币的总需求,这是因为任何商品都要用货币来表现,衡量其价值量的大小,并通过与货币交换来实现其价值。所以,有多少商品供应到市场,客观上就要求有多少货币与之对应(这里的货币是指一定时期内考察货币流通速度在内的货币流通,而非一定时点的货币存量)。

(4)货币需求决定货币供应,中央银行必须根据客观货币需

要来供给货币,使货币供给与货币需求之间实现均衡。

在上述关系中,货币均衡是整个宏观经济均衡的关键。也就是说,如果货币供求不均衡,整个宏观经济的均衡就不能实现。而要实现货币供求的均衡,就需要中央银行控制货币供应,而使货币供应与客观的货币需求保持一种相互适应的关系,以保证经济的发展有一个良好的货币金融环境,从而促进经济的协调发展和宏观经济平衡的实现。

四、实现货币均衡的条件

通过上述对货币供应和货币需求的理论分析可以看出,货币的供求涉及社会各方面,不仅银行活动直接影响货币供求,而且政府部门、企业部门和家庭都对货币供求平衡发生不同的影响。但在诸多影响货币供求均衡的因素中,银行、财政和产业结构是实现货币供求均衡的基本条件。

1. 银行是实现货币均衡的首要条件

众所周知,现代经济中货币的供应主要是由中央银行控制,一国中央银行根据国家经济客观需要和经济运行特点适时供应货币,是保证货币均衡的首要条件。中央银行是本国货币供给的总闸门,只有正确的货币供应政策和行之有效的调控手段,使整个银行体系有效运行,才能保证货币供应适度。所以,中央银行及其为中心的银行体系必须科学、合理,这是货币均衡的首要条件。

2. 财政收支平衡是实现货币均衡的保障

一个国家财政收支状况对货币均衡有重要影响,当一国财政出现较大的财政赤字,必然向中央银行借款或透支,这些超量的货币供应是没有商品供应相对应的,必然出现物价上涨局面。另一种弥补财政赤字的方式是政府大量发行国家债券,这些国家债券大量由中央银行、商业银行和其他金融机构购买,这也引起货币供应量的增加,造成货币供求的失衡。总之,财政收支平衡才能有稳定的货币供求,才能有货币的均衡。

3. 合理的产业结构是货币均衡的根本条件

产业结构是否合理直接影响货币结构性均衡,如果产业结构不合理会导致部分产品供求失衡,或者出现一部分产品积压滞销而另一部分产品供不应求,价格上涨,这样就会造成经济发展失常。产业结构既包括农业、轻工业,也包括地区之间的产业结构。总之,产业结构影响商品的供应和需求,进而影响到物价,通过物价就会作用于货币的均衡与否。

复习思考题

1. 什么是货币需求? 影响货币需求的主要因素有哪些?

2. 试分别说明收入状况和市场利率对货币需求的影响。

3. 根据凯恩斯的分析,货币需求主要决定于人们的哪三大动机?

4. 鲍莫尔怎样发展了凯恩斯的流动性偏好理论? 这种发展的政策意义何在?

5. 为什么说弗里德曼的新货币数量说既是对传统货币数量说的继承和发展,又是对凯恩斯流动性偏好理论的继承和发展?

6. 什么叫基础货币? 它对货币供给有何重要影响?

7. 原始存款与派生存款有何不同? 它们对货币总量有什么不同的影响?

8. 如果中央银行规定的法定存款准备金比率为10%,有人将1 000元现金存入一家商业银行,在没有任何"漏损"的假设下,试说明存款货币的多倍扩张与多倍收缩(包括过程与结果)。

9. 试根据乔顿货币乘数模型分析货币乘数的决定因素。

10. 在货币供给的形成中,商业银行和中央银行各起何作用?

11. 如果某银行存款人从他的户头中提取100美元的通货,则准备金和支票存款各将发生什么变化?

12."货币乘数必大于1",这一说法是否真实? 还是不能确定? 试解释之。

13. 当中央银行向商业银行出售1 000亿元的债券时,基础货币将发生什么变化? 当这笔债券出售给私人投资者时,情况又怎样?

第八章 通货膨胀与通货紧缩

在实行纸币流通的现今世界,几乎没有一个国家能免遭通货膨胀的困扰;而与通货膨胀相反的货币现象——通货紧缩,也经常危及一国乃至世界经济的正常发展。本章在一般介绍通货膨胀和通货紧缩的涵义和类型的基础上,较深入地研究两者的成因;最后,就通货膨胀和通货紧缩的社会经济效应和对策,阐述一些见解。

第一节 通货膨胀的涵义和类型

一、通货膨胀的涵义

什么是通货膨胀呢?这个看起来十分简单的问题其实并不容易回答。中外学者众说纷纭,很不一致。

西方学者一般认为:通货膨胀是指在纸币流通和物价自由浮动的条件下,由于货币供应量超过商品和劳务的客观需要量,从而引起货币不断贬值和一般物价水平持续上涨的经济现象。这一定义表明,货币供应量超过客观需要量是通货膨胀的原因,而物价上涨和货币贬值即货币购买力的下降则是一个问题的两个方面,都是通货膨胀的表现形式。

上述定义的前提条件是物价自由浮动,过多的货币供应量完全可以通过物价自由上涨表现出来。但在实行全面严格的物价管制的情况下(如前苏联、东欧和改革开放以前的中国),过多的货币量却不能立即通过物价上涨表现出来。实际情况是,在物价受抑制的条件下,过多的货币量不能通过物价反映出来的部分必然导致货币流通速度减慢,所以,货币流通速度减慢是物价管制条件下通货膨胀的一个重要标志。因此,在物价受抑制的条件下,通货膨胀可定义为由于货币供应量超过了客观需要量,从而引起货币贬值、物价上涨和货币流通速度减慢的经济现象。

前苏联学者认为:"通货膨胀是资产阶级政府剥削劳动人民的手段。当货币发行过多,造成流通阻塞,产生有利于资产阶级而不利于无产阶级的国民收入再分配,通货膨胀才出现。"我国学者对通货膨胀的传统定义是:"通货膨胀是引起货币符号贬值的过度发行。这种过度发行被剥削阶级利用来把国家支出的负担转嫁到劳动人民肩上,用来实现有利于自己而有害于劳动大众的国民收入再分配。"

我国学者的传统定义与前苏联学者一样,认为通货膨胀是"资本主义经济特有的现象"。历史和实际都证明,通货膨胀并非从资本主义社会开始的,更不是资本主义制度特有的经济现象。不管国度如何,也不管原因何在,只要纸币的发行失去控制,就会产生货币贬值、物价上涨,诱发通货膨胀。目前,我国学者已经达成共识,认为通货膨胀是在纸币流通条件下,由于货币供应量过多,使有支付能力的货币购买力大于商品可供量,从而引起货币贬值、物价上涨的经济现象。

二、通货膨胀的衡量

世界上衡量通货膨胀的尺度有以下三个:消费物价指数、批发物价指数和国内生产总值平减指数。

(一)消费物价指数

消费物价指数,又称零售物价指数,是衡量城市家庭和个人消费的商品和劳务价格变化的指标。它是根据居民消费的食品、衣物、居住、交通、医疗保健、教育、娱乐等消费品和劳务价格指数加权平均计算出的结果。以消费物价指数来衡量通货膨胀,其优点在于消费品的价格变化能及时反映消费品供给与需求的对比关系,直接与公众的日常生活相联系,在分析通货膨胀效应方面具有其他指标难以比拟的优点。多数国家衡量通货膨胀的尺度一般是消费物价指数,我国也是以全国零售物价总指数作为衡量通货膨胀的尺度的。消费物价指数的局限表现在,消费品仅是社会产品的一部分,从而不能说明全面的物价上涨。与消费物价指数类似的指标还有居民生活费指数。

（二）批发物价指数

批发物价指数是根据大宗商品包括最终商品、中间产品及进口商品的加权平均批发价格编制的物价指数。以批发物价指数来衡量通货膨胀,其优点是在最终产品价格变动之前获得工业投入品及非零售消费品的价格变动信号,进而能够判断其价格变动对最终进入流通的零售商品价格变动的影响。批发物价的指数的变动规律同消费物价指数的变动有显著区别:在一般情况下,即使存在过度需求,批发物价的指数波动幅度也常常小于零售商品的价格波动幅度。因而使用批发物价指数去判断总供给与总需求关系时,可能会导致不正确的结论。

（三）国民生产总值平减指数

国民生产总值平减指数是衡量一国经济在不同时期内所产生和提供的最终产品和劳务的价格总水平变化程度的经济指标。这种指标是按当年价格计算的国民生产总值与固定价格计算的国民生产总值的比率。由于国民生产总值平减指数包括了所有最终产品和劳务,因此,该指标就能反映综合物价水平的变动情况,但编制国民生产总值平减指数所需的资料搜集比较困难,而且该指标通常一年只统计一次,因而不能迅速地反映一国通货膨胀的程度和走向。

三、通货膨胀的类型

由于对通货膨胀的认识角度不同,人们将通货膨胀划分为多种类型。具体分类如下:

（一）按市场机制作用分类

按市场机制作用分类将通货膨胀分为公开型通货膨胀和抑制型或隐蔽型通货膨胀两种。

1. 公开型通货膨胀

公开型通货膨胀是指物价总水平明显地、直接地上涨。公开型通货膨胀在市场经济国家也是常见的,原因是在这种类型的国家,价格在一般情况不受限制,因而当社会总需求大于总供给时,物价上升就是不可避免的。

2. 抑制型或隐蔽型通货膨胀

抑制型或隐蔽型通货膨胀是指货币工资水平没有下降,物价总水平也未上升,但居民实际消费水平却下降的通货膨胀。在发展中国家,特别是在原计划经济国家中,由于存在着价格的严格管制,不论是生产要素价格还是一般商品和劳务价格都有严格的限制,这就使得社会总需求与总供给的平衡无法通过价格上升来调节。当社会总需求超过总供给时,表面上价格并没有上涨,但实际生活中却出现了商品匮乏、凭票供应、持币待购或货币沉淀等现象,这都是抑制型通货膨胀的表现。此外,产品质量下降,价格多轨制等也都是这种类型通货膨胀的表现。

（二）按物价上涨的速度分类

按物价上涨的速度分类将通货膨胀划分三种:爬行的通货膨胀(温和的通货膨胀)、严重的通货膨胀和恶性的通货膨胀。

1. 爬行的通货膨胀

爬行的通货膨胀是指一般物价水平按照不太大的幅度持续上升的通货膨胀。一般年通货膨胀率(即物价上涨率)在 $2\% \sim 4\%$ 之间。事实上,这一界限在不断提高。现在许多经济学家认为通货膨胀率在 10% 以下即可认为是爬行的通货膨胀。

2. 严重的通货膨胀

严重的通货膨胀是指一般物价水平按照相当大的幅度持续上

升的通货膨胀。一般物价上涨在 10% 以上,达到两位数水平。这时,人们纷纷抢购商品,货币流通速度加快,货币购买力下降,且人们往往预期物价水平还将进一步上涨,因而采取各种措施抢购商品,从而使通货膨胀更为加剧。

3. 恶性通货膨胀

恶性通货膨胀是指失控的、野马脱缰式的通货膨胀。通货膨胀率在 100% 以上,最严重时甚至达到天文数字。当恶性通货膨胀发生后,价格持续猛涨,人们为了尽快将货币脱手,大量地抢购商品、黄金和各种金融资产,从而大大加快了货币的流通速度。结果是,人们对本国货币完全失去了信任,货币极度贬值,货币购买力猛跌,各种正常的经济联系遭到破坏,货币体系和价格体系以至于整个国民经济完全崩溃。

(三)按照通货膨胀是否预期分类

按照通货膨胀是否预期分类将通货膨胀分为预期通货膨胀和非预期通货膨胀两种。预期的与非预期的通货膨胀的划分,目的是要揭示通货膨胀的效应。

(四)按通货膨胀产生的原因分类

按通货膨胀产生的原因分类将通货膨胀分为需求拉上型通货膨胀、成本推进型通货膨胀、供求混合推进型通货膨胀和结构型通货膨胀四种。这种通货膨胀类型的划分实际上是按照对通货膨胀成因的解释不同而划分的,对通货膨胀成因的分析是通货膨胀理论的一大重要内容。

第二节　通货膨胀的原因

从理论上讲,通货膨胀的成因极为复杂,几乎涵盖了宏观经济中的各个因素,其中主要包括总需求因素、成本因素、货币供给因素和结构转换因素等。

一、需求拉上说

这一理论是从需求的角度来解释通货膨胀的原因。根据这种理论,在社会消费支出和投资支出剧增的情况下,由于各种原因,如生产资源和要素已接近充分就业,或达到充分就业,商品供给和劳务供给的增加受到了限制,或没有能随有效需求的增长而相应地增加,引起一般物价水平的上涨,从而形成需求拉上型通货膨胀。因此,需求拉上型通货膨胀,实际上就是由于总需求的增长速度超过了按现行价格供给的增长速度,使太多的货币去追求太少的商品和劳务而引起一般物价水平持续上涨的现象。需求拉上说的理论基础有两种:

(一)凯恩斯学派的过度需求理论

这一学派对通货膨胀的成因分析着重于实际总支出(即消费、投资与政府开支的总和)大于实际总收入所造成的通货膨胀缺口。通常,这一理论是由著名的"凯恩斯交叉"来表示的。如图 8-1 所示。

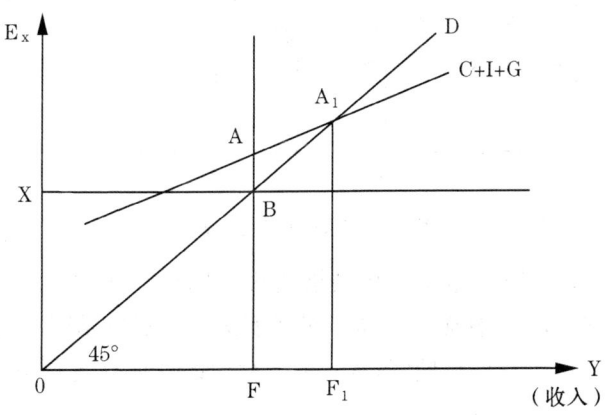

图 8-1 需求拉上型通货膨胀

在图 8-1 中,纵轴 Ex 表示实际支出,横轴 Y 表示实际收入。根据凯恩斯的分类,实际总支出可分为消费支出(C)、投资支出

(I)和政府支出(G)。0D 是 45°线,0X＝0F 是充分就业量。当总
支出线在高于 B 点处与 0D 线相交时(A₁ 点),说明总需求大于充
分就业情况下的总供给,AB 就形成了"通货膨胀缺口"。在 A₁ 点
才可以达到供求平衡,但经济上已处于充分就业,不可能再增加
FF_1 量的产量,而只能是 FF_1 名义收入的增加,即只能代表物价
的上涨。

　　这一理论模式有一个明显的缺陷,即断定通货膨胀只能在达
到充分就业水平后才可能发生。因此,它无法解释通货膨胀与失
业并存的现象以及通货膨胀与实际产量增长的关系。实际上在实
现充分就业之前仍有可能发生通货膨胀。如图 8-2 所示。

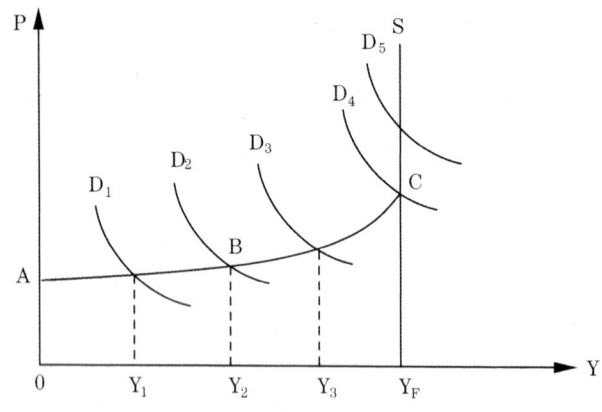

图 8-2　需求拉上型通货膨胀

　　图 8-2 运用总体需求与供给曲线来阐述需求拉上型通货膨
胀。在图 8-2 中,横轴代表总产出或实际收入(Y),纵轴代表物价
水平(P),社会总供给曲线(AS)可按社会的就业状况而分成 AB、
BC 与 CS 三个阶段。

　　(1) AB 阶段的总供给曲线呈水平状态,这意味着供给弹性无
限大,因为这时社会上存在着大量的闲置资源或失业。当总需求
从 D_1 增至 D_2 时实际收入便从 Y_1 增至 Y_2,物价水平保持不变。

（2）BC 阶段的总供给曲线表示社会逐渐接近充分就业，此时为扩大产量而增加的需求会促使产量和生产要素资源价格的上涨。因此，当总需求从 D_2 增至 D_3 时，实际收入增加，但增加幅度减缓，同时物价水平也有所上升。

（3）CS 阶段的总供给曲线表示社会已经达到充分就业的状态，Y_F 表示充分就业时所能达到的实际收入，这时的总供给曲线成为无弹性的曲线。当总需求从 D_4 增加至 D_5 时，只会导致物价水平的上升。

（二）货币数量说的需求膨胀理论

古典或传统的货币数量论是假定生产量恒等于充分就业量，货币流通速度 V 为一固定不变的量。因此，一方面货币量 M 增加后，代表名义支出总量或需求总量的 MV 必然增加；另一方面 PQ 代表名义供给总量，由于生产量 Q 恒等于充分就业量 Q_1，所以没有增加产量的可能。因此，根据交易方程式 MV＝PQ，总需求的增加必然引起物价的上涨。而以弗里德曼为代表的新货币数量说，对传统的古典理论提出了若干技术上的修正。他认为，货币流通速度 V 未必是固定不变的常数，而是相对稳定的函数，生产量 Q 必恒等于充分就业量 Q_1，充分就业只是一种常态。因此，他也同样认为，在总供给不变时，总需求的增加也必然引起物价的上涨。由此看来，无论是新的货币数量说还是旧的货币数量说，都在于强调通货膨胀是一种纯粹的货币现象，货币数量（即总需求）的增加为一般物价水平上涨的唯一原因，且认为货币数量的增加将导致一般物价水平同比例地上升。

以上两种理论形态都认为物价上涨的原因是由于商品与劳务的总体需求大于总体供给所引起的。但至少有两点不同：

第一，货币学派认为货币数量的增加直接导致总需求的增加，货币供应量的增加是总需求增加的主要原因；而凯恩斯学派则认为总需求各构成部分（即消费支出、投资支出和政府支出）的增加是需求增加的原因。

第二，货币学派认为充分就业是一种常态，所以由货币供给增加所产生的总需求的增加必然形成需求拉上型通货膨胀；凯恩斯学派则认为充分就业并不是一种常态，而非充分就业才是一种常态。当经济处于非充分就业水平时，总需求的增加部分推动物价水平上涨部分刺激或诱导总供给增加；只有当达到充分就业时，总需求增加才全部通过物价上涨反映出来。

二、成本推进说

与需求拉上说相反，成本推进理论认为通货膨胀的根源在于总供给方面，把通货膨胀的原因归咎于商品生产成本的增加，把由生产成本的提高而引起的通货膨胀称为成本推进型通货膨胀。亦即，所谓成本推进型通货膨胀是指在总需求不变的情况下，由于生产要素价格（包括工资、租金、利润以及利息等）上涨，致使生产成本上升，从而导致物价总水平持续上涨的现象。

西方的成本推进型通货膨胀理论是在 20 世纪 50 年代后期流行起来的。由于西方的限制性货币政策和财政政策在抑制通货膨胀方面经常失灵，达不到预期目的，一部分经济学家怀疑通货膨胀成因绝不单纯是需求拉上，也可能来自供给方面，是由成本推进的。货币和财政政策的失效，是由于用对付需求拉上型通货膨胀的方法来对付成本推进型通货膨胀，这就加重了通货膨胀的压力，因为紧缩需求的政策限制了供给能力，压抑了投资产出率。现在需要一种从供给方面分析通货膨胀成因的理论，作为制定限制成本上升而不是限制需求的反通货膨胀政策。由此可见，成本推进说是被作为一种新的通货膨胀理论提出来的。下面我们借用图8-3 简单说明成本推进型通货膨胀理论。

在图 8-3 中，横轴代表总产出或实际收入，纵轴代表物价水平，Y_F 为充分就业条件下的实际收入，S_0、S_1、S_2 为总供给曲线，D为总需求曲线。随着生产成本的提高，总供给曲线由 S_0 向左上方

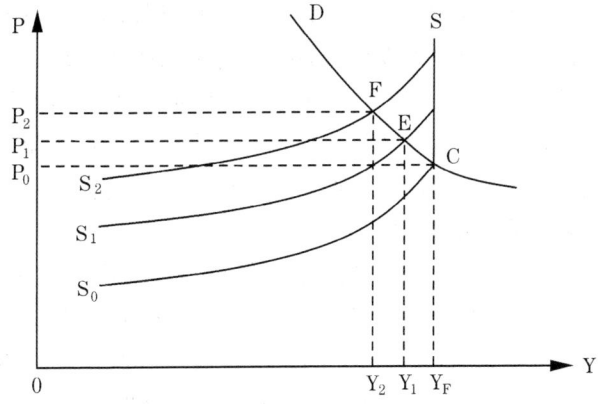

图 8-3　成本推进型通货膨胀

移至 S_1，再由 S_1 移至 S_2。结果，在国民收入由 Y_F 下降至 Y_1 和 Y_2 的同时（国民收入之所以下降是由于生产成本提高以后会导致失业增加，从而引致产量的损失），物价水平却由 P_0 上升到 P_1 和 P_2。由此可见，生产成本的提高将会导致企业生产的压缩、失业增加和总供给的减少，从而成为通货膨胀和失业增加的根源。

成本推进型通货膨胀又可分为以下三种：

1. 工资推进型通货膨胀

它是指由于工人工资的增加超过了劳动生产率的提高而引起的通货膨胀。西方经济理论认为，由于工会的强大垄断力量操纵了劳动力市场的价格，工资出现"刚性"，即只升不降的现象。当工资的增长快于劳动生产率的增长时，生产成本就会提高，从而导致物价上涨，而物价上涨后工人又会要求提高工资，对物价产生压力。如此循环造成工资—物价呈螺旋式上升。

2. 利润推进型通货膨胀

它是指垄断组织和垄断企业为了保证一定利润而提高价格所引起的一般物价水平的持续上涨。

3. 汇率成本推进型通货膨胀

它是指本国货币对他国货币汇率升值而引起的出口产品成本上涨,或者本国货币对外贬值造成的外汇倾销所引起的物价持续上涨。另外,如果本国货币对外贬值,导致进口原材料和其他商品价格上涨,从而使利用这些原材料进行生产的企业成本增加,使商品价格提高,并带动国内其他商品价格的持续上涨。

三、供求混合推进型

至此为止,我们已分别介绍了需求拉上说与成本推进说两种分析通货膨胀成因的理论。这两种理论是分别从需求与供给两个方面对通货膨胀成因进行探究的。随着通货膨胀理论的发展,一些经济学者认为需求拉上说与成本推进说只可提供分析通货膨胀的初步概念,在现实经济生活中,通货膨胀究竟是需求拉上还是成本推进是很难分清的。认为通货膨胀是由需求拉上和成本推进共同起作用导致的,既有来自需求方面的因素,又有来自供给方面的因素,即所谓"拉中有推,推中有拉"。这种从供给与需求两个方面及其相互影响说明通货膨胀成因的理论称作"需求拉上—成本推进说"或"供求混合推进说"

这种混合型的通货膨胀可用图8-4说明。

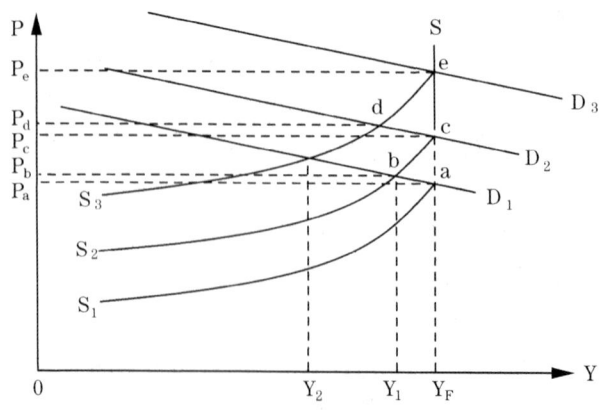

图8-4 供求混合型通货膨胀

这种通货膨胀可能从过度需求开始,也可能从供给(或成本)方面开始。图 8-4 中的 Y_F 为经济体系处于充分就业时的实际收入,我们先假设首先因工资提高引起供给曲线 S_1 移至 S_2,这时如果总需求不增加(D_1 线),则产量将减少($Y_F - Y_1$),价格水平由 P_a 涨至 P_b。但政府为了维持充分就业而运用扩张性政策,使总需求曲线由 D_1 移至 D_2,产出和就业水平恢复至原来水平,则物价水平涨至 P_c。由于物价水平的进一步上涨,工资会再一次提高 S_2 再移至 S_3,物价水平涨至 P_d,D_2 又移到 D_3。依此循环,成本推进与需求拉上结合,形成所谓的工资与价格螺旋形上升。

如果通货膨胀起因于需求增长时,需求曲线由 D_1 移至 D_2,造成商品价格上涨,必然引起供给曲线由 S_1 移至 S_2,由于工资将随价格一起上升,供给曲线便从 S_2 又移至 S_3,此时 D_2 与 S_3 的交叉点为 d,即产出水平回落,价格上升,形成成本推进的通货膨胀。政府为了保持充分就业而增加支出,总需求再次增加,需求曲线 D_2 移至 D_3,价格再次上涨。从而形成持续性的通货膨胀。

四、结构因素

在西方,有些经济学者认为,即使整个经济中的总需求和总供给处于平衡状态,但由于经济结构方面的因素有变动,一般物价水平的上涨也将会发生,这就是所谓的"结构型通货膨胀"。结构型通货膨胀理论出现在 20 世纪 60 年代。该理论的最早倡导者是保罗·斯特里坦、威廉·鲍莫尔等。到了 20 世纪 70 年代,结构型通货膨胀理论又分别由乔弗雷·梭纳德、约翰·希克斯以及斯堪的纳维亚经济学家奥克鲁斯特、埃德格伦、法克森、奥德纳等人进一步加以发展。

他们认为,引发结构型通货膨胀有四种原因:

1. 需求结构转移

需求结构转移,即在总需求不变的情况下,某个部门的一部分需求转移至其他部门,而劳动力和其他生产要素却不能及时转移,于是,需求增加的部门的工资和产品价格上涨,而需求减少了的部门的产品价格却未必相应下降,因此导致物价总水平的上升。

2. 部门差异

部门差异,即产业部门生产率的增长一般快于服务业部门,但两大部门的货币工资增长速度却相同,而且这种增长速度是由产业部门生产率的增长速度所决定的,于是服务业部门货币工资的增长速度必然会超过其生产率的增长速度,造成其成本持续上升的压力,从而成为一般物价水平上涨的原因。

3. 斯堪的纳维亚小国型通货膨胀

挪威、瑞典等斯堪的纳维亚国家的经济学家奥德纳、奥克鲁斯特等将结构型通货膨胀同开放经济结合起来分析,创立了著名的"小国开放模型"。它所研究的是处于开放经济中的"小型国家"是如何受世界通货膨胀的影响而引起国内通货膨胀的。所谓"小国"是指该国在世界市场上只是价格的接受者,而不能决定商品的国际价格。对于这样一些开放经济的小国来说,因经济与外部世界密不可分,经济结构可分为两大部门:一个是生产出口产品并参加世界市场竞争的开放经济部门(包括大多数制造业、运输业、一部分农业和矿业等);另一个是生产内销产品不参加世界市场竞争的非开放经济部门(包括服务业、建筑业、公用事业和小部分生产性加工行业等)。由于小国在世界上是价格接受者,因此当世界市场上的价格上涨时,开放经济部门的产品价格也随之上涨,结果会使开放经济部门的工资也相应上涨,一旦开放经济部门的价格、工资上涨后,又会带动非开放经济部门的价格和工资上涨,导致"小国"全面通货膨胀。

4. 不合理的经济结构

不合理的经济结构不适应经济发展的需要,使得物价水平随着经济的发展一起上涨。这类原因造成的通货膨胀多发生于发展中国家。比如在发展中国家,往往传统农业部门与现代工业部门并存。由于农业生产结构僵化、资本短缺、农业生产率及供给弹性低下等,农产品不能满足工业化及经济发展的需要,从而引起农产品价格上涨。而农产品价格是一种基础价格,其上涨又会带动整个物价水平上涨。对农产品的供不应求本可通过进出口贸易来解决,即以出口工业品来换取农产品。但是,由于发展中国家的进出口结构不合理,出口以初级产品为主,进口又以资本品及中间投入品为主,而这些进口品又是维持国内经济增长所必不可少的,这样出口收入的增长赶不上进口支出的增长,结果势必导致国际收支的逆差,出现本币贬值,于是进口品的国内价格就会立即上升,在进口需求呈刚性的情况下,进口品价格的上涨就会推动国内生产成本及物价水平全面上涨。

第三节　通货膨胀的社会经济效应

一、通货膨胀促进论

（一）凯恩斯的"半通货膨胀"论

凯恩斯认为货币数量增加后,在充分就业这一关键点的前后,其膨胀效果的程度不同。在经济达到充分就业分界点之前,货币量增加可以带动有效需求增加。也就是说,在充分就业点达到之前增加货币量既提高了单位成本,又增加产量。之所以能够有双重效应,是因为这样两个原因:第一,由于存在闲置的劳动力,工人被迫接受低于一般物价上涨速度的货币工资,因此单位成本的增加小于有效需求的增加幅度。第二,由于有剩余的生产资源,增加有效需求会带动产量——供给的增加,此时由于数量增加不具有十足的通货膨胀性,而是一方面增加就业和产量,一方面也使物价上涨。这种情况被凯恩斯称之为半通货膨胀。

当经济实现了充分就业后,货币量增加就产生了显著的膨胀性效果。由于各种生产资源均无剩余,货币量增加引起有效需求增加,但就业量和产量将不再增加,增加的只是边际成本中各生产要素的报酬,即单位成本。此时的通货膨胀就是真实的通货膨胀。

由于凯恩斯的理论中,充分就业是一种例外,不充分就业才是常态,因此,增加货币数量只会出现利多弊少的半通货膨胀。

(二)新古典综合派的促进论

这一学派认为,通货膨胀通过强制储蓄、扩大投资来实现增加就业和促进经济增长。当政府财政入不敷出时,常常借助于财政透支来解决收入来源。如果政府将膨胀性的收入用于实际投资,就会增加资本形成,而只要私人投资不降低或者降低数额小于政府投资新增数额,就能提高社会总投资并促进经济增长。

当人们对通货膨胀的预期调整比较缓慢,从而名义工资的变动滞后于价格变动时,收入就会发生转移,转移的方向是从工人转向雇主阶层,而后者的储蓄率高,因而增加一国的总储蓄。由于通货膨胀提高了盈利率,因而私人总投资也会增大,这样,政府与私人的投资都增加,无疑有利于经济增长。

(三)收入在工资和利润的再分配与通货膨胀促进论

通货膨胀政策追求的目标是实际工资增长率低于劳动生产率增长率,而实现这一目标的关键是实际工资能否与劳动生产率同步增长。在劳动生产率与通货膨胀率已定的前提下,国民储蓄总水平取决于以下三个因素:

(1)物价变动对工资水平的影响;

(2)工资储蓄率与利润储蓄率的差别;

(3)工资收入在总收入中的比重。

工资水平受两个因素的影响,首先是劳动生产率变化率,这是工资的自然变化率;其次是物价水平。物价上升,工资也应上升。那么,工资总变化率就等于自然变化率与工资——物价系数与物价变化率的乘积之和。即:

$$d\omega/\omega = a + \alpha(dp/p)$$

这里 ω 为工资；dω/ω 为工资变化率；a 为自然变化率即劳动生产率变化率；α 为工资——物价系数；dp/p 为物价变化率。

要想使工资占全部收入的份额不变，即收入不发生有利于利润获得者的再分配，必须使工资水平的提高减去物价变动，等于生产率的提高。即：

$$\frac{dz}{z} = \left(\frac{dw}{w} - \frac{dp}{p} \right) - \frac{dr}{r}$$

这 z 为工资占总收入的比重；dz/z 为工资比重的变化率；r 为劳动生产率；dr/r 为劳动生产率变化率。有以下三种情况会导致工资占总收入比重的下降：

（1）工资水平的提高慢于物价水平的提高，即 dω/ω＜dp/p，此时 dz/z 肯定为负。

（2）在一般情况下，工资增长只能在短期内低于物价上涨，但长期内还是高于物价上涨幅度的，因此导致工资占总收入比重下降的另一原因将是 α。当 α＞1 时，由于

$$d\omega/\omega = a + \alpha(dp/p)，而 a \geqslant 0，所以 d\omega/\omega > dp/p$$

如果 α＜1，工资占收入的比重就有可能下降，即 dz/z 出现负值。

因为 dω/ω−dp/p
$$= a + \alpha(dp/p) - dp/p$$
$$= a + dp/p(\alpha - 1)$$

当 α＜1 时，dz/z＝dω/ω−dp/p−a

$$dz/z = dp/p(\alpha - 1) < 0$$

（3）假设工人工资增长超过物价上涨，并且单个工人的工资的实际上涨率与劳动生产率增长率相同。即：

$$d\omega/\omega - dp/p = dr/r = a$$

但如果就业总人口减少了，z 的数值还会下降，这时是工资总

额的变化所导致的。

在通货膨胀中,工资与利润之间的关系变得非常微妙。只要实际工资增长赶不上劳动生产率的增长,就有可能发生有利于利润获得者的再分配。

经济学一般的假设是:随着人们收入的增多,人们用于储蓄的比率也会增加,也就是说,低收入阶层的储蓄率低于高收入阶层的储蓄率。英国经济学家休萨克对 20 个国家的分析表明,从长期来看,工资收入平均储蓄率为 0.02,而非工资收入平均储蓄率为 0.24,两者相差 10 倍以上。他还认为,公司组织的利润的储蓄倾向最高而且稳定,而工资的储蓄倾向并不稳定。这一结论说明,如果发生有利于利润获得者的再分配,将提高一国的储蓄率。

通货膨胀的结果不但会给利润获得者集中了资金,因为通货膨胀会发生有利于利润获得者的再分配,还能够刺激市场需求增加,为投资者带来良好的收入预期,从而刺激投资。这样就会有如下良性循环:通货膨胀——储蓄——投资——经济增长。

(四)收入在政府与私人部门的再分配与通货膨胀促进论

在经济增长过程中,政府往往扮演非常重要的角色。政府要建设社会基础设施、扶植新兴产业的发展、调整经济结构。政府的上述行为都依赖政府的投资,而政府筹资主要包括政府本身的储蓄、举借内债和举借外债。从 20 世纪 60 年代之后,通过货币扩张或通货膨胀政策来筹资的做法变得越来越重要。在货币扩张中,正常发行的货币量的一部分直接转为财政收入。假设一国资源存货已被充分利用,货币扩张只能转化为物价上涨,这本质上就是货币的财政发行。政府是这一政策的纯受益者,原因是货币贬值和物价上涨后,政府获得了对一部分资源的支配权,这实际上是政府向所有货币持有者非强迫征税——货币税。货币税的税基是实际货币余额(M/P),税率则是货币贬值幅度,也就是通货膨胀率。

货币税给政府带来的收入是税基乘以税率。即：

$$\frac{M}{P}\frac{dp}{p}$$

如果物价上涨幅度与货币增发的量一致,那么政府的新增收入就等于新发行的货币量。但通常情况下,政府通过货币税征收而得到的收入与通货膨胀率之间有比较复杂的关系。如图 8-5 所示。

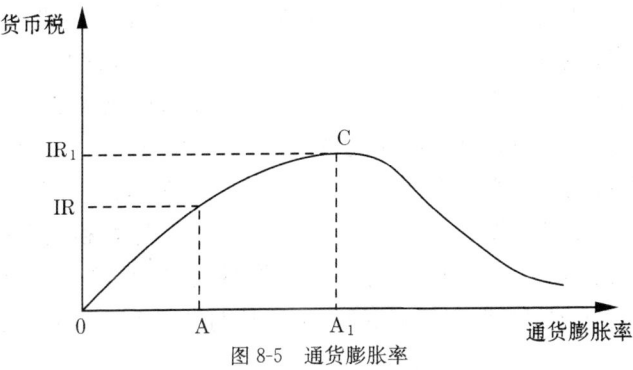

图 8-5 通货膨胀率

在图 8-5 中,可以看出,在通货膨胀率为 0 时,货币税也为 0;当通货膨胀率上升后,政府货币税收入也开始上升,并在 C 点达到最大值 IR_1,此时通胀率为 A_1。超 C 点后,货币税反而下降,原因是实际货币余额下降的速度更快。

政府在收入中所占比重对一国储蓄率会有什么影响呢？休萨克认为,从长期看,政府储蓄倾向高于私人部门平均的储蓄倾向,原因是公众因交税而削减的消费支出要大于政府因增税而增加的消费支出。那么,通货膨胀时,政府占收入的比率增加,社会的储蓄率提高,这对加快经济增长来讲,是有利的。对经济的有利影响主要表现在：

（1）降低资本—产出系数。由于政府在进行投资决策时可以更多地考虑宏观经济平衡的需要,而宏观经济平衡能使生产能力

得到更大限度地发挥。例如,政府可以向以下几方面增加投资:
① 向瓶颈部门进行投资,使生产中的短线部门迅速发展,带动其他一系列部门生产的发展。② 向外部经济的部门进行投资改变整个生产结构。③ 吸收增加劳动密集型行业的技术,以减少资本投入,充分利用劳动力资源。政府的这些选择是私人投资所无法做到的。

(2)改变投资结构。在经济发展时期,会出现许多新兴的产业部门,这些部门是经济起飞的基础。但由于其新兴的性质,向这些部门投资往往周期长、风险大,而且原始投资的数额也非常大。如果所有投资都依赖私人部门,那么新兴产业将是投资的空白。在这一方面只有政府才能平衡投资结构。政府通过货币扩张政策进行投资的产业应该是基础设施和重工业,只有这样,才能维持经济长期稳定发展。政府投资从表面上并不影响私人投资的总量和结构,但实际上却改变了社会投资的总量和结构。私人投资因货币扩张性政策而受到的损失会从长期发展得到的利益中受到补偿。

(3)促进对外贸易发展。在开放经济中,欲使计划投资超过计划储蓄,除国内实行温和通货膨胀政策外,还可以采取扩大进口、吸收国外储蓄的办法。但发展中国家往往缺少外汇,要保持较高的进口率,就要想办法通过各种途径弥补国际收支逆差。从国际金融关系上看,弥补逆差的资金可以来自国际金融市场和国际金融机构的借款,也可以来自外国私人资本的流入。除了这些有形的外汇收入之外,还有一种无形的外汇收入渠道,即实行本币贬值政策。本币贬值可以促进出口,限制进口,从而弥补前一时期进口扩张而产生的外汇缺口。国内通货膨胀政策制造了这一个外贸的循环,其结果是既提高了国内储蓄总水平,又促进了对外贸易的发展。

通货膨胀促进论认为,通货膨胀是政府的一项政策,获得直接利益的肯定是政府，获利大小则完全取决于政府调控经济水平的高低。政府应努力提高自己的管理技能，最大限度地发挥通货膨胀政策的积极作用，并把它带来的各种利益转化为经济增长的动力。

二、通货膨胀促退论

（一）通货膨胀降低储蓄

通货膨胀减少了人们的实际可支配收入，从而削弱了人们的储蓄能力。通货膨胀造成本金贬值和储蓄的实际收益下降，使人们对储蓄和未来收益产生悲观的预期，储蓄的意愿降低。储蓄意愿的下降导致人们即期消费增加，因而人们的储蓄率不是不变的，更不是上升的，而是下降的。

（二）通货膨胀减少投资

首先，在通货膨胀环境下，从事生产和投资的风险较大，而相比之下，进行投机会有利可图。这说明，在通货膨胀环境中，长期生产资本会向短期生产资本转化，短期生产资本会向投机资本转化。生产资本，特别是长期生产资本的减少对一个国家的长期发展是不利的。同时，短期资本，特别是投机资本增加会使各种财产价格上升，土地、房屋等所有者可以坐享其成，而对这类财产的过度投机对社会的利益要小于其害处。

其次，投资者是根据投资收益预期而从事投资的，当出现严重的通货膨胀时，价格上涨在各行业中是不一致的，投资者也无法判断价格上涨的结构，因此投资者行为就会变得盲目，而盲目的投资不利于产业结构的优化。

最后，在通货膨胀时期，会计标准很可能还沿用过去的标准，对折旧的提取还是按固定资产原值和一定的折旧率为计算标准。折旧提取大大低于实际水平，企业成本中的很大一部分变成了利润，这种虚假利润也被政府征税了，因此，企业未来发展的资金就将下降。

（三）通货膨胀不利于社会公平

通货膨胀对经济力量强的阶层有利，而对贫困阶层不利。在通货膨胀中最能捞到好处的是利润获得者阶层，他们可以不断地从物价上涨中获得更多的超额利润。大部分雇员则发现在他们的货币工资没增加之前物价已经上涨了，而且货币工资刚增加，物价又上涨了。经过一番艰苦的斗争才补回一点损失，但其货币收入总是落后于物价上涨。而固定收入者的境况更糟，也许是通货膨胀已经发生了相当长的时间，或许已经有了几轮的物价上涨之后，这些固定收入者的收入才增加。最凄惨的是靠养老金生活的退休者和穷人，他们既没有增加收入的希望，又得不到通货膨胀的好处。收入分配的不公，会造成一个社会的不安定，而安定的社会秩序则是一个国家经济发展的保证。

（四）通货膨胀造成外贸逆差

当一个国家货币贬值后，国内商品价格都已经大幅上涨时，如果该国货币的对外汇率下降幅度与国内价格上升幅度相同，这种汇率变动不会对一国贸易产生影响。原因是该国货币汇率下降后，假定单位产品的国际销售价格不变，出口者用外汇去换取的本国货币数量增加幅度与该产品国内销售所引起的收入增加幅度相同。因此，单纯地认为通货膨胀造成本国货币贬值就能促进出口是不成立的。只有本国物价稳定，而这时本国货币汇率下降才会有利于出口，因为这时出口企业净盈利增加。

当一国已经发生通货膨胀，而本国货币汇率调整没有及时跟上时，本国货币价值就会被高估，而高估的结果是不利于出口，有利于进口。

（五）恶性通货膨胀危及社会经济制度的稳定

通货膨胀具有"惯性作用"和"自我加速"作用，从历史上看，通货膨胀开始时都是比较温和的，但如果不及时消除，就会愈演愈烈，导致恶性通货膨胀。在通货膨胀高涨时，生产盲目发展，需求过度,政府不得不采取紧缩的政策,减少投资,减少通货,但这又造成新的矛盾,就是工人失业率增加,发生"有效需求不足",危机由此产生。政府又不得不增发货币,增加投资,以解决失业问题,但又导致新的通货膨胀产生。在通货膨胀超过一定限度的情况下,便会产生预期作用,造成物价与成本呈螺旋式上升,形成通货膨胀的加速运动,从而有可能演变成恶性通货膨胀,这种恶性的通货膨胀甚至有可能导致经济和社会的崩溃。

第四节　通货膨胀的治理对策

通货膨胀破坏社会生产,扰乱流通秩序,引起分配不公,导致社会动荡政局不稳,因而引起世界各国的高度重视。各国政府都在积极寻求治理通货膨胀的良策,并且已经积累了许多经验。各国一般采取以下措施治理通货膨胀。

一、紧缩政策

通货膨胀是社会需求大于社会总供给的产物,因此,治理通货膨胀首先是要控制需求,实行宏观紧缩政策。紧缩政策主要包括以下内容:

(一)紧缩性货币政策——抽紧银根

为把过度的需求压下来,各国货币当局采取的手段主要有:

(1)通过公开市场业务出售政府债券,以相应减少货币存量;

(2)提高法定存款准备率,以缩小货币乘数;

(3)提高再贴现率,影响商业银行的借款成本和市场利率,以抑制货币需求,达到减少货币流量的目的;

(4)控制政府向银行的借款额度,适当减少或控制国际收支净收入,以控制基础货币的投放,等等。通过以上手段来保证货币供应量增长率与经济增长率相适应。

（二）紧缩性财政政策

紧缩性财政政策的基本内容是增加税收和减少政府支出。增加税收的通常做法是提高税率和增加税种，这样可以压缩企业和个人可支配的货币收入，增加财政收入，减少财政赤字或财政向中央银行的借款量。压缩财政支出的办法是削减财政投资的公共工程项目，减少各种社会救济和补贴，使财政收支平衡。

（三）紧缩性收入政策

紧缩性收入政策是对付成本推进型通货膨胀的有效方法。贯彻紧缩性收入政策可采取两种方式：

一是温和办法。即政府采取"协商恳谈"或"道德规劝"的办法，劝说工会降低工资要求，限制企业提高商品价格。

二是强硬措施。即政府制定法令冻结工资和物价，或把工资和物价增长率固定在一定水平上，严禁哄抬物价和乱涨价。20世纪60年代和70年代初，西欧、日本和美国都采取过这种政策。

二、收入政策

收入政策是指政府在通货膨胀期间用来限制货币收入水平和物价水平的经济政策。收入政策的理论基础主要是成本推进型通货膨胀理论。因此收入政策可以用来对付成本推进型的通货膨胀。

收入政策的主要内容是：

（1）规定工资和物价水平增长率的标准，如规定工资增长率与劳动增长率保持一致。对于每个部门，由于劳动生产增长率与全国平均劳动生产增长率的差距引起的成本变动，允许其通过价格浮动来消除。

（2）工资—价格指导。通过各种形式的政府说服工作，使企业和工会自愿执行政府公布的"工资—价格指导线"（即工资增幅）。

（3）工资—物价管理。即对工资和物价实行强制性冻结，如有违反,政府即予以处罚。

(4)以纳税为基础的收入政策。即政府以税收作为奖励和惩罚的手段来限制工资—物价的增长。如果工资和物价的增长保持在规定的幅度之内,政府就以减少个人所得税和企业所得税作为奖励;如果超出政府规定的界限,就以增加税收作为惩罚。20世纪60年代和70年代初,西欧、日本和美国都采取过这种政策。

三、供给政策

发展生产、增加有效供给,是稳定币值、消除通货膨胀的根本出路。在这方面,供应学派的政策主张可供借鉴。供应学派认为,通货膨胀和经济波动都是由产品供应不足引起的,因此,只要刺激生产、增加有效供给,就能遏制通货膨胀。改善供给的一般措施有:

1. 降低税率,促进生产发展

20世纪80年代初期,美国在治理通货膨胀时,里根政府就曾采取了在压缩需求的同时,3年内减低所得税16%的政策措施。此外,还通过提高机器设备的折旧率刺激投资,以促进生产发展,增加有效供给。

2. 实行有松有紧、区别对待的信贷政策

在压缩需求的同时,货币当局还应该实行产业倾斜政策。对国民经济中的"瓶颈"部门、事关国计民生的主要产业和产品,要实行比较优惠的信贷政策;对那些产品积压、投入多产出少的产业或产品,则要紧缩信用。只有这样,产业结构、产品结构才能得到优化,社会资源才能得到合理配置,货币流通状况才能得到根本好转。

3. 发展对外贸易,改善供给状况

通过对外贸易,不但可以调节供给总量,而且可以改善供给结构。当国内供求矛盾比较尖锐时,可以动用黄金外汇储备来进口商品、增加供给总量;当国内市场上某种商品供给过多,而另一些商品供不应求时,则可以通过进出口贸易来调节供给结构。

四、收入指数化

它是将收入水平、利率水平同物价水平的变动直接挂钩,以抵销通货膨胀的影响。指数化的范围包括工资、政府债券和其他货币性收入。其实施办法是把各种收入同物价指数挂钩,使各种收入随物价指数而调整。这样能收到两个功效:一是借此剥夺政府从通货膨胀中新获得的收入,打消其制造通货膨胀的动机;二是可以借此抵销或缓解物价波动对个人收入水平影响,克服分配不公,避免出现抢购商品、贮物保值等加剧通货膨胀的行为。

不过,也有许多否定收入指数化政策的意见。主要是:① 全面实行收入指数化有很高的技术性要求,因此任何政府都难以实施包罗万象的指数化政策;② 收入指数化会造成工资、物价的螺旋式上升,从而进一步加剧通货膨胀。

五、改革货币制度

一些人认为,要彻底清除通货膨胀,必须改革货币制度,限制货币发行。持这种观点的以供给学派为代表。

如何对货币发行进行限制呢?他们认为,货币当局控制货币供给增长率的做法是靠不住的,唯一的选择是废除信用货币制度,恢复金本位。货币当局控制货币供给增长率为什么靠不住呢? 有以下两个理由:

第一,在信用货币制度下,很难分清什么是货币,什么不是货币,因此真正控制货币数量几乎是不可能的。由于银行、各类金融机构、企业甚至个人随时随地巧妙地创造各种各样的信用工具来充当货币,货币的内涵变得越来越大,越来越模糊。目前,连货币数量指标的定义都很难确定,更不用说进行有效控制了。货币当局所能控制的是 M_1 和 M_2 这类狭义的货币供应量,却无法控制由众多因素决定的广义货币数量。因此,即使货币当局控制的货币数量的增长率下降了,而实际流通的货币数量不一定减少。

第二,由于货币供给的控制缺乏有效的依据,货币当局往往难以恰当地确定货币供给增长率,又由于货币供给缺乏有效的约束,货币当局在各种压力下会随意提高货币供给增长率,致使货币当局失信于民,使人们产生通货膨胀预期。

为此,废除信用货币制度,恢复金本位,才是理想的选择。恢复金本位既使货币当局控制货币数量有据可依,又硬化了货币供给的约束机制。同时,这样做,可以消除人们的通货膨胀预期,恢复对法定货币的信心,从而稳定币值、降低利率、提高投资、扩大生产和供给。

如何恢复金本位呢? 这些人认为有五个步骤:

第一,货币当局公开宣布与民间进行黄金法币兑换的政策措施。

第二,决定黄金价格与单位法币的含金量。

第三,货币当局按公布的金价和法币含金量与民间进行黄金买卖。

第四,规定黄金准备率。

第五,设定中央银行黄金准备的上下限。

改革货币制度,恢复金本位是一部分人的主张,这一主张的现实意义并不大。其原因是金本位之所以消亡,是由于社会经济的变化剥夺了金本位存在的理由,而为解决通货膨胀再去恢复金本位过于理想化了。

第五节　通　货　紧　缩

一、通货紧缩的定义

通货紧缩是一种宏观经济现象,其含义与通货膨胀正好相反。通货膨胀是指商品和劳务价格的普遍持续上涨,货币不断贬值;通货紧缩则是指商品和劳务价格的普遍持续下跌,表明单位货币所代表的商品价值在增加,货币在不断升值,即通货在收缩(或者说是浓缩)。因此,通货紧缩与通货膨胀一样,也是一种货币现象。国外发生的通货紧缩,往往与经济萧条、失业上升相伴随。

按照引发通货紧缩原因的不同,通货紧缩还有狭义与广义之分。狭义的通货紧缩是指由于货币供应量的减少或由于货币供应量的增幅滞后于生产增长的幅度,对商品和劳务的总需求小于总供给,从而出现物价总水平的下降。此种通货紧缩出现时,市场银根趋紧,货币流通速度减慢,最终引起经济增长率的下降。广义通货紧缩产生的原因则还包括许多非货币因素,如生产能力过剩、有效需求不足、资产泡沫破裂以及新技术的普及和市场开放度的不断加快等等,它们使商品和劳务价格下降的压力不断增大,从而可能形成物价的普遍持续下跌。

关于通货紧缩的定义,国内目前有三种观点:一种观点认为,通货紧缩就是指物价的普遍持续下降;另一种观点认为,通货紧缩是物价持续下跌,货币供应量持续下降,并与经济衰退相伴随;第三种观点则认为,通货紧缩是经济衰退的货币表现,因而必须同时具备三个特征:① 物价持续下跌,货币供应量不断下降;② 有效需求不足,失业率上升;③ 经济全面衰退。

根据以上分析,我们可以这样来全面把握通货紧缩:通货紧缩是一种商品和劳务价格普遍下跌的现象,其主要原因是货币供应量少于客观需要量,致使社会总需求少于社会总供给。而生产能力过剩、资产泡沫破裂、高新技术及其产品的广泛普及也有可能造成或加剧通货紧缩。通货紧缩的后果是有效需求不足,失业率上升,最终导致经济的全面衰退。

二、通货紧缩的标志

从通货紧缩的概念可以看出,通货紧缩的基本标志应当是一般物价水平的持续下降。但要全面考察通货紧缩,则还要看是否出现货币供应量的减少以及经济的衰退。典型意义上的通货紧缩往往具有以下三个标志：

1. 一般物价水平持续下跌

一个典型的例子发生在 1929～1933 年美国的经济危机期间，严重的通货紧缩与经济大萧条相伴随。危机期间，美国股市暴跌了 85％，消费价格指数下降近 25％，农副产品批发价格指数下降 54％，企业投资下降 85％，工业生产下降 47％，国民生产总值下降约 30％，货币供应量年均递减 10％。大批工厂、银行倒闭，失业人数剧增，居民收入锐减。严重的通货紧缩使美国经济遭受沉重打击。

近期世界市场各类产品(尤其是能源产品)出现价格大幅度下降的趋势，出现了世界性通货紧缩的迹象。

2. 货币供应量持续下降

货币供应量少于客观需要量，既包括客观需要量一定时期货币供应量减少的情况，也包括一定时期客观需要量增加的情况。此外，在一定时期内，虽然物价水平的持续下降可能会与货币供应量的适度增长共存，但这种情况特别值得深入分析。首先要把货币供应量的增长率与经济增长率进行对比，看两者的增长幅度是否相适应。如果货币供应量的增长率长期滞后于经济增长率，货币供应量指标的持续下降就是通货紧缩的标志。其次要观察货币供应量的层次结构，分析货币供应的流动性是否在下降。如果货币供应的流动性持续下降，这就属于一种结构性的通货紧缩。最后要研究货币流通速度的变化，分析货币流量的变化情况。如果现金和存款货币的流通速度持续下降，从而引起货币流量逐年萎缩，这同样是一种通货紧缩的标志。

3. 经济增长率持续下降

通货紧缩虽然不是经济衰退的唯一原因，但它对经济增长的威胁是显而易见的。通货紧缩使商品和劳务的价格变得越来越便宜。但由于这种价格的下降并非源于生产效率的提高和生产成本的降低,因此就势必会减少企业和经营单位的收入;企业单位被迫压缩生产规模,又会导致职工下岗或失业;社会成员收入下降必然影响社会消费,消费减少又会加剧通货紧缩;由于通货紧缩,人们对经济前景看淡,反过来又影响投资;投资消费缩减最终会使社会经济陷入困境。这也是许多权威人士惊叹世界出现通货紧缩的原因。

三、通货紧缩的成因

引发通货紧缩的原因较多,既有货币因素,又有非货币因素;既有生产方面的原因,又有管理方面的原因;既有国外的原因,也有国内的原因。根据近代世界各国发生通货紧缩的情况分析,大体有以下几个方面的原因:

1. 货币紧缩

弗里德曼和舒瓦茨认为,美国1920~1921年出现的严重的通货紧缩完全是货币紧缩的结果。在1919年4月到1920年6月期间,纽约联邦储备银行曾经多次提高贴现率,先后从4％提高到7％。经济大萧条期间出现的通货紧缩也是同样的原因。当然,货币紧缩往往是货币政策从紧的结果。货币当局为追求价格稳定,中央银行往往把货币政策目标定为零通胀,从而采取提高利率等手段减少货币供应量。这样的政策效果可能从一个极端走向另一个极端,即在治理了通货膨胀的同时引起了通货紧缩。因为紧缩性的货币政策往往容易导致物价的下降、有效需求的不足以及经济的衰退。因此,不少学者认为,把货币政策目标定为零通胀是非常危险的。

2. 资产泡沫破裂

导致通货紧缩的另一个原因是资产泡沫破裂。1986~1989年间,日本的经济泡沫泛滥成灾,股票和房地产价格扶摇直上。但当1990年5月经济泡沫破灭之后,便迅速引起股市狂泻,汇率大跌,企业和银行大量倒闭。从此,日本经济陷入长期的通货紧缩困境。

3. 多种结构性因素

不少经济学家把通货紧缩归结为多种结构性因素，主要包括：全球军费支出大量削减；大国的财政支出和赤字减少；中央银行继续同通货膨胀作斗争；科技进步降低了成本，提高了生产效率；信息技术强化了竞争，贸易壁垒被打破；经济全球化不断加快等等。所有这些因素，都使全球的生产能力过剩和供给过剩，促使综合物价长期下跌。

4. 流动性陷阱

凯恩斯把货币供应量的增加未带来利率的相应降低，只是引起人们手持现金增加的现象叫"流动性陷阱"。在正常情况下，货币供应量的增加会引起债券价格的上升，人们会用多余的现金购买资产，从而使货币需求减少、利率下降。但是，一旦人们认为目前的证券价格过高，今后可能下跌，而利率则太低，今后可能升高时，就会放弃购买证券而保持现金。如果此时货币当局再增加货币供应量，就只会使人们手持现金增加（即被流动性陷阱吸收），而不能使利率改变，货币政策将不起作用。货币供应量增加既然对利率没有影响，也就无法改变投资和消费，增加总需求。

流动性陷阱的出现，使过量的现金转化为公众的手持现金或银行储备，并未使利率降低，不能刺激投资与消费的增加，从而使经济萧条更趋严重，并增加通货紧缩的治理难度。

四、通货紧缩的危害

长期以来，通货紧缩的危害往往被人轻视。然而，通货紧缩的历史教训和全球性通货紧缩的严峻现实已使人们认识到，通货紧缩与通货膨胀一样，会对经济发展造成严重危害。而且通货紧缩一旦发生，政策制定者很难制止通货紧缩或者使通货紧缩的趋势逆转。正因为如此，许多人认为，从某种意义上说，通货紧缩的危害要大于通货膨胀。

通货紧缩可能导致如下后果：

第一，引发并加速经济衰退。通货紧缩既是经济萎缩的结果，又是经济进一步萎缩的原因。由于通货紧缩提高了货币的购买力，人们愿意更多地储蓄、更少地消费。与此同时，物价的持续下跌又会使实际利率水平上升，提高企业的投资成本，迫使企业减少投资。消费和投资水平的下降必然造成经济萎缩和衰退。

第二，可能引发银行危机。与通货膨胀相反，通货紧缩有利于债权人而有损于债务人。通货紧缩使货币越来越昂贵，这实际上加重了借款人的债务负担，使借款人无力偿还贷款，从而导致银行形成大量不良资产，甚至使银行倒闭、金融体系崩溃。因此，许多经济学家指出："货币升值是引起一个国家所有经济问题的共同原因。"

第三，负财富效应。通货紧缩在使货币越来越昂贵的同时，会出现商品和资产价格的持续下跌和股市的狂泻，产生负面的财富效应，降低资产的抵押或担保价值，加速企业的破产进程。这种情况在债务与国内生产总值比率较高的国家更容易发生。

五、通货紧缩的治理

在通货紧缩的条件下，一般物价水平低于合理水平，实际上是处于通货膨胀的"另一端"，它与通货膨胀一样，违背了经济平稳发展的要求，并可能最终导致经济衰退。因此，要达到治理通货紧缩的政策目标，就要综合利用各种政策措施，促使一般物价水平回到原有的均衡水平。在具体政策组合中，采取再膨胀政策，制定有效措施，增加财政支出，扩大货币供应量，增加汇率制度的灵活性；配合微观经济政策，调整经济结构，刺激居民消费等。

1. 实行再膨胀政策

由于 20 世纪 70 年代高通货膨胀率带来了资本主义经济的"滞胀"，所以人们一提到再膨胀，就感到害怕。事实上，无论物价过高或过低，对经济发展都不利，经济可持续发展是以相对稳定的物价为基础的。通货紧缩将危害一国的经济增长,因此,有必要采用再膨胀政策,使物价回升到合理水平。其政策含义就是:采取积极的财政政策、货币政策以及灵活的汇率政策。

采取积极的财政政策,扩大财政支出,可以发挥政府支出在社会总支出中的作用,弥补个人消费需求不足造成的需求缓减,从而使财政政策起到"稳定器"的作用。但是在采用扩张性的财政政策时应注意几条原则:

第一,扩大投资要与扩大消费密切结合。扩张性的财政政策不仅要加大投资力度,更要注重刺激消费需求。从理论上讲,消费需求是经济增长真正和持久的拉动力量,投资需求在一定意义上是消费需求的派生需求,投资需求自身不可能成为经济增长的持久拉动力量。不仅如此,在消费需求没有回升迹象的情况下,投资需求的大幅回升只能反映出人为的、非市场力量的推动。这种推动短期内有利于阻止增长率下滑,刺激经济回升,但如果没有消费需求的支持,这种投资增长和经济回升都不会持久。而且由于缺乏消费刺激政策,边际消费倾向下降,从而投资乘数减少,投资增加对经济增长的促进作用也将缩小。因此,扩张的财政政策应更多地考虑对于消费需求的影响。

第二,尽可能地提高投资的效率和效益。财政支出能否带动企业或私人部门投资决定了财政政策的效应及其对经济增长贡献率的大小,因此要对财政支出结构作出合理安排。如1998年,我国增发1000亿元国债,专项用于基础设施投资,这对1998年经济增长达到7.8%起到重要作用。为此,要拓展思路,充分发挥积极的财政政策的作用,尽可能地提高投资的效率与效益。

第三,积极的财政政策要求在操作上有所创新。有效的宏观政策应该做到适时调节、灵活变通、短期微调。否则自由市场经济的"失灵"会导致频繁的经济衰退。为此,积极的财政政策要求在操作上要有所创新,不能固守财政预算,承袭传统方式。要通过优化结构、创新形式、加强协调,使积极的财政政策在防范通货紧缩中发挥作用。

积极的货币政策的核心是,从防止通货紧缩、防范金融风险出发,适当增加货币供应量,促进国民经济持续、快速、健康地发展。

通货紧缩与通货膨胀一样,对经济发展不利,它使债务人负担加重,使投资愿望受到打击,并可能导致经济衰退。为此,要根据国际国内经济形势变化,适时调整货币供应量,使物价回升到一个合理的区域。同时,要密切关注金融机构的贷款行为,注重货币政策灵活调节,促使金融机构有效增加贷款。并从增加贷款入手,防范、化解金融风险。此外,货币政策要与税收政策、对外贸易政策、产业政策密切配合,使各种政策工具实现有机组合。

2. 改善社会的收入分配状况

在物价下跌的趋势难以扭转的条件下,改善社会的收入分配状况,建立社会保障体制以遏制消费需求的继续萎缩。

3. 增强汇率制度的灵活性

增强汇率制度的灵活性,可以缓减国内价格被动上升的压力,促使国内价格回升,降低实际利率预期,有利于摆脱通货紧缩困境。

4. 创造公平竞争的外部环境

应当采取得力措施,创造公平竞争的外部环境,避免生产的盲目发展和生产的恶性竞争。

复习思考题

1. 什么是通货膨胀和通货紧缩? 简述通货膨胀和通货紧缩的类型。

2. 试分析通货膨胀的成因。

3. 对通货膨胀的社会经济效应,你有何看法?

4. 试全面、客观地评价通货紧缩的社会经济效应,并提出相应对策。

5. 据你分析,近些年世界是否出现了通货紧缩? 如何判断?

第九章 货 币 政 策

货币政策是指一国中央银行为实现其预定的宏观经济目标，对货币供给、银行信用及市场利率实施调节和控制的具体措施。在现代市场经济中，货币政策是整个经济运行实施宏观调控的最重要的手段之一。货币政策理论内容丰富，要研究的问题很多，但就基本原理而言，主要内容包括以下几个问题：一是货币政策的最终目标；二是货币政策的主要工具；三是货币政策的中介目标；四是货币政策的传导机制。

第一节 货币政策及其目标

一、货币政策的含义

中央银行对经济的调节是通过实施货币政策来实现的。所谓货币政策，是指中央银行为实现其特定的经济目标运用各种控制和调节货币供应量和信用量的方针和措施的总称。一般包括三个方面的内容：政策目标、实现目标所运用的政策工具和预期达到的政策效果。

货币政策发挥作用的特点在于不仅仅影响国民经济的某个方面，而是作用于整个社会经济。货币政策的执行者是中央银行，国家可以通过中央银行的特殊地位和金融机制来采取措施，影响市场信用量和货币供应量，以实现国家管理和干预经济的要求。

货币政策目标是一国当局采取调节货币和信用的措施所要达到的目的。按照中央银行对货币政策的影响力和影响度，货币政

策划分为两个不同的层次,即最终目标和中介目标,它们共同构成中央银行货币政策的目标体系。下面先介绍最终目标:

二、货币政策最终目标

中央银行货币政策的目标要与一国整个经济长期发展的战略目标相一致,要成为整个经济政策重要组成部分而发挥作用。这就是中央银行的货币政策的最终目标。一般认为,货币政策的最终目标包括:稳定物价、充分就业、经济增长、国际收支平衡。

（一）货币政策最终目标的内容

1. 稳定物价

物价稳定与经济发展有着密切的联系,物价稳定是经济发展的前提,经济发展又是物价稳定的基础。要实现稳定物价的目标,就必须控制通货膨胀。但究竟什么是物价稳定,这在不同的国家以及对于不同的经济学家来说有着不同的看法。一些经济学家认为在通货膨胀已成为世界性现象的环境下,企图把物价冻结在一个绝对不变的水平上是不可能,在现代经济中,物价如果陷于绝对静止状态,反而是一种不正常的现象。关键是能否把通货膨胀率控制在可承受的限度之内。有的经济学家认为,5％以下的通货膨胀率是一种温和的通货膨胀,对经济的发展有一定的刺激作用,也是经济所能承受的;有的则认为,3％以内的物价上涨率是可取的。在不同的国家和不同的情况下,人们对物价的承受能力是不同的。但任何一个国家都不愿意物价大幅度上涨,而是企图把通货膨胀率限制在最低程度,以便与其他经济目标相协调。

2. 充分就业

西方国家所以把充分就业作为货币政策的目标之一,是因为一个国家的劳动力能否充分就业,是衡量该国的各种资源是否达到充分利用、经济是否正常发展的标志。实现了充分就业,就意味着各种资源达到了最大限度的运用,经济发展就是正常的。但到底什么是充分就业也很难衡量。经济学家们通常以劳动力的失业情况作为充分就业与否的标准。那么,所谓充分就业,最理想的境界应该是所有的劳动力都有固定职业,即失业率等于零。但实际上这是办不到的。因为即使在正常情况下,劳动力的一部分也会因为市场需求和经济结构的变化而暂时失业。所以要想制定一个准确的目标作为合理的失业水平,是很难做到的。有的经济学家认为,3%的失业率可以看作是充分就业,有的则认为长期维持在4%~5%的失业率比较好。美国多数经济学家认为,失业率在5%以下就算充分就业。

3. 经济增长

经济增长是指在一个国家内,商品与劳务产出的增长及与其相结合的供给能力的增长。它一般是以国民生产总值扣除价格变化因素后的年增长率来测度。但是这个指标也并非总能准确地衡量出实际经济的变化情况。因为有些时候,出于宣传的目的,统计数字的使用可能带有一定的虚假因素。即使统计数字是准确的,但在产值增长的背后,也可能隐藏着环境的污染、资源的浪费等消极因素。但是,由于经济增长这一目标主要关心的是一个时期的经济增长是否比另一个时期相对好一些,整体经济是否处于稳定的增长状态中,所以,在没有更好的指标的情况下,各国中央银行只好把国民生产总值增长作为目标。

4. 国际收支平衡

国际收支平衡是指一个国家与世界其他国家之间在一定时期内全部经济往来活动的收支平衡。反映在国际收支平衡表上,就是每年黄金外汇储备不发生增减变化。西方经济学家认为,每个国家的国际收支都应该自谋平衡,但实际上,个别国家却经常为国际收支盈余而努力。从全世界来看,一个国家的盈余势必意味着其他国家有赤字。因此,每个国家都要保持国际收支的盈余是绝对不可能实现的事情。这样只能退而求其次,就是在短时期内允许国际收支略有盈余或略有赤字,而在较长的时期内,某一年份不平衡可以由另一年份进行弥补。能够做到这一点,就可以认为实现了国际收支的基本平衡。

(二)货币政策最终目标的相互冲突

中央银行的货币政策是一个国家宏观经济政策的组成部分,从这个角度看,货币政策的最终目标应当与整个宏观经济政策的最终目标保持一致。但应当注意,上述几个宏观经济目标之间是存在一定矛盾的:如果想保持充分就业和经济增长就有可能造成物价不稳定;同样,如果要控制通货膨胀,保持物价稳定,又有可能牺牲充分就业和经济增长。另外,中央银行就其最基本的职能看是调节货币供应量,维护币值的稳定,从这点出发,如果中央银行的货币政策与其他宏观经济政策保持一致,那么,就会失去货币政策独立存在的必要。在处理货币政策与其他宏观经济政策的关系方面,大多数国家的中央银行都保持相对的独立性,在保证币值稳定的前提下,尽量与其他宏观经济目标保持一致。下面我们再具体分析一下四个目标之间的矛盾与冲突:

1. 稳定物价与充分就业的冲突

为了稳定物价,必要的措施就是抽紧银根、紧缩信用、降低通货膨胀率。但结果会导致经济衰退和失业率上升。而为了增加就业,又需要采取信用扩张的办法,放松银根、增加货币供应、增加投资、刺激需求,从而增加就业人数,但结果又会导致物价上涨,加剧通货膨胀。因此,根据菲利浦曲线,充分就业与物价稳定不能并行,失业率与物价上涨率之间存在着反比例关系:失业率低,物价上涨率高;失业率高,物价上涨率低。换句话说,要降低失业率,就要以忍受较高的通货膨胀率为代价;要使物价稳定,就要以忍受较高的失业率为代价。两者不能同时兼顾。

2. 稳定物价与经济增长的冲突

关于经济增长与物价稳定之间是否存在矛盾,西方经济学家的看法不尽一致。有的认为,只有物价稳定,才能维持经济的长期持续增长。有的则认为,通货膨胀实际上是经济增长的刺激剂。还有的采取折衷的说法,即通货膨胀虽然不能促进经济迅速增长,但与经济增长形影不离。这是因为,充分就业是经济高速增长的前提条件,而充分就业可能带来通货膨胀。许多经济学家都认为,根据对各国经济增长的历史研究,没有事实证明经济增长率与物价上涨率之间存在内在联系,不需要用通货膨胀的方法刺激经济增长。

3. 稳定物价与国际收支平衡的冲突

物价上涨表明国内货币贬值,外国商品价格相对低廉,导致本国输出减少、输入增加,造成国际收支恶化。即使在本国物价稳定的情况下,也可能发生国际收支的不平衡。假如本国物价稳定而外国发生了通货膨胀,则导致本国输出增加、输入减少,国际收支会发生大量顺差,而顺差也是一种不平衡。只有世界各国都能维持大致相同的物价水平,而且在贸易形态不发生变化的情况下,物价稳定与国际收支平衡才可能同时达到,而这实际上是不可能的。

4. 经济增长与国际收支平衡的冲突

在经济增长过快的情况下,伴随着有效需求的增加,通常会引起进口商品需要的增加,从而使贸易收支状况恶化,引起国际收支不平衡。而在国际收支不平衡时,通常必须压制国内的有效需求,其结果可能改善国际收支,但又往往带来经济的衰退。因此,经济增长与国际收支平衡也是有矛盾的。

三、货币政策中介目标

(一)货币政策中介目标含义

货币政策的中介目标就是中央银行为了实现货币政策的最终目标而设置的可供观测和调整的指标。货币政策的最终目标是中央银行经过一定的努力才能达到的。在此过程中,中央银行必然寻找一个指标用来观测最终目标的实现情况和对政策变量进行调整。从货币政策开始启动到最终目标发生变化止(比如物价变动、经济增长率和失业率变动），需要一个相当长的"时间差"，如果等货币政策最终目标发生变化再来调整货币政策工具，那么有可能已经时过境迁了。这样，在跟踪目标和校正工具过程中，就会使中央银行陷于十分被动的境地，不能有效地使货币政策达到理想的境界。为此，各国中央银行都设置一些能够在短期内显现出来，并可与货币政策最终目标高度相关的指标，作为自己调整货币政策工具时用于观测和控制的标的。而货币量、利率等指标与货币政策最终目标关系密切，并且中央银行又可直接控制，中央银行通过观测和控制这些指标，就可以间接地控制最终目标了。

货币政策中介目标的作用在于：① 表明货币政策实施的进度；② 为中央银行提供一个追踪的指标；③ 便于中央银行随时调整货币政策。

（二）货币政策中介目标的标准

作为货币政策的中介目标，并不是任意确定的，而是取决于它是否符合以下三个方面的条件：

1. 可观测性

通过这种指标能够观察货币政策作用的效果和实施进度，反映这种指标的数字资料比较容易且迅速地取得。

2. 可控性

它是指这一指标必须能够由中央银行控制，要能直接处于中央银行运用的政策工具的作用范围之内。如果把那些与货币政策的最终目标关系很近的指标直接作为中介目标，尽管在效果上更接近于最终目标值，但是由于这些指标不能受中央银行的直接控制，所以就不能作为货币政策的中介目标，比如类似劳动生产率这样的指标，中央银行就很难进行控制。

3. 相关性

作为中介目标的指标必须同货币政策的最终目标高度相关。要具有类似于自变量与因变量之间的那种函数关系。只有具有高度相关性,中央银行才能根据这些中介指标判断最终目标的变化情况,才能准确操作货币政策工具以达到预定目的。

（三）货币政策中介目标种类

各国中央银行选择的中介目标虽然不尽相同,但一般说来,大致都包括以下几种:

1. 利率

利率是凯恩斯主义所坚持的货币政策的中介目标。在 20 世纪 70 年代以前凯恩斯主义占统治地位时,各国中央银行都把利率作为主要的中介目标。将利率作为中介目标的主要理由是:

（1）利率与经济活动水平高度相关。利率是顺循环的。当经济繁荣时,信贷需求增加,利率会上升;反之,当经济衰退时,信贷需求也会缩减,利率则下降。

（2）利率的变动能反映货币与信贷的供求状况。利率水平提高,可能是货币市场紧俏;利率水平下降,可能是货币市场松弛。

（3）利率还是把货币供应量的变动传导到生产和投资领域的重要渠道,利率的变动会影响企业投资、政府支出的规模。

（4）利率水平可以由中央银行加以控制。中央银行通过变动贴现率和在公开市场买卖有价证券就可以影响整个金融市场的利率水平。

但在实际生活中,利率容易受非政策性因素的影响,这就往往使政策效果和非政策效果混合在一起,使中央银行弄不清真相而作出错误判断。例如,在需求过大和通货膨胀的情况下,市场利率为 10％,中央银行要控制与压缩需求,抑制通货膨胀,决定将利率提高到 13％。但在实际操作过程中,由于非政策性因素的作用,如通货膨胀的心理预期和投机行为等,而使市场利率上升到 14％。从表面上看,中央银行的中介目标 13％ 已经达到,但实际上,在上升的 4％ 中,可能有 3％ 是非政策性因素造成的。而政策性因素仅有 1％,中央银行的紧缩政策并没有完全实现。但现实却可能使中央银行产生错觉,误认为政策已经奏效,不再继续采取提高利率的措施,使反通货膨胀政策半途而废。因此,利率作为中介目标有其局限性,并不是十分理想的指标。

2. 货币供应量

货币供应量是以弗里德曼为首的货币主义所坚持的货币政策中介目标。货币供应量包括流通中的现金和银行存款。以货币供应为货币政策的中介目标的理由是:

(1)货币供应量与经济活动水平高度相关。首先,货币供应量是经济过程的内生变量,生产和商品交易的变化必然引起货币供应量相应变化,而这种变化是顺循环的。当经济繁荣时,生产和商品交易规模扩大,信贷需求增加,银行体系剩余储备减少,引起货币供应量增加;反之,当经济衰退时,生产和商品交易萎缩,信贷需求减少,银行体系剩余储备增加,引起货币供应量收缩。其次,货币供应量又是货币政策的外生变量,它的松紧变动会直接反作用于经济过程。具体来说:① 货币供应量的变动能直接引起国民生产总值的变动,货币供应增加,能促进国民生产总值的增长;紧缩货币供应量,会抑制国民生产总值的增长。通过对货币供应量的调节,能够调节国民生产总值的增长速度。② 货币供应量的变动与物价的变动也有密切关系。货币供应量增加,对商品劳务的需求增加,超过一定限度后,物价上涨率就会提高;紧缩货币供应量,会抑制物价上涨水平。因此,货币供应量是与货币政策最终目标高度相关的指标。

(2)便于观测,不会使政策性因素与非政策性因素的影响与政策效果发生混淆而导致中央银行产生错觉。例如,在需求过大和通货膨胀的情况下,货币供应量增长率为12%。中央银行为了抑制总需求决定将货币供应量增长率降为10%。但由于通货膨胀心理影响和非政策性因素的影响,货币供应量增长率上升到15%。这种情况不会使中央银行作出错误分析,还会继续强化紧缩银根的措施。

（3）货币供应量可以由中央银行直接控制。也有一些学者认为，货币供应量也不是最理想的货币政策的中介目标。因为货币量也要受一些非政策性因素的影响，例如公众持有现金比率的变化就会对货币供应量发生影响，从而使中央银行难以精确地控制货币供应量。

3. 基础货币

基础货币是由各商业银行的存款准备金和流通在银行体系以外的现金所构成。基础货币又叫强力货币，它是存款货币量伸缩的基础。将基础货币作为货币政策的中介目标的理由是：

首先，对中央银行来说，基础货币比货币供应量更容易控制，因为流通中现金是由中央银行发行的；而存款准备金，中央银行通过变动存款准备率就可以对其进行控制。

其次，基础货币的变化也可以在一定程度上反映货币政策最终目标的变化。例如，当实行扩张性货币政策时，就要放松银根，增加基础货币供应，通过乘数作用，整个货币供应量就会成倍增长，从而达到经济增长的目标；反之，当实行紧缩性货币政策时，就是抽紧银根，收缩基础货币供应，通过乘数作用，整个货币供应量就会成倍缩减，从而达到抑制需求、降低经济增长速度、稳定物价的目标。

因此，中央银行通过对基础货币的控制就可以左右货币供应量，进而实现货币政策的最终目标。但是，以基础货币作为货币政策的中介目标，也有其难以克服的弱点，这就是有一些非政策性因素，例如现金比率、定期存款与活期存款比率等会影响货币乘数的稳定，使得基础货币与货币供应量之间的关系处于不稳定状态，从而造成中央银行无法精确地在控制基础货币的基础上进而控制货币供应量。

4. 剩余储备即超额储备

这是指商业银行超过中央银行法定存款准备率的超额准备金。剩余储备是商业银行扩大贷款规模，增加货币供应量的基础。中央银行对商业银行的剩余储备是可以控制的，控制的方法就是通过变动法定准备率和实行公开市场操作。当提高法定准备率或在公开市场出售有价证券时，就会使商业银行的剩余储备减少；反之，就会使商业银行剩余储备增加。此外，通过剩余储备这个指标也可以观测经济活动的变化情况。当经济繁荣时，商业银行会减少剩余储备以扩张信用；当经济衰退时，贷款需求减少，商业银行的剩余储备会增加。因此，中央银行可以通过控制剩余储备来控制信用规模，进而影响经济活动水平。当然，剩余储备同利率一样，因为有非政策因素的影响，它的增减变化也容易使中央银行产生错觉。

第二节　货币政策工具

一、一般性货币政策工具

（一）再贴现政策

再贴现是指商业银行或其他金融机构将贴现所获得的未到期的票据，向中央银行转让。再贴现对中央银行而言是买进商业银行持有的票据，流出现实货币，扩大货币供应量；对商业银行而言则是出让已贴现的票据，解决一时资金困难。整个再贴现过程，实际上是商业银行和中央银行之间的票据买卖和资金让渡过程。

再贴现政策是指中央银行通过制定和调整再贴现利率来干预和影响市场利率，进而影响货币市场的供给和需求，从而调节市场货币供给量的一种金融政策。

当中央银行提高再贴现率时，商业银行向中央银行贴现的资金成本上升，这就必然减少向中央银行的贴现，从而使商业银行的贷款资金减少。此时，商业银行就要收缩对客户的贷款，从而也就缩减了市场的货币供应量,随着市场货币量的缩减,银根紧俏,市场利率也相应上升,从而社会对货币的需求也相应减少。

中央银行的再贴现政策具有如下作用:

(1)通过影响商业银行资金成本和超额准备,影响商业银行的信用量,从而影响货币供给量,导致市场利率发生变化。

(2)具有告示效应,影响商业银行及社会公众对经济形势的预期。

(3)由于中央银行对再贴现票据的资格有所限定,因此能够影响商业银行的资金投向,在一定程度上起到调整产业结构与产品结构的作用。

中央银行再贴现政策也有其不足之处。主要表现在:

(1)在控制货币供应量方面效果不一定十分理想。其原因是中央银行在实施再贴现政策时处于被动的地位,商业银行处于主动地位,贴现额取决于商业银行。

(2)再贴现政策只能影响市场利率水平而不能影响其结构。

(3)再贴现政策缺乏弹性,不能经常调整。

(二)存款准备金政策

商业银行或其他存款银行按照吸收的存款,依照法定的比率向中央银行缴存的那部分存款,称为法定存款准备金。这个法定比率则称为法定存款准备率。

商业银行在中央银行保留一定的存款准备金,最初是为了满足提起现金和转账支付,保证清偿能力,也是中央银行的业务之一。

所谓存款准备金政策,是指中央银行通过规定和调整商业银行缴存中央银行的存款准备率,控制商业银行的信用创造规模,从而控制社会货币供给量。

一般而言,当中央银行提高法定存款准备率时,商业银行就增加了上缴中央银行的法定准备金量,减少了超额准备金量,使存款乘数变小,从而也就降低了整个商业银行体系创造信用、扩大信用规模的能力,减少市场货币供给量。其结果是社会银根紧俏,促使市场利率提高,社会对货币需求也相应减少。

当中央银行降低法定存款准备率时,其运作结果与上述相反,商业银行因缴存准备金的减少而增加可贷放资金,从而达到信用扩张的目的。

从作用效果看,法定存款准备金政策是一种强有力的政策工具,即使中央银行对法定存款准备率作小幅度的调整,由于存款乘数的作用,也会引起货币供给量的巨大波动。所以,这种货币政策工具有较强的调控货币和信贷规模的能力,效果快捷有力。

但由于法定存款准备金政策作用效果猛烈,因缺乏弹性,不宜随时调整,一旦调幅过大,就会引起经济的强烈震荡,甚至大起大落。这也是此工具的主要不足之处。

（三）公开市场业务

公开市场业务也称"公开市场操作",是指中央银行在公开市场（金融市场）上买进或卖出有价证券,从而起到放松或收缩银根,扩张或收缩信用,增加或减少市场货币供给量的一项业务活动。

根据经济情况,中央银行认为有必要收缩银根时,就在金融市场上卖出有价证券（主要是政府债券）。当中央银行在金融市场上卖出有价证券时,一方面,商业银行买进证券,其超额准备金减少,从而减少了商业银行的放款规模,减少了货币供给;另一方面,中央银行出售证券,促使证券价格下降,市场利率上升,从而达到抑制货币供给的目的。

当需要放松银根时,中央银行便在金融市场上买进政府债券,其运作结果与上述相反,从而达到扩张信用,增加货币供给的目的。

从公开市场业务的作用过程来看,它具有如下几方面效果:

第一,影响商业银行的准备金,进而影响其信用创造规模。

第二,影响证券价格及收益。

第三,影响利率水平和利率结构。

二、选择性货币政策工具

选择性的货币政策工具是指中央银行对信用进行的结构性的控制,即对某些特殊领域的信用进行管制,鼓励或抑制某一部门的发展,从而达到调整结构的目的。这些控制工具主要有以下几种:

1. 消费者信用控制

它是指中央银行对不动产以外的各种耐用消费品的销售融资予以控制。其主要内容包括:

(1) 规定用分期付款购买耐用消费品时第一次付款的最低金额。

(2) 规定用消费信贷购买商品的最长期限。

(3) 规定可用消费信贷购买的耐用消费品种类,对不同消费品规定不同的信贷条件,等等。在消费信用膨胀和通货膨胀时期,中央银行采取消费信用控制,能起抑制消费需求和物价上涨的作用。

2. 证券市场信用控制

它是中央银行对有关证券交易的各种贷款进行限制,其目的在于抑制过度的投机。其中如规定一定比例的证券保证金率,并随时根据证券市场的状况加以调整。

3. 不动产信用控制

它是指中央银行对金融机构在房地产方面贷款的限制措施,以抑制房地产投机。如对金融机构的房地产贷款规定最高限额、最长期限以及首次付款和分摊期还款的最低金额等。

4. 优惠利率

它是中央银行对国家重点发展的经济部门或产业,如出口工业、农业等所采取的鼓励措施。优惠利率不仅在发展中国家多有采用,发达国家也普遍采用。

5. 预缴进口保证金

它是类似证券保证金的做法，即中央银行要求进口商预缴相当于进口商品总值一定比例的存款，以抑制进口的过快增长。预缴进口保证金多为国际收支经常出现赤字的国家所采用。

三、其他货币政策工具

（一）直接信用控制

直接信用控制是指从质和量两个方面，以行政命令或其他方式，直接对金融机构尤其是商业银行的信用活动所进行的控制。其手段包括利率最高限、信用配额、流动性比率和直接干预等。

规定存贷款最高利率限制，是最常使用的直接信用管制工具。如在 1980 年以前，美国有 Q 条例，条例规定，对活期存款不付利息，对定期存款及储蓄存款则规定利率最高限。其目的是为了防止银行用抬高利率的办法竞相吸收存款和为谋取高利而进行高风险存贷。

信用配额是指中央银行根据金融市场状况及客观经济需要，分别对各个商业银行的信用规模进行分配，限制其最高数量。在多数发展中国家，由于资金供给相对于需求来说极为不足，这种办法相当广泛地被采用。

规定商业银行的流动性比率，也是限制信用扩张的直接管制措施之一。流动性比率是指流动资产对存款的比重。一般来说，流动性比率与收益率成反比。为保持中央银行规定的流动性比率，商业银行必须采取缩减长期贷款、扩大短期贷款和增加易于变现的资产等措施。

直接干预是指中央银行直接对商业银行的信贷业务、贷款范围等加以干预。如对业务经营不当的商业银行拒绝再贴现或采取高于一般利率的惩罚性利率；如直接干涉商业银行对存款的吸收等。

（二）间接信用控制

间接信用控制是指中央银行利用各种间接的措施对商业银行

的活动和决策取向等施加影响。主要措施有：道义劝告、窗口指导等。

1. 道义劝告

所谓道义劝告是指中央银行利用其声望和地位，对商业银行和其他金融机构经营发出通告、指示或与各金融机构的负责人举行面谈，劝告其遵守政府政策并自动采取贯彻政策的相应措施。例如，在国际收支出现赤字时劝告各金融机构减少海外贷款；在房地产与证券市场投机盛行时，中央银行要求商业银行减缩对这两个市场的信贷等。

2. 窗口指导

窗口指导的内容是中央银行根据产业行情、物价趋势和金融市场动向，规定商业银行每季度贷款的增减额，并要求其执行。如果商业银行不按规定的增减额对产业部门贷款，中央银行可削减向该银行贷款的额度，甚至采取停止提供信用等制裁措施。虽然窗口指导没有法律约束力，但其作用有时也很大。第二次世界大战结束后，窗口指导曾一度是日本货币政策的主要工具。

间接信用指导的优点是较为灵活，但要起作用，必须是中央银行在金融体系中有较强的地位、较高的威望和拥有控制信用的足够的法律权力和手段。

第三节　货币政策传导机制理论

货币政策目标确定之后，中央银行利用适当的政策工具调控货币供给，通过经济体制内的各种经济变量，影响到整个社会的经济活动，进而实现既定的货币政策目标。这个由货币政策工具启动到货币政策目标实现的传导运行过程，就是货币政策的传导机制。这一过程并不是简单的传导，而是一个复杂的系统工程。关于货币政策的传导机制，西方经济学界存在着一定的分歧。下面介绍主要的传导机制理论：

一、凯恩斯的货币政策传导机制理论

凯恩斯把货币政策传导过程分为两个领域，即金融（货币）领域和实物（商品）领域。在金融领域只有两种资产，即货币和债券。前者有十足的流动性而无收益；后者的流动性不如前者，但有利息收益。在实物领域，社会的总收入与社会的总支出保持均衡。货币政策工具的启动先要打破和重建金融领域的均衡，通过利率的变化进而打碎和重建实物领域的均衡，最终达到货币政策的最终目标。在凯恩斯看来，中央银行实施货币政策后，首先引起商业银行的存款准备金数量的变化，继而导致货币供给数量发生变化，货币供给量的变化引起市场利率发生变化，利率的变化意味着资本边际效率的提高或降低，从而导致投资发生增减变动，通过乘数效应，最终影响总支出与总收入。用符号表示为：

$$R \rightarrow M \rightarrow r \rightarrow I \rightarrow E \rightarrow Y$$

其中：R——表示存款准备金；M——表示货币供给量；r——表示市场利率；I——表示投资；E——表示总支出；Y——表示总收入。

货币政策作用的大小主要取决于三个因素：一是取决于货币需求的利率弹性；二是取决于投资支出的利率弹性，即利率降低一定量时，投资将增加若干；三是取决于投资乘数，即投资增加一定量时总的有效需求将增加若干。在传导机制中，利率是核心，如果货币供给量增减后不能对利率产生影响，则货币政策失效。

总之，凯恩斯否认货币供应增加会直接引起总需求增加的观点，他还认为货币数量变动影响物价同比例变动只是充分就业后才能产生的一种特别情况。也就是说，如果社会处于非充分就业状态，则货币供给量增加所带来的总需求增加会直接增加社会的产量、就业与收入，物价上涨幅度较小。当社会已达到充分就业状态时，生产资源与劳动力已经趋于饱和，随着总需求的增加，物价水平随之同比例上涨。

上述分析,只显示货币领域的初始作用,而没有注意到这两个领域之间循环往复的反馈作用。因此,称之为局部均衡分析。凯恩斯以后的凯恩斯主义者对局部均衡进行了补充和发展,称为一般均衡分析。其基本观点是:当中央银行采取放松的货币政策而致使货币供给量增加时,在总需求不变的情况下,利率会相应下降,下降的利率会刺激投资,引起总支出与总收入相应增加。但利率下降后,降低了存款人的存款意愿,借贷资金减少或不变。与此同时,实物领域中由于收入的增加又提出了更多的货币需求,结果使货币需求量超过了货币供给量,造成下降的利率又重新回升,这是实物领域对金融领域的作用。接着,上升的利率又促使货币需求下降,利率再次回落,循环往复,最终达到一个均衡点。这个点同时满足了金融领域与实物领域两方面的均衡要求。

二、货币学派的货币政策传导机制理论

以弗里德曼为首的货币学派传导机制理论,强调货币供应量的变化并不是通过利率,而是直接影响名义国民收入。其货币政策的传递模式是:

$$R \to M \to B \to A \to C \to (I) \to Y$$

其中:R——表示存款准备金;M——表示货币供应量;B——表示商业银行的放款或投资;A——表示各种金融资产;C——表示消费品;(I)——分别投资品;Y——表示名义收入。

这一传递模式的简单解释是:当中央银行采取放松的货币政策时,采用一定的政策手段,如在公开市场上购入证券,使得商业银行的准备金或名义货币供应量也随之增加。一方面,商业银行设法降低利率,以增加放款或投资。利率降低使得各种盈利资产的价格上升,从而使得社会公众放弃各种盈利资产的持有,增加借款,货币供应量增加。另一方面,货币供应量增加,引起名义收入增加,而货币需求是稳定不变的,人们就会调整各自的资产结构,现金余额相对减少,其他金融资产或实际资产比重增加,这个过程会引起资产价格上涨或利率下降。实际资产需求的增加和工资上升,最终引起全社会总收入增加。所以,货币政策的影响主要不是通过利率间接地影响投资和收入,而是因为货币数量超过了人们需要的真实现金余额,从而直接地影响社会支出和货币收入。

货币学派在货币政策传导机制的分析中,对名义变量与实际变量加以区分,认为只有实际收入或产量的增长才能真正代表经济的增长。如果支出增加,名义收入上升,而实际收入和产量不变,则充其量也只是物价的上升而已。因而提出了货币政策可能在短期内影响实际变量(产量和就业),但在长期内只影响名义变量(物价和名义收入)的观点,从而把通货膨胀的原因归咎于货币供应过多。

第四节 货币政策效应

一、货币政策的时滞

(一)货币政策时滞含义

货币政策时滞是指从政策开始制定到政策目标最终实现所经过的时间。很明显,如果货币政策时滞较短或者中央银行对货币政策时滞能准确预测,货币政策效果就容易确定,货币政策工具在实施和传导的选择中就容易把握方向和力度。如果货币政策时滞较长且不稳定,政策效果就难以观察和预测。那么,政策工具在实施和传导过程中就可能变得无所适从,政策的取向和力度不能根据对政策生效程度的判断而随时确定和灵活调整,就难以达到理想的政策目标。货币政策时滞太长,其间的经济形势已发生很大变化,还可能导致最初采取的政策工具和选取的传导中介变得无效,导致政策的彻底失败。

（二）内部时滞和外部时滞

为了便于准确地预测和把握货币政策时滞，人们通常将时滞进行分段分析。简单的分段法，是将时滞分为内部时滞和外部时滞两部分。

1. 内部时滞

内部时滞是指从政策开始制定到实施政策工具为止这段时间。其中又细分为两个阶段：第一段叫认识时滞，它是指经济生活发生变化时，中央银行要获得反映这种变化的各种资料并进行分析和研究，以确定货币的政策意向所需要的时间；第二段叫行动时滞，它是指货币政策意向确定后，中央银行要根据对经济活动变化规律及其后果等的分析，决定实施具体的政策工具所需要的时间。内部时滞的长短，取决于中央银行收集资料、判断形势、制定决策等项工作的效率，也取决于经济形势的复杂程度。

2. 外部时滞

外部时滞是指从中央银行操作货币政策开始到对政策目标产生影响所经过的时间。决定和影响外部时滞的因素要比内部时滞复杂得多。货币政策工具实施以后要首先作用于商业银行等金融机构和金融市场，然后又进一步作用于企业、个人家庭等经济主体，通过经济主体投资、消费活动的变化使政策目标得以实现。在政策工具与政策目标之间，须经过由利率、货币供应量、基础货币、超额准备金等作为中间指标的复杂的传导过程。传导过程中的任何一个环节、一个指标发生预料不到的变化，都将影响对时滞的准确预测和把握。

二、货币流通速度对货币政策有效性的影响

货币流通速度是影响货币政策有效性的另一个主要因素。对于货币流通速度的一个相当小的变动，如果政策制定者未能预料到或在估算这个变动幅度时出现小的差错，都可能使货币政策效果受到严重影响，甚至有可能使本来正确的政策走向反面。假设，在预测的年度,GNP 将增长 20％;再假设,根据以前一些年份有关数据的实证规律,只要包括货币流通速度在内的其他条件不变,货币供应等比增加即可满足 GNP 增长对货币追加需求。如果货币流通速度在预测的期间加快了 10％,不考虑其他条件的变化,则货币供给则只要增加 10％即可。如果货币当局没有预见到货币流通速度的变化,而是按流通速度没有多大变化的考虑决策增加货币供给 20％,那么新增的过多货币供给量则必将成为助长经济过热的因素。但是,在实际生活中,对货币流通速度的估算,很难做到不发生误差,因为影响它的因素太多。这当然也就限制了货币政策的有效性。

三、合理预期对货币政策有效性的影响

合理预期概念的含义是:人们对未来的经济变量的变动能够作出合乎理性的,从而也是正确的预期。合理预期对货币政策效果的影响表现为:当中央银行货币政策推出后,各经济主体立刻会根据所获取的各种信息来预测政策的后果,并很快作出对策。货币政策的作用可能被这种对策所冲销。如:一项扩张性货币政策推出后,人们通过所掌握的各种信息预期社会总需求要拉上,物价水平会上升。在这种情况下,企业预期原材料要涨价,工人的工资会由于工会的力量强大而提高,生产成本会由此而上升,投资利润率会由此而下降,于是,投资需求必然减少,其结果是,物价上涨了,产出却没有增长甚至会减少,货币政策最终无效。这就是说,货币政策只有在人们不存在正确合理的预期,而盲目跟从的时候才会有效。但事实上,经济生活中的主体都是"理性人",他们都会在效用最大化和利润最大化原则的驱使下,对任何一条有用的信息作出理性反应。中央银行的货币政策信息更不例外,合理预期是一定存在的,货币政策的作用就难免被抵销。当然,合理预期对货币政策效果的这种影响不能过分夸大,因为公众预期的普遍形成要有一个过程,不可能没有"时滞",而且这种预期不一定始终完全正确,即使是有了完全正确的预期,要采取一定的对策以及这些对策发生作用,也得有一个过程。如果再考虑到中央银行同样会对经济主体的行为作出正确预期这一因素,那么,就可以说,只有未被中央银行预期到的行为才会抵销货币政策的作用。所有这些都决定了合理预期对货币政策效果的影响是有限的。

复习思考题

1. 西方国家货币政策的最终目标有哪几个?

2. 联系实际,谈谈你对我国货币政策目标的认识。

3. 中央银行的一般性货币政策工具有哪几种? 它们分别是怎样调控货币供给量的? 其各自的优缺点有哪些?

4. 为什么说货币政策的作用是间接的?

5. 中央银行选择货币政策中介目标的依据主要有哪些?

6. 在货币政策传导机制问题上,凯恩斯学派与货币学派分别有怎样的解释?

7. 从有力发挥货币政策的角度来衡量,我国货币政策所能运用的工具及相关的传导机制存在着什么问题?

8. 试述再贴现政策、存款准备金政策、公开市场业务三大政策的作用;试比较一般性货币政策工具的优缺点。

第十章　国际收支与外汇

国际收支和外汇是国际金融学最基本的内容,国际金融学科的其他许多方面都与国际收支和外汇有着非因即果的关系。因此,深入了解和正确地把握国际收支和外汇的基本内容,是学习国际金融这门学科的前提。

第一节　国际收支及国际收支平衡表

一、国际收支的概念

国际收支,一般是指一个国家在一定时期内因同其他国家的各种往来而引起的全部货币收支的综合情况。

国际收支是一个与国际经济交易密切相关的历史概念,其外延随着国际经济交易的发展而不断丰富。国际收支的概念最初起源于 17 世纪初期。当时,国际经济往来的基本形式是商品贸易,所以,最早人们仅把国际收支简单地解释为一国的贸易收支差额。第一次世界大战以后,金本位货币制度解体,黄金逐步退出流通领域,纸币流通日益盛行,外汇已成为国际贸易、国际结算和国际投资的主要支付手段。这使得外汇收支的重要性与日俱增。这时,各国通行的国际收支概念逐渐演变为一个国家的外汇收支,这也就是人们通常所说的狭义的国际收支。第二次世界大战以后,国际经济交易的范围进一步扩大,国际收支概念也进一步发展成为指一个国家一定时期内进行的全部国际经济交易的总和,即它不仅包括那些涉及对外货币收支的国际经济关系,而且包括那些不涉及货币收支的各种国际经济关系,如无偿对外援助、国际间易货交易等。这就是广义的国际收支概念。

国际货币基金组织从广义的概念出发,曾对国际收支作出解释:国际收支是"在一定时期内,一国居民对其他国家的居民所进行的全部经济交易的系统记录"。包括:① 一个国家与其他国家之间商品、劳务和收入的交易;② 该国货币黄金、特别提款权以及其他国家债权、债务的变化;③ 单方面的转移和有关的平衡项目。目前,大多数国家均采用广义的国际收支概念。

二、国际收支平衡表

(一)国际收支平衡表的概念

一个国家的国际收支情况只有通过国际收支平衡表才能得到切实的体现。所谓国际收支平衡表,是指系统地记录一国一定时期内(如1年、半年、1个季度或1个月)国际收支状况的一种统计表,是反映一定时期内一国以货币形式表示的全部国际经济交易的报告文件。国际收支平衡表是国际收支的外在表现形式。

国际收支平衡表是按照复式簿记原理编制的。按照这种记账原理,任何一笔国际性交易,原则上都应记载于借方或贷方。借方所记录的是商品和劳务的输入、对外债权的增加或对外债务的减少;贷方记录的是商品与劳务的输出、对外债权的减少或对外债务的增加。因此,借方项目代表本币供应或外币需求,而贷方项目则代表本币需求或外币供应。也就是说,借方一般表示外币支出,贷方则表示外币收入。按照国际惯例,借方的符号为负(一),贷方的符号为正(十)。由于每一笔交易都必须同时记录相应的借方和贷方,且金额相等,因此,原则上,国际收支平衡表全部项目的借方总额与贷方总额总相等,其净差额为零。但实际上,国际收支平衡表每一具体项目的借方和贷方(即收入和支出)却是经常不平衡的,收支相抵后总会出现一定的差额。当收入大于支出,即贷方数额大于借方数额时,差额为正数(十),我们称之为顺差;反之,当支出大于收入,即贷方数额小于借方数额时,差额为负数(—),我们称之为逆差。

(二)国际收支平衡表的内容

国际收支平衡表包括的内容按交易性质分为经常项目、资本项目和平衡或结算项目三大类。每一大项目可再分为一些分支项目。

1. 经常项目

经常项目是指本国与他国进行国际经济交易而经常发生的项目。它是国际收支平衡表中最基本和最重要的一个项目。具体又包括以下三项:

(1)贸易收支。亦称有形贸易收支,是指由商品的进出口而引起的外汇资金的收入与支出。贸易收支是国际收支中一个最重要的项目,对各国的国际收支状况起着决定性的作用。

国际货币基金组织规定,商品的进出口以各国的海关统计为准,而且都应按离岸价(FOB)计算。按照国际收支的记账原理,出口记入贷方,进口记入借方。

(2)劳务收支。亦称无形贸易收支,是指一国对外提供或接受劳务所引起的外汇资金的收入与支出。该项目内容主要包括:运输费的收支;旅游收支;银行和保险费业务收支;投资收益(如利息、股息、利润)收支;军事收支;其他劳务收支等等。

(3)转移收支。这是指实物或金融资产在国家间发生单方面转移而引起的收支。其特点是:一切收支均是单方面、不对等的经济交易,所以,又称为单方面转移,或不偿还的转移。它包括私人和政府两方面的单方面转移:前者包括侨民汇款、养老金和宗教团体、教育机构、财团法人捐赠钱款物资及各种奖金、奖学金等;后者包括政府间的无偿经济援助、军事援助、战争赔款、没收走私商品,以及政府间的馈赠、捐款和税款及赠与等。

上述三个项目差额的总和就是经常项目差额。

2. 资本项目

资本项目是指记录资本流动状况的项目。它反映一国居民在一定时期内对外金融资产和负债变化的情况。它可分为长期资本流动和短期资本流动两大类。

（1）长期资本流动。是指期限在 1 年以上或未定期限（如股票）的各种资本在国际间的转移。长期资本又可分为政府长期资本和私人长期资本两种。

政府长期资本主要包括：一是政府间贷款，如发达国家对发展中国家的官方开发援助贷款；二是政府投资，如购买外国政府发行的债券等；三是其他，如向国际金融机构的借款等。需要注意的是，国际货币基金组织与各成员国之间相互的贷款不属于资本项目，而被列入储备项目。

私人长期资本主要包括：一是直接投资，如私人企业（包括跨国公司）在外国采矿、开厂、办企业等；二是证券投资，又称间接投资，主要指购买外国政府债券及外国公司的股票、债券等；三是企业信贷，如中长期出口信贷、银团贷款等。

（2）短期资本流动。是指期限为 1 年或 1 年以下的资本在国际间的转移。它也可分为政府短期资本和私人短期资本两种。短期资本主要包括进出口信贷、套汇套利交易、跨国公司的资金调拨、金融机构的头寸调整，以及资本外逃和投机性资金流动等。私人短期资本流动，尤其是游资，其流动性很强，经常在国际间频繁转移，是造成国际金融局势动荡的重要因素。

总之，资本流动的形式主要有流入与流出两种。本国对外直接投资、购买有价证券及向外国贷款，是本国资本的流出；外国政府和个人对本国直接投资、购买有价证券及本国向国外借款，是外国资本的流入。国际资本流动对国际收支有着重大的影响，它可以暂时改善一国的国际收支状况，也可以加剧国际收支的不平衡。

3. 平衡或结算项目

平衡或结算项目包括误差与遗漏和官方储备两个项目。

（1）误差与遗漏。误差与遗漏是一个人为设立的项目，用于轧平国际收支平衡表中的借贷方总额。国际收支平衡表中的统计数字出现错漏是不可避免的。这是因为：

第一，资料来源不一。商业部、财政部、海关、税务和银行等各部门的统计口径不一，导致汇总数字不符。

第二，资料不全。有些国际经济交易未经过对应的部门办理，如走私及私自携带现钞出入国境等。

第三，资料本身错漏。有关部门提供的统计数字也不能保证绝对准确无误，有的仅仅是估算数字，并可能有错漏。

由于上述原因，国际收支平衡表的借贷方总额总会出现差额。为了使借贷双方在会计上平衡，统计当局便将出现的差额，归集在一个新项目即"错误与遗漏"之中。

（2）官方储备项目。官方储备是指一个国家的货币当局，即专门负责货币金融事务的政府部门（包括财政部、中央银行、外汇管理部门等）持有的可用于对外支付的储备资产及其对外债权，主要包括黄金、外汇、特别提款权和在国际货币基金组织的储备头寸四个组成部分。

前已述及，就国际收支平衡表中整个收支关系来说，它必然是平衡的，但就任何单个项目来说，却不一定相等，即常有盈余或赤字。当经常项目的差额与资本项目的差额不能相互抵销时，最后就反映在官方储备的增减上。当一国国际收支发生逆差时，意味着在国外的债务增加，最后就须动用官方储备来支付。当国际收支发生顺差时，意味着储备资产的增加。可见，官方储备的一个重要功能就是平衡国际收支。官方储备的增减是国际收支数量变化的结果。

表10-1是一张标准的国际收支平衡表，我们从这张表可以更直观地了解国际收支平衡表的原理和内容。

表 10-1

国际收支平衡表

	贷方(＋)	借方(一)	差 额
Ⅰ．经常项目			
贸易收支			
商品出口			
商品进口			
贸易差额			
劳务收支			
运输费			
保险费			
旅游			
投资收益			
其他劳务			
劳务差额			
转移收支			
私人			
政府			
经常项目差额			
Ⅱ．资本项目			
长期资本			
政府间贷款			
直接投资			
证券投资			
其他			
长期资本差额			
短期资本			
资本项目差额			
Ⅲ．平衡或结算项目			
误差与遗漏			
官方储备增减			

三、国际收支不平衡的原因

前已述及,从编制原理来看,国际收支平衡表是平衡的。具体表现在以下两个方面:一是采取复式记账原理,国际收支平衡表的借方总额和贷方总额总是相等的;二是设立了平衡项目,经常项目和资本项目的合计差额最终总是可以通过官方储备的增减和误差与遗漏项目得到平衡,以至于最终的账面差额必然是零。

从另一方面看,国际收支又常常是不平衡的。主要表现也有两个方面:一是国际收支平衡表中的各个项目一般是不平衡的,总会出现一定的差额;二是撇开国际收支账面上的、表象的平衡,一国的国际收支在性质上仍然可能是不平衡的。

国际收支平衡与否是各国政府十分重视的问题。西方国家还常常从国际经济交易的性质这个角度来分析国际收支平衡问题,即把国际经济交易分为自主性交易和调节性交易。自主性交易是指完全基于经济动机而自动进行的交易,也叫事前交易,如商品和劳务的输出入、政府和私人的援助、赠与及侨汇等。调节性交易是指为了弥补自主性交易的差额而进行的交易,亦称事后交易,如一国的进口商获得出口商或外国银行的延期付款的权利,逆差国家得到顺差国家或国际货币基金组织的短期资金融通以及逆差国家动用黄金、外汇储备应付逆差,等等。国际收支是否平衡的重要标志是自主性交易是否平衡。自主性交易达到平衡时,国际收支才算真正平衡。利用调节性交易来弥补而使国际收支达到的平衡,只能是形式上的、暂时的、缺乏稳固基础的平衡。因此,国际收支的调节是必然的。为了顺利而有效地调节国际收支,首先必须研究国际收支不平衡的原因,然后才能采取与之相适应的措施来进行调节。

在实际活动中,国际收支不平衡的原因是错综复杂的。这些原因主要包括:

1. 经济周期

经济周期是世界各国国际收支不平衡常见的原因。因为在经济发展过程中,各国经济不同程度地处于周期波动之中,周而复始地出现繁荣、衰退、萧条、复苏四个阶段,而经济周期的不同阶段对国际收支会产生不同的影响。在经济衰退阶段,国民收入减少、总需求下降、物价下跌,会促使出口增长、进口减少,从而出现顺差;而在经济繁荣阶段,国民收入增加、总需求上升、物价上涨,则使进口增加、出口减少,从而出现逆差。这种因经济周期波动引起该国国民收入、价格水平、生产和就业发生变化而导致的国际收支不平衡,就称为周期性不平衡。

2. 货币价值

一国货币价值变动(通货膨胀或通货紧缩)将引起国内物价水平变化,从而引起国际收支失衡。例如,一国发生通货膨胀,其出口商品成本必然上升,使用外国货币计价的本国出口商品的价格就会上涨,从而削弱本国商品在国际市场上的竞争能力,客观上起到了抑制出口的作用。相反,由于国内商品物价普遍上升,相比较而言,进口商品就显得便宜,鼓励了外国商品的进口,从而出现贸易收支的逆差。当然这里值得指出的是,通货膨胀也会引起该国货币汇率一定程度的贬值,但一般来说此时汇率贬值的幅度要比物价上涨的幅度小得多,因而其影响也小得多。它只能缓和但不会改变通胀对国际收支的影响。通货紧缩对国际收支平衡的影响则相反,促使形成国际收支顺差。这种因货币价值变化引起的国际收支不平衡,就称为货币性不平衡,或称为价格性不平衡。货币性不平衡可以是短期的,也可以是中期的或长期的。

3. 经济结构

当一国的经济结构与整个世界的经济结构不相一致时,其商品和劳务的出口就会发生困难,以至于国际收支出现不平衡。

世界各国由于地理环境、资源分布、劳动生产率差异等不同,从而形成了各自的进出口商品结构和地区产业结构,各国的产业、外贸结构综合成国际分工结构。若在原有的国际分工结构下,一国的进出口尚能平衡,但在某一时期,若世界市场对该国的出口需求或对该国进口的供给发生变化,即该国原有的相对平衡和经济秩序将受到冲击。若该国经济结构不能灵活调整以适应国际分工结构的变化,则会产生国际收支的结构性不平衡。

结构性不平衡在发展中国家尤为普遍,因为发展中国家进出口商品具有以下两个特点:一是产品出口需求的收入弹性低,而产品进口需求的收入弹性高,所以出口难以大幅度增加,而进口则能大幅度增加;二是产品出口需求的价格弹性大,而产品进口需求的价格弹性小,于是进口价格上涨快于出口价格上涨,贸易条件恶化。这种因国际分工格局或国际需求结构等国际经济结构发生变化时,一国的产业结构及相应的生产要素配置不能完全适应这种变化,从而发生的国际收支失衡,称为结构性不平衡。

4. 国民收入

国民收入变动的原因很多:一种是前面所述的经济周期波动所致;另外一种则是由经济增长率的变化而产生的。一般来说,国民收入的大幅度增加,全社会消费水平就会提高,社会总需求也会扩大。在开放型经济下,社会总需求的扩大,通常不一定表现为价格上涨,而表现为增加进口,从而导致国际收支出现逆差;反之,当经济增长率较低时,国民收入减少,国际收支出现顺差。这种因国民收入的较大变动而引起的国际收支不平衡,成为收入性不平衡。

此外,在短期资本流动中,不稳定的投机与资本外逃是造成国际收支失衡的另一个重要原因。投机性资本流动是指利用利率差别和预期的汇率变动来牟利的资本流动。它主要取决于两个因素,即各国货币之间的力量对比(也就是汇价的对比),以及各国相对的利率水平。投机可能是稳定的,也可能是不稳定的。稳定性投机是指对汇率变化的预期形成合理的一种情形,它与市场力量相反,当某种货币的需求下降时,投机者就买进该货币,从而有助于稳定汇率。而不稳定性的投机是指对汇率变化的预期形成不合理的一种情形,这种投机会使汇率累进恶化,投机造成贬值,贬值又进一步刺激了投机,从而使外汇市场变得更加混乱。资本外逃与投机的动机不同,它不是希望获利,而是害怕损失。当一国面临货币贬值、外汇管制、政治动荡或战争的前景时,在这个国家拥有资产的居民与非居民就要将其资金转移到他们认为稳定的国家,造成该国资本的大量外流。不稳定的投机与资本外逃具有突发性、数量大的特点,在国际资本流动迅速的今天,往往成为一国国际收支失衡的一个重要原因。1997 年下半年爆发的东南亚金融风暴已深刻地说明了这一点。

短期的、非确定或偶然因素也会引起国际收支不平衡,如洪水、地震、骚乱、战争等因素带来的贸易条件的恶化,国际收支的困难,但这种性质的国际收支不平衡程度一般较轻,持续时间也不长。

四、国际收支自动调节机制

一国的国际收支如果发生暂时性的不平衡,即指短期的、非确定或偶然因素引起的不平衡,那么,这种不平衡一般程度较轻,持续时间不长,带有可逆性,即不需要采取政策调节,不久便可自行得到纠正。但是,如果一国的国际收支不平衡属于持续性不平衡,即由于一些根深蒂固的原因造成的,且属巨额顺差或逆差,那么,这种不平衡没有可逆性,必须采取相应的对策加以纠正。客观地说,一国国际收支无论是出现持续性的巨额顺差还是逆差,都对本国经济有所不利。持续性的巨额逆差会导致官方储备不断流失,使国内经济活动受到紧缩压力,抑制经济增长;反之,持续性的巨额顺差又会导致本国货币汇率上升,削弱出口竞争力,或者会引起官方储备的过多积累,这意味着放弃实际资源的使用权,引发通货膨胀,有时还会产生并加深与其他国家之间的矛盾和冲突,形成贸易争端。但是,相比较而言,逆差国由于直接面临官方储备减少的局面,因此,较之顺差国承受了更直接、更紧迫的调节压力,否则,其官方储备就可能彻底耗竭。因此,本书所讲的"国际收支不平衡"主要是指持续、巨额的逆差现象。

国际收支调节机制分为自动调节机制和人为政策调节机制两大类。所谓国际收支的自动调节,是指由国际收支失衡引起的国内经济变量变动对国际收支的反作用过程。需要说明的是:国际收支自动调节只有在纯粹的自由经济中才能产生理论上所描述的那些作用,政府的某些宏观经济政策会干扰自动调节过程,使其作用下降、扭曲或根本不起作用。而且,在不同的货币制度下,自动调节机制也会有所差异。

(一)金本位制度下国际收支自动调节机制

在国际间普遍实行金本位制的条件下,一个国家的国际收支可通过物价的涨落和现金(即黄金)的输出与输入自动恢复平衡。这一自动调节规律称为"物价——铸币流动机制"。它是在 1752 年由英国经济学家大卫·休谟提出来的,所以又称"休谟机制"。具体过程如下:在金本位制度下,一国国际收支出现逆差,就意味着本国黄金的净输出。由于黄金外流,国内黄金存量下降,货币供给就会减少,从而引起国内物价水平下跌。物价水平下跌后,本国商品在国外市场上的竞争能力就会提高,外国商品在本国市场上的竞争能力就会下降,于是出口增加,进口减少,使国际收支逆差减少或消除。这样,国际收支的失衡完全能够自发调节,用不着人为干预。同样,国际收支顺差也是不能持久的,因为黄金内流扩大了国内的货币供给,造成物价水平上涨。物价上涨不利于出口,有利于进口,从而使顺差趋于消失,使国际收支恢复平衡。

(二)纸币流通条件下的国际收支自动调节机制

在纸币流通条件下,黄金流动不复存在,一国的国际收支已无法借助黄金的输出入而自动调节,但在市场机制得到充分发挥的情况下,经济的"内在稳定器"仍有一定的功效。即价格、汇率、利率、国民收入等经济变量对于国际收支自动恢复平衡仍发挥着一定作用。例如,国际收支的逆差会引起外汇供不应求,促使本国货币汇率下跌,进口价格相对上升,出口价格相对下降,导致出口增加,进口减少,国际收支由此改善。但是,在现代不兑现纸币本位制度中,由于金融资产的品种不断增多,功能日益丰富,以至于金融体系的复杂性愈益强化,更何况政府在宏观经济管理方面的作用也明显加强,因而国际收支自动调节的效果受到了极大的削弱。

五、国际收支调节政策

由于自动调节机制的效果受一定条件的影响而没有保证,因此各国政府会根据自身的利益采取不同的经济政策对国际收支失衡进行调节,形成了政策调节机制。所谓政策调节机制是指国际收支不平衡的国家通过改变其宏观经济政策和加强国际间的经济合作,主动地对本国的国际收支进行调节,以使其恢复平衡。

1. 财政政策

当一国出现国际收支逆差时,政府可采取紧缩的财政政策,即削减政府开支,或提高税率,迫使投资和消费减少,物价相对下降,从而有利于出口,压缩进口,改善贸易收支及国际收支。在国际收支出现大量顺差时,政府则可以实行扩张性的财政政策,即扩大政府开支,降低税率,以扩大总需求,增加进口及非贸易支出,从而减少贸易收支和国际收支的顺差。

2. 货币政策

货币政策,也称金融政策,包括变动贴现率、调整法定存款准备金率和公开市场业务等。就调节国际收支而言,主要采用改变再贴现率借以影响市场利率的政策。中央银行提高再贴现率后,市场利率随之上升,投资和消费受到抑制,物价开始下跌,从而可以扩大出口,减少进口,贸易收支得到改善;反之,情形则相反。

同时必须注意,紧缩性政策也会产生一定的负面效果,如可能会带来国内的失业和国内经济的不均衡。

3. 调整汇率政策

一国可通过提高或降低本国对外国货币的汇率来消除国际收支的不平衡。如一国发生国际收支逆差,该国可使本国货币贬值,以增强本国商品在国际上的竞争力,扩大出口;同时,由于国外商品的本币价格上升,进口减少,国际收支逐步恢复平衡。如一国发生国际收支顺差,该国可使本国货币升值,货币升值刺激进口,减少出口,两者共同作用于贸易收支,使贸易顺差减少,从而使国际收支恢复平衡。当然,调整汇率能否奏效还应考虑进出口商品供给与需求弹性等具体因素,此外,还得考虑到其他国家的承受力度,以免受到抵制甚至受到报复。

4. 直接管制政策

直接管制是指政府以行政命令方式对个别经济部门或进出口商品予以优待或限制,由此直接干预国际收支。它可以分为三类:第一是财政性管制,主要是指对进出口货物与劳务的征税或补贴;第二为贸易性管制,主要是指对进出口的限额;第三为货币性管制,主要是外汇管制、复式汇率及进口预交保证金等。直接管制是歧视性措施,容易招致其他国家的报复,也会减低国内竞争力和生产效率,歪曲生产要素分配,浪费资源等等。

5. 融资政策

采取一定的调节措施虽然能使国际收支得到平衡,但由此可能产生经济增长减慢、经济衰退、失业增加、通货膨胀、贸易条件恶化等负面作用。因此,在有些情况下,尤其是国际收支逆差不很严重时,就可采取融资措施。融资措施是指以筹措资金的方式来填补国际收支不平衡的缺口。这包括两个方面;一个是内部融资,即当一国特有充足的官方储备时,可直接用官方储备,或动员和集中国内居民持有的外汇来满足对外支付的需要;另一个是外部融资,即通过从外国政府、国际金融机构或国际金融市场融通资金,以弥补国际收支逆差。融资措施虽然能暂时应付国际收支逆差,但由于其没有改变国际收支的变动趋势,因此,不能从根本上解决国际收支逆差问题,尤其是持续的巨额逆差。

总之,当一国国际收支发生不平衡时,应根据不平衡的性质采取相应的对策。如因季节性需求变动而发生国际收支季节性不平衡,可以动用国际储备来弥补;如因价格与成本上涨而发生货币性不平衡,一般可以采取调整汇率措施;如由于总需求大于充分就业时的产品产量而发生收入性不均衡,则应实行调节国内支出的措施;如因经济结构发生变化而发生结构性不均衡,则可采取直接管制和经济调整的办法。

在浮动汇率制下,汇率完全取决于私人市场力量,通过汇率变动、国际资本流动或其他渠道可影响一国的国际收支。但这种影响或调节是否真正有效,还取决于多方面因素。如各国经济政策对调节的反应程度,相对价格变动对进出口贸易流量的调节作用以及整个国民经济对此的反馈情况等等。一般来说,在浮动汇率制下,国家可通过资金融通和经济调整来影响国际收支。资金融通涉及牺牲未来支出和生活水平的机会成本。经济调整则涉及当前支出和生活水平的机会成本,两者最适度的结合,取决于可供选择的战略和损益的分配。因此,一国要同时保持内部均衡和外部均衡,就必须同时运用财政、金融、外贸、外汇等多种措施,统筹兼顾、互相配合,实现国际收支的平衡。

第二节　外　汇　与　汇　率

一、外汇

（一）外汇的定义和特点

外汇的定义是随着国际经济交易的扩大与发展而发展的。最早的外汇或最早充当国际支付手段的是金银,其后是以英镑、美元为代表,20世纪70年代后外汇资产逐渐多元化。国际货币基金组织（IMF）曾将"外汇"一词解释为"货币当局（中央银行、货币机构、外汇平准基金组织及财政部）以银行存款、国库券、长短期政府债券等形式保有的在国际收支逆差时可以使用的债权"。现通常是指以外币表示的在经济交易中被各国普遍接受并运用的可自由兑换金融资产。

根据外汇的定义，我们可以得出外汇的如下基本特征：

（1）外汇是一种金融资产：所谓"资产"，是用货币表现的经济资源。资产可以是实物性的，如土地、机器等；也可以是金融性的，如现金、存款、商业票据、有价证券等。既然外汇只能以货币形态得到表现，因此，它必然属于金融资产。

（2）外币性：即外汇首先必须以外国货币来表示，本国货币及其表示的支付凭证、有价证券，不属于外汇的范畴。

（3）可兑换性：即一种资产成为外汇，该资产必须能与其他形式的资产或支付手段自由兑换。例如，一种货币不能自由兑换，亦即不能将一国的购买力转换为另一国的购买力，就无法清偿对外债务，不具备作为国际支付手段的条件，因而该货币不能被看成是外汇。

（4）普遍使用性：即一种资产要成为外汇，必须被各国普遍接受或运用，作为国际储备、国际支付及国际结算等手段。例如，一种货币以及由其表示的各种票据或有价证券，不能被其他国家政府、工商业或居民、非居民普遍接受，则其就无法履行国际支付之责，因而亦不能成为外汇。

由此可见，并不是所有的外国货币都是外汇，也不是只有外币现钞才是外汇，外汇一般是指那些以外币表示的具有上述四个特点的可自由兑换资产。

（二）外汇的种类

1. 自由外汇和记账外汇

按外汇的自由兑换性来划分，可分为自由外汇和记账外汇两种。

（1）自由外汇。是指在国际金融市场上可自由地、不受任何限制地兑换成其他国家货币，或用于对第三国进行支付的外国货币以及由其表示的债权。如美元、英镑、瑞士法郎、德国马克及日元等等。

（2）记账外汇。是指一种不经货币发行国允许，不能自由地兑换成其他国家的货币，或用于对第三国进行支付，只能用于订有贸易协定的双方结算的外国货币以及由其表示的债权。记账外汇有如下特点：一是外汇汇率、记账方法和使用范围，由订有贸易协定的双方决定；二是可以本币、外币或复合货币（如特别提款权）来表示；三是不宜转给第三国使用，也不能兑换成自由外汇。由于该外汇只是在银行账户上记载，因此，可以节约自由外汇，也方便了双边的经济贸易往来。

2. 贸易外汇和非贸易外汇

按外汇的来源与运用来划分，可分为贸易外汇和非贸易外汇两种。

（1）贸易外汇。是指由商品的输出入引起收付的外汇。一般来说该外汇收入是一个国家最主要的外汇来源，该外汇支出则是一个国家最基本的外汇运用。

（2）非贸易外汇。是指由非贸易往来引起收付的外汇。主要由劳务外汇、旅游外汇及侨汇等组成。随着国际经济交往的扩大与发展，非贸易外汇越来越发挥着重要作用。

（三）外汇的形态

外汇形态是指外汇作为价值实体的存在方式。外汇形态的发展，对便利国际结算、促进国际贸易发展、调节国际间资金供求状况及平衡国际收支等方面有着重要的作用。外汇形态主要包括以下几种：

1. 外币存款

外币存款是指以可自由兑换货币表示的银行各种存款。该存款按货币种类来分,有美元、英镑、日元以及欧元等存款;按存款对象来分,有银行同业存款、国际金融机构存款及官方机构存款等。

2. 外币支付凭证

外币支付凭证是指以可兑换货币表示的各种信用工具。具体包括:

(1)汇票。即由出票人签发,由付款人按约定期限对指定的收款人无条件支付一定金额的书面命令。目前,汇票已成为国际经济往来中经常使用的一种支付凭证。

(2)本票。是指由出票人签发,并由其自己在约定的日期无条件支付一定金额的书面凭证。在国际上,即期而又不记名的银行本票,可替代现钞流通,但其发行要受到政府的限制。

(3)支票。是指出票人根据银行存款或约定的透支额度签发,以银行为付款人,无条件支付一定金额的书面命令。比较典型的有银行支票、商业支票、旅行支票等。

(4)信用卡。这是银行或专门性机构发给具有一定信用的客户,用以提款或购买商品及进行其他消费,避免携带大量现金的一种支付工具。目前,在国际上最流行的有:万事达卡(Master Card)、维萨卡(Visa Card)、美洲银行卡(Bank American Card)及运通信用卡(Express Card)等。

3. 外币有价证券

外币有价证券是指以可兑换货币表示的用以表明财产所有权或债权的凭证。主要形式有股票和债券两种。

4. 外币现钞及其他外汇资金

现钞是指以可兑换货币表示的外币现钞。现钞作为国际支付手段,一般用于非贸易往来,例如用于旅游、文化交流等方面。但必须注意,并不是所有的外币现钞都能成为外汇。其他外汇资金,主要包括在国外的各种投资收益、国际金融市场上各种借款以及国际结算中发生的各项外汇应收款项等。

1996年1月29日发布的《中华人民共和国外汇管理条例》第三条对外汇的范围作了这样的规定:"本条例所称外汇,是指下列以外币表示的可以用作国际清偿的支付手段和资产:

(1) 外国货币,包括纸币、铸币;

(2) 政际支付凭证,包括票据、银行存款凭证、邮政储蓄凭证等;

(3) 外币有价证券,包括政府债券、公司债券、股票等;

(4) 特别提款权、欧洲货币单位;

(5) 其他外汇资产。"

二、外汇汇率

汇率是一个国家的货币折算成另一个国家货币的比率,即用一国货币所表示的另一国货币的兑换比率。换言之,汇率就是两种不同货币之间的比价,它反映一国货币的对外价值。由于汇率为外汇买卖确定了标准,因而又称外汇牌价,简称汇价或外汇行市。

(一) 汇率的标价

为了表示两种不同货币之间的比价,先要确定用哪个国家的货币作为标准。由于确定的标准不同,因而便产生了两种不同的汇率标价方法。

1. 直接标价法

直接标价法,又称应付标价法,是指一国以整数单位(如一、一百、一万等)的外国货币为标准,折算为若干数额的本国货币的标价法。该方法的特点是:外币的数量固定不变,折合成本币的数量,则随着外币币值和本币币值的变化而变化。如果一定单位的外币,折合成本币的数量比原先的多,则说明外汇汇率上升;反之,一定单位的外币,折合成本币的数量比原先的少,则说明外汇汇率下跌。

美国长期以来一直采用直接标价法,但在第二次世界大战后,随着美元在国际结算和国际储备中逐渐取得统治地位以及国际外汇市场的高速发展,为了与各国外汇市场上对美元的标价一致,美国从1978年9月1日起,除了对英镑(以及后来的澳元和欧元)继续采用直接标价法外,对其他货币一律改用间接标价法。我国的人民币汇率也采用直接标价法。

2. 间按标价法

间接标价法,又称应收标价法,是指一国以整数单位(如一、一百、一万等)的本国货币为标准,折算为若干数额的外国货币的标价法。该方法的特点是:本币数量固定不变,折合成外币的数量,则随着本币和外币币值的变化而变化。如果一定量的本币折成外币的数量比原先的多,则说明外汇汇率下跌;反之,一定量的本币折成外币的数量比原先的少,则说明外汇汇率上升。目前,除了英国、美国、澳大利亚和欧元区外,国际上绝大多数国家都采用直接标价法。从历史上看,英镑曾长期用作国际结算的主要货币,因此,伦敦外汇市场一直采用间接标价法。

直接标价法和间接标价法之间存在着一种倒数关系,即直接标价法下的汇率数值的倒数就是间接标价法下的汇率数值;反之,亦然。例如,根据中国银行以直接标价法挂牌的100美元＝827.20元人民币,我们可很方便地推算出1元人民币＝100÷827.20＝0.1209美元,即100元人民币＝12.09美元。又如,根据伦敦外汇市场上的1英镑＝1.5850美元,运用倒数关系,即可将外汇市场的间接标价法换成直接标价法,即1美元＝1÷1.5850＝0.6306英镑。

(二)汇率的分类

1. 固定汇率和浮动汇率

按国际货币制度的演变来划分,汇率可分为固定汇率和浮动汇率两种。

（1）固定汇率。是指受一定的限制，而在较小的幅度内进行波动的汇率。它具有相对的稳定性。金本位货币制度和布雷顿森林货币体系的汇率就是固定汇率。

（2）浮动汇率。是指不受限制，而主要随外汇市场供求关系变化而变化的汇率。该汇率，若按浮动程度可分为以下两种：一是自由浮动。即完全不受限制，汇率随市场变化而自由涨落，又称清洁浮动。二是管理浮动。即汇率受货币当局不同程度干预而变动，又称肮脏浮动。若按浮动方式又可分为以下三种：一是单独浮动。即一国货币不与其他国家货币发生固定联系，而按市场供求关系变化独立实行浮动。这些货币有美元、日元、加元等。二是钉住浮动，即一种货币钉住一种或一组货币，并随其汇率的变动而变动。相当部分发展中国家实行该浮动。三是联合浮动。即一定区域的国家组成货币集团或货币联盟，对内实行固定汇率，对外实行浮动汇率。如欧洲共同体的汇率机制。

2. 官方汇率和市场汇率

按外汇管制的宽严程度划分，汇率可分为官方汇率和市场汇率两种。

（1）官方汇率。是指一国中央货币当局制定、调整与公布的汇率。这种汇率在实际当中又分为单一汇率和多重汇率两种。国际货币基金要求成员国只能实行单一汇率，消除汇率歧视。我国从 1994 年 1 月 1 日起，实行汇率并轨，形成了以市场供求关系为基础的、单一的、管理的浮动汇率。

（2）市场汇率。是指在外汇市场上进行外汇买卖的实际汇率，该汇率随行就市，政府不进行直接干预。

3. 基本汇率和套算汇率

按汇率的计算方法划分，汇率分为基本汇率和套算汇率两种。

（1）基本汇率。是指一国货币对某一关键货币的比率。关键货币就是一国在国际收支中使用最多、在外汇储备中占比例最大的一种可自由兑换货币,如美元等。基本汇率是计算、套算其他货币汇率的基础。

(2)套算汇率。也称交叉汇率或介率,是指通过第三种货币(一般为关键货币)间接推算出来的汇率。套算汇率对国际上一些不直接报价、交易量较小的货币计算,具有重要的意义。

4. 买入汇率、卖出汇率、现钞汇率

按外汇银行买卖外汇的角度划分,汇率分为买入汇率、卖出汇率和现钞汇率三种。

(1)买入汇率。亦称买入价,是指银行向同业或客户买入外汇时使用的汇率。在直接标价法下,外币折成本币较少的那个汇率即为买入汇率;在间接标价法下,本币折成外币较多的那个汇率即为买入汇率。

(2)卖出汇率。是指银行向同业或客户卖出外汇时使用的汇率。在直接标价法下,外币折成本币较多的那个汇率即为卖出汇率;在间接标价法下,本币折成外币较少的那个汇率即为卖出汇率。

买入汇率与卖出汇率的平均数,即为中间汇率亦称中间价。在对汇率进行分析时常用中间汇率。买入、卖出都是从银行这个角度来看的。买入、卖出之间的差价,就是银行买卖外汇的收益,一般为 1‰～5‰。

(3)现钞汇率。是指买卖外币现钞的价格。现钞汇率不等于外汇汇率。一般来说,银行在收兑现钞时的汇率(买价),要稍低于外汇买价;而卖出现钞时的汇率,要等于或高于外汇卖价。

5. 电汇汇率、信汇汇率和票汇汇率

按银行外汇汇付的方式划分,汇率分为电汇汇率、信汇汇率和票汇汇率三种。

(1)电汇汇率。是指银行以电报方式卖出外汇时使用的汇率。银行卖出外汇时用电报通过国外分行或代理行付款,即是电汇。电汇付款快,银行不易占用客户资金,或者说卖出银行在国外的存款利息减少,因此,电汇汇率相对较高。目前,国际支付绝大多数是用电讯传递。电汇汇率是基础汇率。

(2)信汇汇率。是指以信函通知付给外汇的汇率。由于邮寄相对电汇需要的时间较长,银行在这段时间可利用客户资金,故须把邮程时间的利息在汇率内扣除,因此,信汇汇率相对电汇汇率为低。

(3)票汇汇率。具体分为两种:一是即期票汇汇率,是指银行买卖即期外汇汇票的汇率。因其收付时间较电汇慢,故汇率比电汇汇率低。二是长期票汇汇率,是指银行买卖远期汇票时的汇率。其汇率低于电汇汇率和信汇汇率。

6. 即期汇率和远期汇率

按外汇买卖交割的期限划分,汇率分为即期汇率和远期汇率两种。

(1)即期汇率。是指买卖双方成交后于当天或两个营业日内进行交割的汇率。该汇率一般是确定远期汇率的基础。

(2)远期汇率。是指买卖双方成交后在约定的日期进行交割的汇率。远期汇率与即期汇率之间的差额,称远期差价。其中,远期汇率高于即期汇率称升水;远期汇率低于即期汇率称贴水;远期汇率等于即期汇率称平价。

(三)影响汇率变动的因素

和其他商品一样,汇率也是由供求关系决定的,因此,影响到外汇供求的因素,最终都影响到汇率的变动。这些因素既包括经济的,又包括政治的、甚至心理的。各个因素之间又相互联系、相互制约。但是根本的是经济因素。具体包括:

1. 国际收支

国际收支状况对一国汇率的变动会产生直接影响。一国国际收支发生顺差,意味着外汇收入大于支出,这在外汇市场上就表现为需要卖出的外汇数量大于需要买进的外汇数量,亦即外汇供过于求,外汇汇率就会下跌;若为逆差,则该国对外国货币的需求增加,外汇供不应求,外汇汇率随之上升。在固定汇率制下,国际收支是决定外汇汇率的特别重要的因素,大量国际收支逆差,往往是货币贬值的先导。但是,由于国际收支差额对汇率的影响必须通过外汇市场上供求状况的变化才能逐步体现出来,这就需要一个时间过程,因此,国际收支对汇率具有中期的影响作用。

2. 利率

通常情况下,一国的利率水平较高,在该国表现为债权的金融资产,如存款、贷款、存单、债券、商业票据等的收益率也相对较高。这就会吸引大量国外资金流入,以投资于这些金融资产。因此,各国间利率的差距,将引起短期资金在国际间的流动。高利率国家发生资本内流,低利率国家发生资本外流。资本流动引起外汇市场供求关系的变化从而影响汇率。即若一国发生资本内流,该国货币汇率会趋于上升;反之,若一国发生资本外流,该国货币汇率会趋于下降。所以,各国利率的变化,尤其是国内外利差,是影响汇率的一个十分重要的因素。由于国际上追求利息收益的短期资本对利率的高低十分敏感,会对利率变动迅速作出反应,因此,利率对汇率的影响可在短期里很快发生作用。从各国的政府行为来看,提高利率往往成为稳定本国货币汇率、防止其大幅度下跌的重要政策手段。

3. 价格水平

一国物价水平会影响其商品、劳务在世界市场上的竞争能力。一国价格水平的上升,势必削弱该国商品在国际市场上的竞争能力,不利出口,而有利于进口,这样将造成进口增加、出口减少,使国际收支出现逆差,以至于外汇市场上外汇供不应求,进而导致该国的货币汇率下降。同时,一国货币对内价值的下降不可避免地影响其对外价值,削弱该国货币在国际市场上的信用地位,从而导致汇价下跌。

由于价格水平的变动须通过国际收支,进而通过外汇供求对汇率产生影响,况且价格水平的变动本身具有趋势特征,因此,价格水平对汇率具有长期的影响,往往成为影响汇率变动趋势的因素。

4. 中央银行的直接干预

各国中央银行为了避免汇率变动,尤其是短期内的剧烈起伏波动对国内经济造成不利影响,往往对汇率进行干预,即由中央银行在外汇市场上买卖外汇,当外汇汇率过高时卖出外汇,回笼本币,而在外汇汇率过低时则买进外汇,抛售本币,使汇率变动有利于本国经济。这种干预有三种情况:一是在汇率变动剧烈时使它趋于缓和;二是使汇率稳定在某个水平上;三是使汇率上浮或下浮到某个比较合适的水平上。

5. 外汇储备

外汇储备表明一国干预外汇市场、维持汇价及清偿债务的能力,短期内对稳定汇率有一定的作用。如果外汇储备多,则意味着上述的三个能力很强,该国的货币在国际上的地位较高,对该国货币的需求也会增加,该国货币会趋于坚挺;反之,该国货币可能会趋于疲软。但外汇储备无法从根本上改变决定汇率的基本因素。

6. 财政赤字

一般来说,庞大的财政赤字意味着政府开支过度,从而导致通货膨胀率的加剧和经常项目收支的恶化,导致本币贬值。但这一变化关系不是十分明确的,因为,庞大的财政赤字可能会促使低利率上升,从而吸引外资流入,使本币趋向坚挺。

(四)汇率制度

1. 固定汇率制度

固定汇率制是指以本位货币本身或法定含金量为确定汇率的

基准、汇率比较稳定的一种汇率制度。从历史上看,国际性的固定汇率制度,即被各国普遍实行的固定汇率制度,主要有两种类型:一是金本位制度下的固定汇率制度;二是第二次世界大战后建立的纸币流通制度下的固定汇率制度,即以美元为中心的固定汇率制度。在不同的货币制度下具有不同的固定汇率制度。

(1) 金本位货币制度下的固定汇率制度。金本位制,始建立于 1816 年,终结于 1929～1933 年的世界经济危机。在该制度下,各国都规定货币的含金量,货币含金量的对比就是铸币平价,铸币平价则是汇率决定的基础。而且在该制度下,黄金可以自由输出入国境,这种输出入使汇率变动被限制在黄金输送点的规定限度内。再因当时运送黄金的费用极小,所以,市场汇率波动幅度很小。可以说,金本位货币制度下的固定汇率制,是一种比较典型的固定汇率制。

金本位货币制度下的固定汇率制,具有以下几个特点:

第一,黄金成为两国汇率决定的实在的物质基础。

第二,汇率仅在铸币平价的 $\pm 6\%$,左右波动,幅度很小。

第三,汇率的稳定是自动而非依赖人为的措施来维持的。由于各国外汇汇率相对稳定,所以黄金能顺利地发挥世界货币的职能,为促进国际间贸易的发展提供了有利的条件。

(2) 布雷顿森林货币体系下的固定汇率制度。布雷顿森林货币体系下的固定汇率制,是指 1944 年在美国布雷顿森林召开的联合国货币金融会议上确立的以美元为中心的一种汇率制度,亦称典型性的纸币流通制度下的固定汇率制度。该制度的主要内容有三个方面:一是确定美元的含金量及每盎司 35 美元的官价,1944年美国规定的 1 美元含纯金 0.888671 克的含金量,即 35 美元 1 盎司的黄金官价;二是各成员国规定各自货币的含金量,并按含金量的对比确定与美元的汇率,即黄金平价;三是规定市场汇率波动的幅度为黄金平价的 $\pm 1\%$,超出此限,由各国的中央银行负责维持,但若出现根本性国际收支不平衡时,各国可以改变其货币和美元的法定平价。

这种汇率制度相对于金本位制下的固定汇率制度有三个特点:

第一,汇率的决定基础是黄金平价,黄金平价以法定的含金量为依据。

第二,汇率波幅小,但波幅仍超过了黄金输送点所限制的上下限。

第三,汇率不具备自动稳定机制汇率的波幅需要人为的政策措施来维持。

第四,只要有必要(国际收支根本性不平衡),汇率平价和汇率波动的上下限可以改变,但变动幅度超过 10% 时,须经基金组织的批准。

2. 浮动汇率制度

浮动汇率制度是指一国不规定本币与外币的黄金平价和汇率上下波动的界限,货币当局也不再承担维持汇率波动界限的义务,汇率随外汇市场供求关系变化而自由上下浮动的一种汇率制度。该制度在历史上早就存在过,但其真正流行是 1973 年以美元为中心的固定汇率制崩溃之后。1976 年 1 月国际货币基金组织正式承认浮动汇率制,1978 年 4 月基金组织理事会通过《关于第二次修改协定条例》,正式废止布雷顿森林货币体系,浮动汇率制度至此在世界范围内取得了合法的地位。

这种制度显然不同于固定汇率制度。其特点有以下几个方面:

第一,汇率浮动形式多样化,可包括自由浮动、管理浮动、钉住浮动、联合浮动以及单独浮动等等。每个国家都可以根据自己的国情,选择适宜的汇率浮动形式。我国从 1994 年开始正式实行有管理的浮动汇率制度。

第二,汇率不是纯粹的自由浮动,而是有管理的浮动。在现实中纯粹、完全的自由浮动是不存在的,每个国家为了自身的利益,或多或少、或明或暗地都进行干预。目前,各国普遍实行的浮动汇率制度都属于管理浮动,自由浮动仅仅是一个理论上的概念。

第三,汇率波动频繁且幅度大,如果从一个比较长的时期来考察,这个特点更加明显。

第四,影响汇率变动的因素多元化。其中一国国际收支的变化所引起的外汇供求关系的变化,则成为影响汇率变化的主要因素,汇率随外汇市场供求关系的变化而上下浮动。

第五,特别提款权等一篮子汇价成为汇率制度的组成部分。

与固定汇率制度相比,浮动汇率制度的有利方面主要表现在以下三个方面:一是有助于发挥汇率对国际收支的自动调节作用;二是防止国际游资的冲击,减少国际储备需求;三是内外均衡易于协调。

浮动汇率制度的弊端主要表现在以下四个方面:一是不利于国际贸易和投资的发展;二是助长了国际金融市场上的投机活动;三是可能引发竞相贬值;四是可能诱发通货膨胀。

复习思考题

1. 什么是国际收支?
2. 国际收支与外汇收支有何区别及联系?
3. 经常项目包括哪些内容? 资本项目包括哪些内容?
4. 什么是自主性交易? 什么是调节性交易?
5. 造成国际收支不平衡的主要因素有哪些?
6. 针对国际收支不平衡的措施有哪些?
7. 什么是外汇? 外汇有何特点? 外汇如何分类? 外汇的形态有几种?

8. 什么是汇率？汇率如何分类？

9. 直接标价法和间接标价法有何区别？

10. 决定和影响汇率的因素有哪些？

11. 试比较固定汇率制度与浮动汇率制度的优劣。